XINWENKE BEIJING XIA DE WAIYU JIAOXUE YU YANJIU

新文科背景下的
外语教学与研究
（2024）

刘　影　王　擎　刘明宇 ◎ 主编

首都经济贸易大学出版社

Capital University of Economics and Business Press

·北　京·

图书在版编目（CIP）数据

新文科背景下的外语教学与研究. 2024 / 刘影，王擎，刘明宇主编. -- 北京 ：首都经济贸易大学出版社，2024. 6. -- ISBN 978-7-5638-3716-8

Ⅰ. H09-53

中国国家版本馆 CIP 数据核字第 2024DK9878 号

新文科背景下的外语教学与研究（2024）

刘 影 王 擎 刘明宇 主编

责任编辑	杨丹璇
封面设计	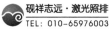 砚祥志远·激光照排 TEL: 010-65976003
出版发行	首都经济贸易大学出版社
地　　址	北京市朝阳区红庙（邮编 100026）
电　　话	（010）65976483　65065761　65071505（传真）
网　　址	http://www.sjmcb.com
E - mail	publish@cueb.edu.cn
经　　销	全国新华书店
照　　排	北京砚祥志远激光照排技术有限公司
印　　刷	北京建宏印刷有限公司
成品尺寸	170毫米×240毫米　1/16
字　　数	333千字
印　　张	22.5
版　　次	2024年6月第1版　2024年6月第1次印刷
书　　号	ISBN 978-7-5638-3716-8
定　　价	96.00元

目 录

教学类

翻译和语言学类

文学、文化、教育、社会类

教学类

"大思政"格局下课程思政建构研究
——以汉英语言对比课程为例[①]

王晓庆[②]

摘　要：面对文化多元化发展和"大思政"格局下的新要求，高校教育面临着新的挑战和任务。作为人才培养的核心环节，外语教育也需要与时俱进。本文以汉英语言对比课程为例，从教学内容和教学方法层面探讨课程思政教学模式，实现知识传授和课程育人的目的。

关键词：课程思政；语言对比；英语教学

党的十八大以来，打造"大思政"格局成为新时代高校思想政治工作的重要任务。英语教师要在语言类课程中积极落实课程思政理念，不断挖掘课程的思政功能，将语言教学与思政教育结合起来，形成协同效益，进而更好地培育学生，使学生成为新时代发展需要的人才。

① 本文为 2023 年北京工商大学教育教学改革研究项目"'大思政'背景下《汉英语言对比》课程思政的构建与实践"（项目号：jp235239）的阶段性成果。

② 王晓庆，女，北京工商大学语言与传播学院讲师，主要研究方向为英语翻译、理论语言学。

1 "大思政"育人理念与课程思政的提出

高校思想政治工作需要打造"大思政"育人新格局，"各门课都要守好一段渠、种好责任田"[1]。"大思政"育人理念就是指在坚持思想政治理论课主阵地作用的基础上，完善思想政治教育，坚持以习近平新时代中国特色社会主义为核心指导思想，通过建立多元联动、高效联通的体制机制等手段，以培养政治素质过硬、知识领域宽广、既具国际视野又有家国情怀、能担当民族复兴大任的时代新人和德智体美劳全面发展的社会主义建设者及接班人为根本目标的教育教学理念。

"课程思政"是"大思政"理念在课程教学中的具体呈现。2017年12月，教育部发布的《高校思想政治工作质量提升工程实施纲要》特别强调，要大力推动以"课程思政"为目标的课堂教学改革，优化课程设置，完善教学设计，加强教学管理，梳理各门专业课程蕴含的思想政治教育元素和承载的思想政治教育功能，并将其融入课堂教学各环节，实现思想政治教育与知识体系教育的有机统一[2]。

2 汉英语言对比的育人价值

汉英两种语言根植于东西方不同的文化，汉英语言对比课程思政的教学目的是将思想政治教育元素融入汉英对比课程的各个环节，发挥课程的育人功能，最终实现思政育人的目标。汉英语言对比课程所蕴含的思想政治教育元素来自该课程的本质属性和特点。语言对比研究作为一门研究语言现象与人类思想活动、揭示人类语言内部规律和差异的课程，具有显而易见的理论性、学术性和人文性等基本属性，这一特征使语言对比课程具有独特的育人元素和育人价值，即培养学生的学术素养和人文情怀以及健全的人格品质和正确的价值取向。

3 汉英语言对比课程思政教学模式的建构

3.1 教学内容

在教学内容的选择上，教师利用大数据的丰富资源，优化整合教学内容。以语言对比知识点为载体，融入思政内容，确立德育主题，筛选德育素材，为枯燥生硬的理论知识赋予思想政治的意义和活力。德育主题和德育素材应与当前社会发展的主流有机融合。例如，在思考进行汉英对比的意义和作用时，让学生给十年后的自己写信，思考学习和职业规划，思考如何运用自身所学服务于个人、国家和社会发展，从而激发学生树立职业理想，承担社会责任，树立正确的学习观，明确学习和人生的价值。在讲解英语构词法时，引导学生以各自的姓名为分析对象，探讨汉语的构词方法和汉字的寓意，使学生认识到汉字之美。另外，结合时政、经济、社会、科技和外交等领域的新词、热词，探讨时代精神和中国影响等思政元素。在讲解语言和思维关系时，引导学生运用唯物辩证法思考并分析人和人、不同国家和文化的关系，树立正确的人际观、世界观，培养学生跨文化理解能力和文化包容观。

3.2 教学方法

汉英语言对比理论性强，抽象程度高，学生普遍反映学习该课程比较困难，对课上知识点的理解不够深刻，课下遗忘快，因此，在教学方法上，教学活动主要包括课堂讲授、课下内化吸收和隔堂讨论三个环节，避免传统的灌输讲授法的弊端。在课堂教学中，灵活转变师生角色，改变以教师为主的传统说教的方式，突出学生的主体地位，增加课堂互动环节，调动学生的积极性和参与意识，使学生产生学习兴趣。在课下，利用"中国大学慕课"、"每日交作业"小程序、BB平台等线上学习平台，辅助线下课程教学的开展。在课前，通过微信群和"每日交作业"小程序发布课程通知和融入思政内容的课前先导问题，提醒学生及时预习、完成课前任务，并在课前将学习文件、案例分享 PPT 等上传至 BB 平台。在线下授课中，结合课程思政相关资源讲解汉英语言对比的理论知识，并开展案例分析、思维导图制作、合作研究等实践性教学环节，借助"每日交作业"进行签到、答题互动、课堂小测试和学生课堂表现评价等。在课后，教师在"每日交作业"小程序及 BB 平台发布实践活动、自主学习任务和单元复习资料等，督促学生巩固学习内容，促进学生思政理念的迁移和运用。

4　结语

在"大思政"背景下，"全课程、全员育人"理念使"思政课程"向"课程思政"转变成为必然趋势。本文探讨了德育元素融入汉英语言对比课程的课程思政教学模式改革，主要从教学内容和教学方法两个方面展开分析。课程思政教学模式改革的目的是使德育教育与语言对比知识在教学过程中自然融合，让学生在学习过程中对德育教育"动于心、践于行"，逐步培养学生的人文素养和学术能力，切实实现语言对比课程的育人价值。

参考文献

［1］习近平.习近平谈治国理政：第 2 卷［M］.北京：外文出版社，2017：378.

［2］教育部.高校思想政治工作质量提升工程实施纲要［EB/OL］.［2024-02-03］. http://www.moe.gov.cn/srcsite/A12/s7060/201712/t20171206_320698.html?eqid=e4f5b 2d600111e3f0000000264813b23.

AI 赋能大学英语大规模个性化教学

郑昊霞 ①

摘　要：个性化教学理念由来已久，最早可追溯到孔子提出的"因材施教"的教育思想。当今世界信息技术发展迅猛，人类社会将进入全面智能化时代。智能化时代的大学英语教学应秉承"因材施教"的教育思想，继续践行个性化教学理念，并努力在大数据、虚拟现实、人工智能等技术手段的助推下实现大规模个性化教学的新目标。

关键词：大学英语；个性化教学；大规模个性化教学

个性化教学理念由来已久，最早可追溯到先秦时期孔子提出的"因材施教"的教育思想。这一思想一直是教育工作者在育人过程中不懈追求的最高境界，并在社会历史演进发展的不同时期被赋予鲜明的时代特色。

当今世界正处在信息技术发展突飞猛进的时代，人工智能（artificial intelligence，AI）经过几十年的发展已取得一系列突破，并被广泛应用于科技、文化、教育、医疗等社会生活诸多领域。可以预见，在不久的将来，人工智能将无处不在，信息技术将由数字化、网络化时代全面进入智能化时代。

---

① 郑昊霞，女，北京工商大学语言与传播学院讲师，研究方向为英语教育。

智能化时代的大学英语教学应秉承"因材施教"的教育思想，继续践行个性化教学理念，并在大数据、虚拟现实、人工智能等技术手段的助力下努力实现大规模个性化教学的新目标。

1 个性化教学

个性化教学一般指教师根据每位学生的兴趣、能力、需求、偏好等，为他们提供差异化的教学方法和内容，目的在于提高学生的学习积极性和学习效果，提升他们的学习能力，使其形成相应的自主学习策略。也有学者认为，个性化教学是基于学习者不同的起点、兴趣、需求等，由教师提供个性化的"教"，以满足学习者个性化的"学"，是教师与学习者双边互动的教学过程[1]。在传统的教学方法中，同一班级的所有学生通常以相同的进度学习相同的内容，这可能导致部分学生无法获得他们想要的学习资源。相比之下，个性化教学能够充分考虑每个学生的独特性，从而为他们提供更合适的学习资源和方法。这不仅有利于提高学生的学习积极性和学习效果，增强学生的参与感和满足感，还能促进学生的全面发展。

2 班级授课制与个性化教学的矛盾

现行班级授课制是带有工业社会标准化特征的一种教学模式，通常把年龄、认知和学业水平相近的一定数量的学生集中在同一班级内，根据规定的课程标准确定教学内容，依照预定的教学计划进行集体统一授课。班级授课制的优势是有效集中了教育资源，降低了社会整体的教育成本，在培养大批量的工业生产所需人才的过程中发挥了积极作用。与此同时，班级授课制也有其本身的局限，如课堂教学容易拘泥于教师单向地传授知识，学生在教师的掌控下被动学习，学生学习的主体性、学习方式、个性发展都受到不同程度的制约，教师缺少对学生个体差异的关照。班级授课制自诞生之日起便存在着与个性化教学的矛盾，虽然实现了教育的规模化，提高了传授知识的效率，但也受困于标准化、同质化、程序化的知识传递[2]。如何使教学既做到规模化的人才培养又兼顾人才的个性化成长，是教育工作者在课堂教学中不断尝试破解的难题。而这道难题在 AI 技术日益普及的今天终于迎来破解的曙光。

3　AI 背景下个性化外语教学新突破

近些年，在人工智能技术的赋能之下，致力于改进外语教学中听、说、读、写、译各个方面以及教、学、测、评、研各个环节的智能化教研产品不断问世，使得高校外语教学可通过覆盖教学与测评全流程的在线系统，对日常教学、自主学习和测试评估等进行实时动态管理和数字化评估。

外语教师可在智慧教室搭建的优秀硬件上，借助平台软件和智能算法把多模态的网络数据和教学资源整合为多层次的知识体系，增加学生外语学习乐趣，提升学习效果。在智能化技术全面赋能的条件下，学生能够更加主动地发现、甄别和生产知识，从而实现自主学习。在人工智能与外语教育融合发展阶段，学生的参与度得以大幅度提高。

此外，基于云存储、云计算、大数据、人工智能的各类语料库、外语题库和测评系统使得外语教师个性化备课、教学、练习、测试、评价、管理变得更加便捷高效。配备智能算法的软件平台化身为全天候在岗的"助教"，在极大减轻教师机械性工作负荷的同时，也强化了人机智能协同作业。对学生而言，智能设备与软件算法如同全天候在岗的"学伴"，不仅能陪伴他们进行单词记忆、语音训练、写作练习、口译练习等，更能在陪伴过程中采集大量的用户数据并进行深度学习，形成颗粒度更细的用户画像，进而针对每位学生给出更加精准的学情诊断[3]。

4　大规模个性化大学英语教学实践

大学英语作为高校的通识必修课，往往学生人数众多，师资力量有限，通常实施大班教学，教师需要面对的不仅是较大的学生总量，而且是较多的班级人数。大学英语教师在授课时间、个人精力有限的情况下，很难掌握班里每一位学生的情况，这对实施个性化教学构成了现实障碍。然而，大数据、虚拟现实、5G、移动互联网、人工智能等现代信息技术的发展使得大规模个性化教学变为可能。

以笔者所在学校为例，大学英语教师主动掌握现代信息技术，积极利用校内与校外的多个网络教学平台，为学生提供多种线上自主学习路径和优质丰富的自主学习资源，有效实施了大学英语课程的大规模个性化教学。目前教师们主要使用以下网络教学平台：①校内专网运行的 Blackboard 平台，可供教师上传并与学生分享教学大纲、课件教案、作业习题等各种课程文档以及文字、图片、音频、视频等多模态课程资源，也可供教师向学生发布课程作业题与测试题，客观题可实现系统自动评阅出分；②外研社的 U 校园（u.unipus.cn）智慧教学云平台（专为高校外语教学打造并提供教、学、测、评、研全方位一站式服务的在线学习平台），可供教师开展线上授课、线上测试、线上评阅等教学活动，尤其方便学生进行视听说方面的个性化学习和交互式学习；③北京词网科技有限公司运营的批改网（www.pigai.org，基于语料库和云计算技术提供英语作文自动在线批改服务的网络平台），可供教师向学生布置各类写作任务并掌握学生作文的各种参数，从而对学生的写作做出更精准更客观的判断和点评，学生也可在提交作文之后获得快速具体的反馈和改进建议；④科大讯飞 FiF 智慧教学平台（www.fifedu.com）、一课英语 OneClass 智慧教学平台（www.oneclass.cn）等。

除此之外，大学英语教师们充分利用微信群、腾讯会议等即时通信软件，与学生保持密切沟通，随问随答，实现了大班教学中的个性化管理。

5 结语

《大学英语教学指南（2020 版）》指出，"各高校大学英语课程设置应考虑学生的不同起点和需求，充分体现个性化：既照顾到起点较低的学生，又要给起点较高的学生以发展的空间；既能使学生打下扎实的语言基础，又能培养他们较强的综合应用能力；既要确保学生在整个大学期间的英语水平稳步提高，又要关照学生个性化的学习需求，以满足他们各自不同的专业和个人发展的需要"[4]。笔者相信随着 AI 技术的快速发展以及师生的共同学习跟进，大学英语因材施教与个性化教学的理念和目标最终将会得以实现。

参考文献

[1] 张泽瑞，刘斌 . 人工智能时代个性化教学的发展机遇与实践路径 [J]. 甘肃教育研究，2023（11）：120.

[2] 王开，汪滢 . 智能时代"因材施教"的回归与超越：基于教学范式变革的历史考察 [J]. 河南大学学报，2021（6）：117.

[3] 李炜炜 . 人工智能赋能外语教育改革：理念创新与行动逻辑 [J]. 中国高等教育，2023（9）：49-52.

[4] 大学英语教学指南（2020 版）[M]. 北京：高等教育出版社，2020.

ChatGPT 发展下西班牙语语法教学初探 [①]

张馨予 [②]

摘 要：2022 年 ChatGPT 的发布给外语教学带来了巨大的机遇和挑战。以 ChatGPT 为代表的 AI 可以替代传统外语教学过程中的一些基础的和重复性的工作，同时又可以促进外语教学个性化、智能化、数字化、网络化发展。因此，顺应时代潮流，研究 AI 工具辅助西班牙语语法教学也成为现阶段对外西班牙语教学研究的新兴方向之一。

关键词：西班牙语语法教学；ChatGPT；外语教学

ChatGPT 从发布之日起就被很多外语学习者用来辅助外语学习。借助该 AI 工具，外语学习者可以和聊天机器人进行对话练习口语和书面表达，使用它翻译文本和纠正错误，甚至借助它撰写论文。在 ChatGPT 的诸多用途中，有些对西班牙语教学特别是语法教学有颇多助益，正确使用这一学习工具，能够极大地提升教师的教学效率，针对学生制定个性化的教学方案，从

---

① 本文为北京工商大学教育教学改革研究一般项目"网络化、数字化、智能化、个性化背景下的西班牙语语法教学研究"（项目号：jg225219）的成果。

② 张馨予，女，北京工商大学语言与传播学院讲师，主要研究方向为对外西班牙语教学。

而开辟新的教学模式。

1 ChatGPT 在西班牙语语法教学中的作用

在当今，外语教学普遍面临教学分离以及学用分离的问题[1]，外语语法教学尤甚。高校西班牙语语法课程多在西班牙语专业低年级开设，学生们在学习语法知识时得到实践的机会较少，因此在口语和书面表达以及课后练习中往往会存在很多的语法错误，同时很多高校西语专业师生比低，教师的工作量较大，学生得到批改纠正语法错误的机会较少。ChatGPT 能够帮助教师解决这一问题。

1.1 ChatGPT 在西班牙语语法教学中的语法规则解释功能

ChatGPT 能够通过提问回答的方式向提问者解释语法规则，列举某一语法现象的使用方法，并给出典型例句。同时，ChatGPT 还可以就提问者所列举的语法问题继续扩展，在回答下提示使用者潜在的问题。以向 ChatGPT 提问"西班牙语虚拟式的用法有哪些？"为例，ChatGPT 在列举虚拟式用法和例句之后，提供了"虚拟式可以用来表达哪些情景？""虚拟式在西班牙语中有哪些常见的用法？""什么是虚拟式的条件句用法？"等潜在问题，点击问题后，ChatGPT 可以提供针对这一问题的解释。因此，西班牙语教师在备课时可以使用 ChatGPT 生成例句，还可以通过它准备课堂拓展思考练习的内容。同样，教师在练习课备课时也可以将 ChatGPT 对习题的讲解作为教师的参考，还可以用它进行出题工作。但是，在实践过程中，ChatGPT 在列举某个语法现象的用法时会出现遗漏，这一问题由人工智能的资料库样本不够、技术不成熟所致，所以广大教师切忌过度依赖 AI 工具，在备课过程中要保持独立思考。

1.2 ChatGPT 在西班牙语法教学中的纠错功能

ChatGPT 能够修改病句，并根据病句所涉及的知识点生成相关例句[2]。经笔者测试，ChatGPT 能够找出西班牙语句子中的语法和拼写错误并且提供修改建议。以向 ChatGPT 提问笔者的学生作业中的"El cantidad de adquisición mínima de nuestra empresa es calculado sobre la base de un surito anual de 100 lápices. 请找出这句话中的语法错误"为例，它给出的回答是："这句语句中存在一些语法错误。正确的表达应该是：'La cantidad mínima de adquisición de nuestra empresa se calcula sobre la base de un surtido anual de 100 lápices.''El'应该改为'La'，因为'cantidad'是阴性名词，所以应该使用对应的阴性冠词'La'，'es calculado'应该改为'se calcula'，在西班牙语中，通常使用被动反身构句来表达某些动作或状态的进行。'surito'应该改为'surtido'，我猜你可能想说'surtido'，表示一定数量的混合物或集合。"我们不难发现，在这个例子中，人工智能帮助我们找出了句子中的错误并且给出了正确的修改建议，但是有一些语法现象的表述与教材中并不一致，比如"被动反身结构句"在现代西班牙语教材中被称为"自复被动句"。由此可见，ChatGPT能够提高教师的语法教学效率，帮助教师批改作业，但是它并不能完全替代教师的工作，因为它的西班牙语语料训练数量远逊于英语，所以在纠错过程中还会产生表述偏差或者其他错漏。因此，AI 纠错功能只能作为批改辅助或者用于学生自助批改，无法完全取代教师人工批改。

2 ChatGPT 对西班牙语语法教学的挑战

ChatGPT 在给广大西班牙语教师和学生提供巨大便利的同时也给我们的教学和学习带来了一定的挑战。

2.1 考试诚信和学术诚信危机

通过上文我们可以看到，ChatGPT 可以根据使用者要求生成西班牙语文本，甚至可以使用它对某一文本进行纠错。如果学生在完成作业或者考试的时候使用 ChatGPT 直接生成文本，或者通过向其提问获得答案，就会产生考试诚信问题。另外，学生可能使用 ChatGPT 代写或抄袭论文，势必会产生学术诚信问题。现在已经出现了 AI 生成内容识别器等检测内容是否由 AI 生成的工具，但是仍然不够成熟，广大教师在作业、试卷批改和论文评阅过程中要细心识别学生所作内容是否由 AI 生成。

2.2 ChatGPT 的错误信息误导学生

尽管 ChatGPT 给西班牙语语法教学带来了诸多便利，人工智能仍然在不断进步，升级迭代的速度仍未减缓，但是 ChatGPT 的西班牙语语料的数量仍然无法与英语相提并论，这就导致在使用 ChatGPT 进行教学工作和学习活动时会出现很多错误。如果过度依赖人工智能手段，我们不仅会丧失独立思考能力和学习能力，还会被 ChatGPT 中的错误回答所误导。在教学过程中，教师们要保持谨慎，对 AI 提供的内容要进行严谨查证后再应用到教学工作中。

3　结论

在人工智能技术高速发展的当今社会，以 ChatGPT 为代表的 AI 将会给教学特别是外语教学带来翻天覆地的变化。在西班牙语语法教学中，ChatGPT 可以帮助教师构思课程、批改作业、查找样例，但是随之产生了一系列亟待解决的新问题，比如学生直接使用 ChatGPT 完成作业、抄袭论文以及师生缺乏交流等。为此，高校西班牙语教师要在掌握传统教学方法的基础上学习使用人工智能技术辅助教学，让 AI 成为教师的教学工具，而不是让它主宰教学的进程。引导学生正确看待并使用 AI，强调教师在教学中的主导地位和学生在学习过程中的主体地位[1]，才能更好地推动教学的发展。

参考文献

[1] 文秋芳.“产出导向法”的中国特色 [J].现代外语，2017，40（3）：348–358，438.

[2] 宋飞，郭佳慧，曲畅.ChatGPT 在汉语作为外语教学中的应用体系及实践 [J].北京第二外国语学院学报，2023，45（6）：110–128.

ChatGPT 辅助大学英语写作教学研究①

苗天顺②　娄培义③　刘明宇④

摘　要：随着人工智能技术的快速发展，ChatGPT 等大语言模型为英语写作教学带来了新的机遇和挑战。本文将以英语四、六级写作为例，探讨 ChatGPT 如何帮助学生提高英语写作能力，并提出一些应用建议。

关键词：ChatGPT；英语写作；人工智能；教学

1　ChatGPT 介绍

ChatGPT 是 OpenAI 公司开发的大语言模型，随着 ChatGPT 的火爆，各大公司也纷纷发布了自己的类似产品，如微软推出了 Copilot、谷歌推出了 Gemini、百度推出了文心一言等。大语言模型具有自然语言理解和生成的能力，可以从海量数据中学习语言的规律和特点，具有语音识别、自然语言对话等功能，从而为学习者提供更加准确、全面的语言知识和学习资源。这些

---

① 本文系 2023 年北京工商大学教育教学改革研究重点项目"ChatGPT 背景下大学英语教学创新模式研究"（项目编号：jp235228）的阶段性成果。
② 苗天顺，北京工商大学语言与传播学院副教授，主要研究方向为英语翻译。
③ 娄培义，北京工商大学语言与传播学院 2023 级翻译专业硕士研究生。
④ 刘明宇，北京工商大学语言与传播学院英语讲师。

大语言模型也都拥有强大的文本生成能力，可以根据用户的输入生成各种类型的文本，包括议论文、说明文、故事、诗歌等[1]。

2 大学英语四、六级作文的写作特点以及常见问题

大学英语四、六级考试（CET）是全国性的英语水平考试，写作是其中重要的考核内容之一。四、六级作文的题材广泛，涉及社会、文化、教育、科技、环境等多个方面。学生需要具备一定的知识，才能对所给话题进行准确的理解和分析。四、六级作文要求考生围绕所给话题表达自己的观点和看法。学生需要学会组织论点、论据，并用清晰的语言表达自己的观点。四、六级作文要求学生使用规范的英语语法和词汇。考生需要在平时积累一定的词汇量，并掌握基本的语法规则。四、六级作文要求考生在规定时间内完成写作。四级作文一般要求不少于 150 个词，六级作文一般要求不少于 250 个词。

大学英语四、六级写作常见问题包括审题不透彻、文章结构违背题意、逻辑思维混乱、语法词语搭配错误、思维受母语干扰等。学生中出现最多的问题是语法、词语搭配错误，其中包括：主谓不一致，时态、语态、不定式使用错误，动名词、词汇选用错误，条件句中动词使用错误，语意表达错误，等等。例如：When one have money, he can do what he want to。这里的 one 是第三人称单数，have 应改成 has，want 应改成 wants。又如：None can negative the importance of cell phone。这里的 negative 是形容词，学生错用成动词。

3 ChatGPT 辅助英语写作具有的优势

3.1 精准修改，语法无忧

ChatGPT 能识别文章中的语法错误，并提供详细的修改建议，帮助学生写出地道流利的英语文章。在四、六级写作中，学生的作文中存在大量的

语法错误，如时态、语态、句子结构、固定搭配、名词单复数、第三人称单数错误等。ChatGPT 能提供精准的纠正和建议，从而让学生避免在考试中因语法错误失分[2]。例如 2017 年 6 月大学英语六级写作的题目是 "Suppose you are asked to give advice on whether to major in science or humanities at college, write an essay to state your opinion"。笔者写了一篇关于大学主修理科还是人文学科的作文（见图 1），然后让 ChatGPT 识别文章的错误并提供详细的修改建议。以下是 ChatGPT 指出的错误以及提供的修改意见（见图 2）。从 ChatGPT 分析作文的结果来看，ChatGPT 能够分析出作文中约 80% 的语法错误，其中包括一些拼写的错误、时态的错误等。但是 ChatGPT 并不能把作文中的每一处错误分析出来，例如作文中的 "Nowadays, as the whole society place increasing considerable value on education"，正确的修改应是将 increasing 改为 increasingly，而 ChatGPT 给出的建议是 "considerable" can be replaced with "great" or "high" for better flow。ChatGPT 给出的建议也不完全对，学生不能完全依赖 ChatGPT 进行语法纠错。学生可以用 ChatGPT 对文章中的错误进行初筛选，然后自己进行二次修改。

Whether to Major in Science or Humanities at College?

Nowadays, as the whole society place increasing considerable value on education, the question of whether to major in science or humanitiesat college is not only a concern for students, but also a focal point for parents. Some believes that to dig into science is a better choice because it promises us a brighter future; others may hold the oppose view that humanity knowledge is the foundation of humanity quality.

As for me, both arguments justified. However, I believe that the important thing is not about what subject is better, what matters most is people who will have to make the decision. In other words, we should not laid one-sided emphasis on the advantages of either subject; on the contrary, the students themselves, their interests and preferences, pros and cons are supposed to be taken into consideration.For example, if a student is more adept at humanity and that where his real interests lie, then he should dedicate to the study on humanity.

If to major in science or humanities is a critical choice for every student, because its result has a profound influence on personal career development and life style. Thus we should figure out what we really care about so as not to put the cart before the horse.

图 1　作文样例

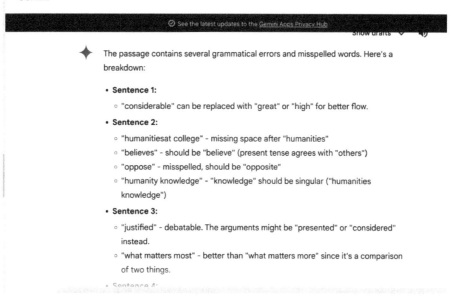

图 2　ChatGPT 修改提示

3.2　ChatGPT 能提供丰富的词汇和表达

针对写作中常见的主题，如议论文、说明文、应用文等，ChatGPT 能提供相关的词汇和表达建议，帮助使用者用更地道、更高级的语言表达自己的观点。例如 2016 年 12 月大学英语六级作文中，"For this part, you are allowed 30 minutes to write a short essay on innovation.Your essay should include the importance of innovation and measures to be taken to encourage innovation"。我们用 ChatGPT 输入与创新相关的词汇与表达，检索出与创新相关的词汇（见图 3 ）。ChatGPT 提供了有关创新的名词、动词、形容词、常用词组和固定搭配，还提供了有关创新的例句，帮助学生拓宽思维，顺利进行写作。当学生遇到新的作文题目，毫无头绪、无从下笔时，可以将题目中的关键词输入 ChatGPT 中，ChatGPT 可以提供丰富的词汇和语法建议，帮助学生提高语言表达能力。

与创新相关的英语词汇

名词
创新 (innovation)
发明 (invention)
创造 (creation)
发现 (discovery)
改进 (improvement)
革新 (revolution)
突破 (breakthrough)
创意 (creativity)
灵感 (inspiration)
原创 (originality)

动词
创新 (innovate)
发明 (invent)
创造 (create)
发现 (discover)
改进 (improve)
革新 (revolutionize)
突破 (break through)
构思 (conceive)

引领潮流 (set the trend)
创造未来 (shape the future)

以下是一些与创新相关的常用词组：
创新型企业 (innovative enterprise)
创新文化 (innovation culture)
创新思维 (innovative thinking)
创新能力 (innovative capability)
创新驱动 (innovation-driven)
创新成果 (innovative outcome)
创新模式 (innovation model)
创新战略 (innovation strategy)
创新生态系统 (innovation ecosystem)

以下是一些与创新相关的常见句子：
创新是企业发展的灵魂。
创新是引领未来的关键。
创新驱动发展，是实现高质量发展的必由之路。
我们要大力培育创新精神，增强创新能力。
要营造鼓励创新、宽容失败的氛围。
要加强知识产权保护，为创新提供良好的制

图3　词汇检索结果

3.3　素材提供，灵感无限

面对写作主题，ChatGPT 能提供相关素材和例子，激发灵感，拓展思路[3]。对学习者来说，面对需要运用英文进行写作的话题总觉得无从下笔，因为他们缺少一些与话题相关的词汇或者句型。学习者可以通过 ChatGPT 检索与所写话题相关的一些表达，激活头脑中的已有图式，从而让自己的文章词汇表达更为丰富。以新世纪大学英语综合教程第一册 Unit1 的相关写作话题"拖延症"为例，学生可以用 ChatGPT 生成一些基于拖延症这个主题的想法，做好写作前的准备工作。学生在 ChatGPT 系统中输入提示语"the definitions of procrastination, the reasons why it occurs, and the scientific methods of coping with it"，系统便给出了有关 procrastination 主题下的相关信息（见图4）。除此之外，还可以检索如何构成文章的框架等信息，让自己的文章内容尽可能全面科学。

Procrastination: The Thief of Time

Procrastination is the act of voluntarily delaying or postponing a task despite knowing the negative consequences of doing so. It's the classic "I'll do it tomorrow" syndrome, where we prioritize short-term comfort over long-term goals. While occasional delays are normal, chronic procrastination can significantly impact our productivity and well-being.

Why Do We Procrastinate?

There are several reasons why we fall prey to procrastination:

• **Emotional Factors:** Fear of failure, perfectionism, and anxiety can all be major culprits. When faced with a challenging task, negative emotions can lead us to avoid it altogether.
• **Motivational Issues:** Lack of interest in the task, unclear goals, or a perceived lack of importance can all sap our motivation and make us put things off.
• **Cognitive Biases:** We may underestimate the time a task will take (leading to last-minute scrambling) or overestimate the difficulty (leading to paralysis). Poor time management and a lack of self-control also contribute.

Breaking the Cycle: Scientific Strategies

图 4   ChatGPT 提供素材

学生可以进一步追问 ChatGPT "generate some terms related to procrastination"，系统便自动生成与拖延症相关的词条以及专业术语，并附上相关的网页来源（见图 5）。ChatGPT 可以为学生的写前环节提供了巨大帮助，例如，为学生提供一些与写作主题相关的思路，消除与话题相关的词汇、语法、句型障碍，并给学生提供写作的框架结构，为文章创建一个大纲，包括引言、主体段落和结论。

Show drafts ⌄ 🔊

Procrastination Pals: Jargon related to putting things off

• **Procrastinator:** The individual who chronically delays tasks.
• **Avowed Procrastinator:** Someone who openly admits to putting things off.
• **Deadline Doer:** A person who thrives under pressure and completes tasks at the very last minute.
• **Pre-crastination:** The anxiety or dread associated with an upcoming task, leading to avoidance behaviors.
• **Perfectionist's Procrastination:** The fear of not doing something perfectly leading to a delay in starting it at all.
• **Productive Procrastination:** Engaging in less important tasks to avoid starting a more important one (often with debatable actual productivity).
• **Procrastination Station:** The designated (or not-so-designated) location where one goes to avoid work (think couch, social media, fridge).
• **Procrastination Nation:** A humorous term for the widespread phenomenon of putting things off.
• The Procrastination Cycle: The loop of avoidance, guilt, and stress that often

图 5   ChatGPT 提供背景支撑

3.4 ChatGPT 提供的词汇与句型更加多元

学生在写作的过程中通常不会注意词汇与句式的多样性。在词汇的多样性中，学生可以选择需要替换的词语，然后使用 ChatGPT 的"推荐词汇"功能，获取同义词、近义词、反义词等多种词汇建议，并选择合适的词汇进行替换。例如，在描述环境污染时，ChatGPT 可以提供 pollute、contaminate、degrade 等多个词汇供学生选择，而不是只用 dirty 或 polluted。在句式的多样性中学生可以选择需要修改的句子，然后使用 ChatGPT 的"修改句式"功能获取多种改写建议，并选择合适的建议进行修改。ChatGPT 可以生成更加复杂和多样的句子结构，避免句式单调的问题。ChatGPT 可以提供并列句、复合句、主从句等多种句型供考生选择，使文章更加流畅，逻辑性强。例如在描述某个东西很重要的时候，ChatGPT 可以提供 it is important that、it plays a decisive role in、be vital to 等句型。

4 ChatGPT 辅助英语写作的应用建议

课堂教学中，受课堂人数的限制，教师很难保证在课堂上给学生所写的文章相对即时的反馈。在课堂上，为了满足大多数学生的需要，教师更多地以本单元话题为出发点，展开相关话题写作教学。学生可以利用 ChatGPT 进行个性化的写作指导，利用 ChatGPT 学习写作技巧。

假如一个学生正在学习如何写议论文，那么他可以向 ChatGPT 提问，如"如何写一个好的论点？"或"如何反驳对方的论点？"，ChatGPT 可以提供有关议论文写作的指导。例如，写一篇关于"越来越多的机器人在工业和人们的日常生活中取代人类"的议论文，用 ChatGPT 进行搜索。ChatGPT 对文章结构进行分析，并采用了议论文的结构。首先提出一个问题——为什么越来越多的机器人会取代人类，然后分别分析正反两方面的论点。支持机器人取代人类的观点认为：机器人可以提高效率和生产力；机器人可以减少人工成本；机器人可以从事危险或重复性的工作；机器人可以提供更好的服务和体验。反对机器人取代人类的观点认为：机器人会造成失业和社会动荡；机器人会削弱人类的技能和能力；机器人会威胁人类的安全，摆脱人类的控制；机器人会带来伦理和道德问题。学生可以根据 ChatGPT 提供的信息组织写作。

5 结论

ChatGPT 可以作为英语写作的有效工具，帮助学生从词汇、语法、句法层面提高英语写作能力。教师和学生可以充分利用 ChatGPT 的优势积累写作的素材，利用 ChatGPT 练习多个题材的作文，包括四、六级当中常考的社会、文化、教育、科技、环境等类型。同时，大型语言模型的功能需要进一步完善和优化，以提高其自然语言生成和理解的准确性和可靠性。学生不能完全依赖 ChatGPT，而应将 ChatGPT 作为一个有效的工具。

参考文献

[1] 朱光辉，王喜文 .ChatGPT 的运行模式、关键技术及未来图景［J］.新疆师范大学学报（哲学社会科学版），2023，44（4）：113-122.

[2] 焦建利 .ChatGPT 助推学校教育数字化转型：人工智能时代学什么与怎么教［J］.中国远程教育，2023（4）.

[3] 焦建利，陈丽，吴伟伟 . 由 ChatGPT 引发的教育之问：可能影响与应对之策［J］. 中国教育信息化，2023（3）.

ChatGPT 赋能英语口语教学研究[①]

苗天顺[②]　张　亮[③]　刘明宇[④]

摘　要：ChatGPT 作为一种先进的人工智能技术，已被证明在众多领域具有显著的应用潜力，尤其在语言学习和口语练习方面。基于其复杂的算法和庞大的数据集，该模型能够模拟自然语言处理和生成，从而为用户提供一个高度逼真的语言交互环境。这种交互不仅模拟了真实生活中的交流情境，而且为学习者提供了一个安全的环境来实践和提高其口语能力。此外，ChatGPT 还能够根据学习者的表现和需求动态调整其难度和反馈，从而提供个性化的学习体验。

关键词：ChatGPT；英语口语教学；互动学习

1　教学设计目标和评价标准

在探索 ChatGPT 对外语口语学习的革新影响之际，我们正处于一个充满

① 本文系 2023 年北京工商大学教育教学改革研究重点项目"ChatGPT 背景下大学英语教学创新模式研究"（项目号：jp235228）的阶段性成果。
② 苗天顺，北京工商大学语言与传播学院副教授，主要研究方向为英语翻译。
③ 张亮，北京工商大学语言与传播学院 2023 级翻译专业硕士研究生。
④ 刘明宇，北京工商大学语言与传播学院英语讲师。

潜力与初步收获的交汇点。尽管这一领域的研究尚处萌芽阶段，但已绽放出令人瞩目的初步成果。研究者们不仅设计了基于 ChatGPT 的创新口语练习平台，并通过实证研究验证了其显著提升学生口语表达的有效性，还从理论深度挖掘 ChatGPT 在外语教学中的新角色，开辟了教学模式的新路径。

本课程的教学设计目标聚焦于两大里程碑式的提升：一是语言能力的精进，二是交际艺术的锤炼，旨在培养学生的语言运用能力。具体实施中，我们巧妙融合了 ChatGPT 的先进技术与传统教学的精髓，创造了一个互动式、高效的学习生态系统。

个性化口语优化场域：ChatGPT 以其智能核心，为每位学习者量身定制口语训练方案，从语音韵律到语法结构，提供细致入微的实时反馈，如同一位贴身的语言导师，精准指导，即时纠错，助力每一位学生跨越障碍，迈向流利表达的新高度。

沉浸式语言习得天地：超越传统课堂的局限，ChatGPT 构建起仿真的外语交流场景，让学生置身于虚拟却逼真的对话空间，与之互动，逐步消弭开口说外语的心理壁垒，同时，在不断的实践中增强口语的自然流畅度和自信心，为真实世界的交流铺设坚实基石。

知识宝库，无限拓展：ChatGPT 不仅是对话伙伴，更是无尽的学习资源库。它能根据学习需求，供应丰富多样的口语素材，涵盖广泛话题的对话脚本、演讲示例乃至跨文化视频资料，极大地拓宽学生的词汇视野，深化学生对多元文化背景下语言表达差异的理解。

本课程借助 ChatGPT 的力量，不仅强化了模拟对话与实际沟通的结合，更通过教师的即时专业反馈与技术辅助的双重保障，确保学生在学习过程中的每一个进步都能得到及时的认可与修正，推动学生在外语口语学习之旅中稳健前行，迈向卓越。本课程设计旨在提升学生的语言能力和交际技巧，重点在于使其准确和流利地使用目标语言。通过模拟对话和实际交流，ChatGPT 可以提供即时反馈，同时教师的实时反馈也能确保学生及时纠正错误并加强理解。这种教学模式有助于减少学生的焦虑情绪和紧张心理[1]。

在探索英语口语的教学设计时，我们着重考虑了实际应用场景的多样性，将其分为发表个人看法和进行对话两类情境。这一分类模仿现实生活中的语言使用，既能培养学生的思辨能力，也能提高他们的交际技巧。评估和反馈机制也将被纳入教学过程，旨在建立立体、动态的评价体系，全面评估并促进学生的语言能力发展。利用 ChatGPT 进行多维度分析，包括发音、流利性、词汇、句型和逻辑等，可以为学生提供及时修改意见，帮助教师深入讲解话题。同时，学生通过学习反思后再次回答问题，让 ChatGPT 评析第二次回答，教师可以观察学生的进步，明晰成长路径。

2　ChatGPT 赋能外语教学的实施路径

对于发表个人看法的场景，重点在于训练学生如何就某一议题进行独立思考，使其清晰、有逻辑地表达自己的观点和理由。教学设计上，首先让学生口语输出，教师将学生的回答输入 ChatGPT 中，引导 ChatGPT 全面考察学习者的发音准确性、语言流利性、词汇运用、句型结构、内容逻辑、文化适应性等多个维度，并提出修改意见。其次，结合 ChatGPT 生成的修改意见，教师针对口语练习话题进行深入讲解。然后，教师要求学生在学习反思后再做出一次回答。最后，教师输入命令要求 ChatGPT 评析第二次回答。

针对对话场景，教学中将重视培养学生的即时反应能力和互动沟通技巧。在此场景下，设计将结合 ChatGPT，融入角色扮演、模拟对话和情境模拟等教学方法，帮助学生练习多种情境下的应对策略。ChatGPT 可以扮演一个虚拟的交谈伙伴，能够根据用户的输入实时生成响应，提供连贯的对话体验。如在社交媒体上与他人互动、处理顾客服务中的询问或在职场环境下与同事交流意见，保证学生在安全的学习环境中磨炼实际应用能力。并且，ChatGPT 可以提供一个立体、动态且互动性强的评价体系，确保能够全面准确地评估和促进学习者的口语能力发展。下面用几个例子演示教学流程和实际效果。

例 1：2023 年雅思题目——Describe a famous athlete you know.

You should say：

Who he/she is?

How you knew him/her?

What he/she has achieved?

And explain why he/she is famous?

学 生 A："The famous athlete I know is Liu Xiang.Liu Xiang is a renowned Chinese 110-meter hurdler who once broke the world record and won the gold medal at the 2004 Athens Olympics，becoming an Olympic champion in this event.He has also won medals in world-class events multiple times，including the World Championships and Asian Games."

ChatGPT：答案结构清晰，内容符合要求，但在表达上稍显简单。语言使用基本正确，但词汇和句型变化较少，可适当提升多样性，增加一些细节描述以丰富答案内容，如刘翔在田径历史上的具体影响。

学生 A 修改后："The celebrated athlete whom I have the privilege of knowing is Liu Xiang，a luminary in the realm of athletics.Liu Xiang，hailing from China，has etched his name in history books by obliterating the world record in the men's 110-meter hurdles.His crowning achievement，however，was securing the gold medal at the Athens Olympic Games in 2004.Moreover，his prowess on the global stage extends beyond these singular accomplishments，as he has consistently hoisted medals such as the World Championships and the Asian Games."

ChatGPT：答案中不仅包含刘翔的基本信息和成就，还体现了考生对田径运动的热情和个人见解。答案中的一些高级词汇和复杂句型增加了表达的深度和力度，展现了高水平的语言技巧。内容丰富，逻辑性强，能够很好地吸引听众的注意力，并且答案具备一定的说服力。

在对学生的答案进行深入分析之后，我们可以得出一个明确的结论：ChatGPT 的教学应用是可行且有效的。经过指导后，学生的回答不仅在信息内容上更为丰富，而且在语言运用上也展现出更高的复杂性和变化性，显示出更高层次的思维和表达能力。

例2：主题——The area you live in。

Q：Do you like the area that you live in now?

A：Yeah，I like my area.

ChatGPT：可以添加更多细节。

Q：Do you think the area you live in now is suitable for people of all ages?

A：I think it's okay for all ages.There are parks for kids and shops for everyone.

ChatGPT：可以进一步细化，例如提及社区内有哪些资源适合不同年龄层的人。

Q：Are people in your area friendly?

A：Yes，the people in my area are quite friendly.They often wave or stop to chat，making it feel like one big family here.

ChatGPT：学生有效地描绘了社区居民的友好行为，补充了居民间的互动，这种描述更具体，更能体现出社区的亲密氛围。

Q：How has your area changed in recent years?

A：The neighborhood has really changed in the past few years.New shops and restaurants have opened，bringing more choices and making it easier for us to get what we need without having to go far.

ChatGPT：学生详细描述了社区的变化，但是也可以考虑加入一些关于社区变化对个人日常生活的具体影响的例子，比如新餐馆是否丰富了他们的饮食选择。

学生回答由简入繁，逐步充实细节与例证，提升了逻辑性和表现力，验证了有指导的练习对增强语言表达的有效性。这种差异在很大程度上可以归因于 ChatGPT 提供的指导。ChatGPT 在评价过程中所提供的具体建议和改进方向，如增加细节描述和故事性元素，不仅增强了答案的吸引力，还提高了其说服力。这种针对性的反馈能够帮助学生认识自己的不足，并指导他们如何改进，这是有效教学的重要组成部分。综上所述，我们可以有信心地得出结论：ChatGPT 作为一个教学工具，不仅可用，而且十分好用。

3　结论

以 ChatGPT 为代表的 AI 技术为个性化学习提供了新的可能性。智能算法能够根据学生的学习历史、表现和偏好，提供定制化的学习方案，提高学生的学习效率。同时，AI 驱动的语音识别和评估工具能够提供实时反馈，帮助学生及时纠正发音和语法错误。然而，AI 在口语教学中的应用也伴随着挑战，主要体现在数据隐私和安全性上。学生的语言数据是敏感的，需要确保 AI 在收集、存储和处理过程中的安全性。综上所述，AI 在口语教学中提供了巨大的机会，但也带来了挑战。未来的研究需要继续探索如何在保护学生隐私、确保数据安全的同时使 AI 在教育中的潜力最大化。

参考文献

[1] 焦建利，陈婷. 大型语言模型赋能英语教学：四个场景 [J]. 外语电化教学，2023（2）：12-17，106.
[2] 徐阳. 人工智能"赋能"英语听力口语教学创新 [J]. 基础教育论坛，2020（6）：60-61.

COCA 在翻译教学中的运用

刘　婧①

摘　要：COCA（美国当代英语语料库）资源丰富，数据客观且具有实证性。将它用于翻译教学之中，可以大大提升译文质量，提升学生的翻译能力、翻译质量意识和自主学习能力。本文探讨 COCA 在翻译教学及实践中的运用，凸显翻译教学成效，体现教学价值。

关键词：COCA；翻译教学；翻译能力

1　引言

　　将语料库引入实证性翻译研究的做法已经非常成熟了。语料库中的语料是真正使用中的活的语言，是一种"集约化"的丰富的共享语料资源，因而可帮助翻译学习者进行发现式、自主式学习，使翻译学习具有研究性特征[1]。美国当代英语语料库（Corpus of Contemporary American English，COCA）由美国杨伯翰大学（Brigham Young University）Mark Davies 教授开发，已收录 4.1 亿个词汇，是网上最大的免费英语语料库。COCA 是不可多得的一个英语参

---

① 刘婧，北京工商大学语言与传播学院副教授，研究方向为翻译理论与实践、翻译教学、英语教学。

考资源，成为学习者查询和观察美国英语使用和变化的一个极好的窗口[2]。

2 语料库与翻译教学

自 20 世纪 90 年代中期以来，语料库开始应用于译学研究之中。基于语料库的译学研究的趋势之一便是语料库与翻译教学研究。早在 1997 年，"语料库与学习翻译"（Corpus Use and Learning to Translate）专题研讨会便在意大利 Bertinoro 举行。2007 年，语料库与译学研究国际学术研讨会在上海交通大学召开。刘泽权、刘鼎甲通过基于语料库的翻译教学实践，认为语料库丰富、真实与可靠的特性可以服务于翻译教学[3]。刘晓东、李德凤探讨了 COCA 在英汉商务翻译教学中的应用，认为单语语料库的应用会更加广泛，并有助于学生商务翻译能力的提高[4]。戴光荣、刘思圻通过对 2007—2022 年国内外语料库翻译教学相关的学术论文进行对比，指出未来研究者需要重点关注翻译教学实证研究，加强语料库翻译教学资源建设[5]。

3 COCA 在翻译教学中的运用

3.1 词义的确定

词义的确定是翻译中常见的问题，影响意义的准确传达。例如：

县级以上人民政府及有关部门应当推进统一市场主体登记注册业务规范。

关于"市场主体"一词，有 market players、marker entity、market participants 多种表达。通过查询语料库可知，market participants 语料最多。此句可译为：People's governments at or above the county level and relevant departments shall promote unified business norms for the registration of market participants.

3.2 同义词语的选用

同义词是翻译准确性的重要体现。例如：

他们与有关用工单位签订劳动合同，获得相应报酬，不存在强迫行为。

They sign labor contracts with employers and receive their salaries.There is no coercion.

这段译文中的"强迫"作动词，在英语中有 force、coerce、compel 等表述。通过查询语料库可知，coerce 的使用频率高于 force 和 compel，且 coerce 的名词形式 coercion 比动词使用频率更高，达到 3 506 条，有助于学生了解翻译中的词性转化。

3.3　对译者主观臆造词语的修正

恰当准确的搭配能提升语言使用者语言输出的流畅度[6]。主观臆造词指译者出于对目的语语感欠缺而臆造出来的用法或搭配，明显不符合译入语的表达习惯。例如：

本产品需要常温避光保存。食用方法：开袋即食。

原译：This product should store in normal temperature avoid direct light.Edible way：eat as soon as possible after open it.

原文中的"避光保存"译成"avoid direct light"，实际上在语料库中无论"avoid"还是"direct"都不与"light"搭配，是译者主观臆造的。在语料库中输入"dark place"，得到以下例句：All oils keep best in a cool，dark place。"食用方法"译成"edible way"也是臆造表达。"开袋即食"并非"eat as soon as possible after open it"。在语料库中输入"serve immediately"，得到以下数据：Taste for seasoning and serve immediately。

改译：This product keeps best in dark place at normal temperature.Serving suggestions：serve immediately after opening.

4　结论

将语料库运用到翻译教学中，是提升译文质量的良好途径，有助于学生在翻译实践中理解真实语境中词义的确定、同义词的选用、对主观臆造词的修正等。语料检索能够提高学生的翻译能力。

参考文献

［1］朱一凡，王金波，杨小虎.语料库与译者培养：探索与展望［J］.外语教学，2016（4）：91-95.

［2］汪兴富，Mark Davies，刘国辉.美国当代英语语料库（COCA）：英语教学与研究的良好平台［J］.外语电化教学，2008（9）：27-33.

［3］刘泽权，刘鼎甲.基于语料库的翻译教学与学习者译本评析初探［J］.中国外语，2011（5）：48-56.

［4］刘晓东，李德凤.COCA英语语料库在英汉商务翻译教学中的应用［J］.中国科技翻译，2020（1）：29-32.

［5］戴光荣，刘思圻.语料库翻译教学研究进展（2007—2022）：基于国内外学术论文的对比分析［J］.外语界，2023（1）：40-48.

［6］AKKOYUNLU A N，KILIMCI A.Application of corpus to translation teaching：practice and perceptions［J］.International online journal of education and teaching，2017（4）：369-396.

EMI 课堂中学生对于超语实践的态度
——以北京某高校为例

马晓彤 [1]

摘　要：高等教育国际化的背景下，越来越多的高校开设了全英课程，希望学生在学习专业知识的同时提高英文水平。然而，由于教师使用英语授课的能力和学生使用英文学习学科知识的能力都较为欠缺，全英课程开展的效果并不理想。超语实践有助于帮助学生和老师使用多种语言和符号资源建构知识，提升学生的课堂参与度。本文以北京某高校商科 EMI 课程为例，通过半结构化访谈，探讨学生对于超语实践的态度，并为提升 EMI 课堂教学质量提出切实可行的建议。

关键词：全英课程；超语实践；教师发展

　　自教育部于 2001 年出台了一系列推动高等教育国际化的指导意见以来，越来越多的高校面向各类专业学生开设了以英语为授课语言的全英课程（English medium instruction，EMI）。然而，由于专业教师使用英语授课的能力和学生使用英文学习学科知识的能力欠缺，现实课堂中的授课语言往往是

---

① 马晓彤，女，北京工商大学语言与传播学院讲师，主要研究方向为语言课程与教学、外语教师教育。

中英双语，这使得很多学者开始关注如何使用超语（translanguaging）打破不同语言及语言和符号之间的界限，从而帮助学生更好地学习专业知识。本文将以北京某高校商科 EMI 课程为例，结合学生的半结构化访谈，讨论学生对课堂教学中超语实践的态度，从而为提升 EMI 教学质量提出切实可行的建议。

1 文献回顾

虽然 EMI 的初衷是让学生在学习专业知识的同时提升英语水平，但是由于学生之前都是通过中文学习基础学科知识的，因此用英文学习复杂的专业概念非常具有挑战性。同时，专业教师作为非英语母语使用者在进行 EMI 教学时也感到力不从心，只能使用中文来翻译和讲解复杂的知识点[1]。这些语言问题导致高校 EMI 课堂普遍缺乏师生互动，学生也无法在课堂教学中充分培养高级思维能力[2]。

超语的概念源于双语教学，是指"说话者使用整体语言库存以获取知识、制造意义、表达思想"[3]，强调通过打破不同语言的壁垒以及语言和符号资源（例如肢体语言、面部表情、声音、视觉图像等）之间的界限来帮助学生建构知识[3]。超语视角下的 EMI 研究成为近年来国际应用语言学领域的新兴热点。多名学者的实证研究都指出 EMI 教师会在教学中无意识地或者有计划地进行超语实践，即借助中文或者其他符号资源（例如肢体语言、视觉图像等）帮助学生学习新概念或者加深学生对复杂知识的理解[4]。此外，超语实践能够打破外语教育中传统的单语主义，表面上的 EMI 教学环境实则为多语言和多元化知识的建构场域，能够解决全英文课堂对不同语言文化背景的学生造成的知识不公问题[5]。然而，目前有关国内高校 EMI 课堂特别是商科 EMI 课堂超语实践的实证研究尚不充分，从学生视角开展的超语实践有效性的研究也较为缺乏。因此，本文主要探讨学生对 EMI 课堂中超语实践的态度及其启示。

2 研究发现和讨论

本研究为质性研究，利用目的抽样选取了北京某市属高校注册会计师全英班的四位同学开展半结构化访谈，来了解该商科 EMI 课堂中教师的授课语言，以及学生如何看待 EMI 课堂中的超语实践。

受访的四位学生提到，虽然该 EMI 项目的官方授课语言为英文，但是授课教师在实际教学中均会不同程度地使用中英双语来进行讲解，也会使用肢体语言、图片、视频等符号资源来帮助学生理解专业知识。不同的是有的老师只有在介绍复杂概念和学术名词时使用中文来进行翻译，有的老师则会更加灵活地使用中文来引入新知识点、与同学进行提问和互动或者进行知识的拓展延伸。当被问及如何理解 EMI 课堂中的超语实践以及这种超语实践对他们学习的影响时，受访学生的态度有所不同。三位学生对超语实践表示了支持，他们认为用英文学习专业课非常困难，适当地使用中文能极大地增强他们的学习信心、增进和老师之间的交流、强化对于复杂知识点的理解。例如，其中一名学生提到管理学的老师允许在考试中使用中文作答部分题目，并且对题目中复杂的专业概念提供了对应的中文翻译。只有一名学生对于超语实践表示中立态度，他认为使用中文虽然有利于专业知识学习，但这与 EMI 课堂所强调的英文授课语言不一致，频繁地使用中文会影响他们的学科英语学习，并表示自己在课下会加强英文学习来适应 EMI 课堂。

研究结果表明了超语实践在 EMI 课堂中的积极意义：超语实践有利于增强学生的信心，缓解焦虑，形成活跃的课堂氛围。学生对超语实践普遍持中立和积极的态度。与此同时，该研究也反映出外语教育中英语单语主义的语言意识形态对于开展超语实践的消极影响，这需要学校、教师和学生正确理解超语实践来解决 EMI 课堂中可能出现的知识不公问题，并意识到语言不仅是沟通工具，而且是影响知识建构的关键因素[5]。最后，该研究也对 EMI 教师职业发展有所启示：超语实践应该成为 EMI 教师培训的重要话题之一，未来的教师发展可以着眼于培养教师使用多种语言和符号资源传递知识的能力。

参考文献

［1］OU A W，GU M M.Teacher professional identities and their impacts on translanguaging pedagogies in a STEM EMI classroom context in China：a nexus analysis［J］.Language and education，2023（1）：1-23.

［2］JIANG A L，ZHANG L J.Understanding knowledge construction in a Chinese university EMI classroom：a translanguaging perspective［J］.System，2023，38（1）：42-64.

［3］GARCIA O，LI W.Translanguaging：language，bilingualism，and education［M］. New York：Palgrave，2014.

［4］LIN A M.Theories of translanguaging and trans-semiotizing：implications for content-based education classrooms［J］.International journal of bilingual education and bilingualism，2019，22（1）：5-16.

［5］郑咏滟，邱译曦.“全英文”学科课堂中的超语实践与知识建构［J］.外语界，2024（1）：23-31.

GPT 模型在英语演讲课程中的应用①

苗天顺② 李 淼③ 颜 昆④

摘 要：本文旨在探讨 GPT 模型在英语演讲辅助技术中的应用及其发展趋势。本文重点分析了 GPT 在演讲中的应用，通过列举学术界和商业领域的案例，评估了 GPT 演讲辅助技术的实际应用效果。本研究有助于推动 GPT 在演讲领域的应用和发展，为相关领域的研究和实践提供有益的参考。

关键词：GPT 模型；演讲辅助技术；语言翻译

1 引言

近年来，GPT 模型在演讲辅助技术中的应用与发展研究逐渐深入，成效显著。GPT（Generative Pre-trained Transformer）模型作为一种前沿的自然语言处理工具，由 OpenAI 公司精心研发。它基于深度学习技术，通过预训练

---

① 本文系2023年北京工商大学教育教学改革研究重点项目"ChatGPT背景下大学英语教学创新模式研究"（项目号：jp235228）的阶段性成果。
② 苗天顺，北京工商大学语言与传播学院副教授，主要研究方向为英语翻译。
③ 李淼，北京工商大学语言与传播学院2023级翻译专业硕士研究生。
④ 颜昆，北京工商大学语言与传播学院英语讲师。

海量的文本数据，并在特定任务上进行精细的微调，在自然语言处理领域表现卓越。GPT 的核心架构即 Transformer 模型，运用自注意力机制构建神经网络，有效处理序列数据，尤其是复杂的自然语言序列。该模型的先进性和创新性为自然语言处理领域的研究者提供了强大的技术支持和广阔的研究空间，推动了该领域的快速发展。而在学术领域中，演讲被视为一种高级沟通形式，其有效性取决于一系列精心锤炼的技巧与核心要素。演讲的基本技巧与核心要素涵盖了演讲结构、语言运用、声音表达和肢体语言等多个方面。GPT 模型助力演讲者优化结构和语言运用，生成逻辑严密的框架，提供精准流畅的表达建议，并增强语言感染力，提升演讲效果。

2 文献综述

PT 模型的基本原理主要基于 Transformer 架构，这种架构由编码器和解码器组成，每个部分都包含多层自注意力机制和前馈神经网络。自注意力机制使得模型能够在处理输入序列时对不同位置的信息进行加权关注，从而捕捉上下文信息及其关联。这种机制为 GPT 模型提供了强大的自然语言处理能力。在演讲辅助技术中，GPT 模型的应用主要体现在优化演讲结构和语言运用方面。演讲者可以利用 GPT 模型生成逻辑严密的演讲框架，确保内容条理分明、层次分明。同时，GPT 模型通过提供精准流畅的语言表达建议，帮助演讲者更好地传达思想、表达观点，增强演讲的感染力。从发展历程来看，GPT 系列模型经历了不断的优化和升级。从最初的 GPT-1 到 GPT-2、GPT-3，再到 GPT-4，模型的参数数量和性能都得到了显著提升。GPT-1 是 OpenAI 推出的首款基于 Transformer 架构的单向语言模型，通过预训练生成连贯的语言文本。GPT-2 在参数规模和生成质量上都有了显著提升，引起了广泛的关注。GPT-3 则成为迄今为止最大的 GPT 模型，在多个自然语言处理任务上表现出色，包括机器翻译、语言推理、文本分类、问答和文本生成等。GPT-4 进一步提升了模型的性能，可以进行文字加工、图像识别等，极大程度地提升了相关工作效率。随着技术的不断进步和完善，GPT 模型在演讲辅助技术中的应用发展趋势将更加明显。

3 GPT 应用

3.1 文字稿生成

使用 GPT 生成演讲稿，可高效创作内容并精准控制风格。通过输入主题和受众特点，GPT 能生成逻辑清晰、观点鲜明的演讲稿。同时，用户可设定不同语言风格，使演讲稿更具吸引力。GPT 的灵活性和智能化极大地提升了演讲稿的生成质量和效率。

3.2 演讲实时辅助

GPT 在演讲过程中展现出强大的实时辅助功能。它不仅能够实时分析演讲内容，提供逻辑梳理和语言表达上的提示，还能根据演讲者的风格和受众需求，给出相应的风格调整建议。这种实时、个性化的辅助，有助于演讲者更加精准地传达信息，提升演讲的质量和效果。

3.3 语言翻译与适应性

GPT 在多语言演讲和不同受众背景下展现出极大的应用潜力。其强大的跨语言理解能力使演讲内容能准确传达给不同语言背景的听众。同时，GPT 能针对受众特点调整语言风格，提升演讲效果。其应用有助于跨越语言和文化障碍，实现有效沟通。

4 案例分析

4.1 学术界案例：列举学术界对 GPT 辅助演讲的研究案例和成果

在学术领域，GPT 辅助演讲的研究日益受到关注，特别是在翻译会议总结演讲的场景中，GPT 展现出了强大的应用潜力。以下将列举几个具体的研究案例和成果，并分析 GPT 是如何帮助演讲者进行会议总结发言的。首先，一项由国内知名大学进行的研究聚焦于利用 GPT 模型辅助多语言环境下的会议总结演讲。该研究团队开发了一套基于 GPT 的实时翻译与总结系统。在实验中，演讲者使用不同语言进行发言，GPT 模型能够实时地将这些发言翻译成目标语言，并生成总结性的内容。通过对比传统翻译与总结方法，研究人员发现，GPT 模型不仅提高了翻译的准确性，还能够更好地捕捉会议的核心要点，为演讲者提供更有深度的总结内容。其次，另一项跨国合作的研究探讨了 GPT 在大型国际会议总结演讲中的应用。该研究通过收集多个国际会议的语料库，对 GPT 模型进行了针对性的训练和优化。在实验中，演讲者使用 GPT 模型生成的总结性内容作为发言稿，有效地概括了会议的主要成果和讨论焦点。与会者普遍反馈，使用 GPT 辅助的总结发言更加精准、全面，有助于加深他们对会议内容的理解。在这些研究案例中，GPT 模型的应用主要依赖于其强大的文本生成和上下文理解能力。通过训练和优化，GPT 能够准确捕捉会议发言中的关键信息，理解发言者的意图和表达方式。同时，GPT 还能够根据会议的主题和背景知识，生成具有逻辑性和连贯性的总结性内容。这些内容不仅准确传达了会议的主要观点，还能够帮助演讲者更好地把握会议的核心要义，提升发言的质量和效果。总体来说，学术界对 GPT 辅助演讲的研究已经取得了一定的成果，特别是在翻译会议总结演讲的场景中，GPT 展现出了其独特的应用价值。

4.2 商业应用案例：介绍商业领域对 GPT 演讲辅助技术的应用情况和效果评估

在商业领域中，GPT 演讲辅助技术的应用日益广泛，其中新品发布会场景下的应用尤为突出。本文将以新品发布会为具体场景，分析 GPT 如何帮助演讲者提升演讲效果，并探讨其应用效果评估。在新品发布会上，演讲者通常需要向与会者介绍新产品的特点、优势以及市场定位等信息。然而，由于时间限制和信息量巨大，演讲者往往难以充分展现产品的魅力和价值。此时，GPT 演讲辅助技术的应用便显得尤为重要。GPT 模型通过深度学习和自然语言处理技术，能够实时分析演讲者的语言和内容，为其提供精准的提示和建议。在新品发布会中，GPT 可以根据演讲者的需求，生成有关新产品的详细介绍、市场分析、用户反馈等内容，帮助演讲者更加全面、深入地展示产品。此外，GPT 还能够根据受众的特点和需求，调整演讲的语言风格和表达方式。例如，针对更加专业的听众，GPT 可以生成更加深入、专业的内容；而针对普通消费者，GPT 则可以采用更加通俗易懂、生动有趣的表达方式。这种个性化的内容生成和表达方式使得演讲更加贴近受众需求，提高了演讲的吸引力和影响力。在效果评估方面，商业领域通常通过多个维度来衡量 GPT 演讲辅助技术的应用效果：首先，可以通过与会者的反馈和互动情况来评估演讲的吸引力和影响力；其次，可以通过媒体报道、社交媒体传播等渠道来评估演讲的传播效果；最后，可以通过销售数据、市场份额等商业指标来评估新品发布会的整体效果。综上所述，GPT 演讲辅助技术在商业领域的应用具有显著的优势和潜力。通过精准的内容生成和个性化的表达方式，GPT 能够帮助演讲者在新品发布会上更好地展示产品价值，提高演讲效果和传播效果。随着技术的不断进步和应用的深入，GPT 演讲辅助技术将在商业领域发挥更加重要的作用。

5　结语

GPT 辅助英语演讲具有提高效率、增强表达能力等优势，能迅速生成高质量内容，并帮助演讲者更好地应对不同受众。然而，它也面临语义理解不足、风险与误解等挑战，可能产生误导性信息。因此，在使用 GPT 时，演讲者需保持谨慎，结合实际情况灵活应用，以确保演讲质量。GPT 辅助演讲技术未来将持续发展，计算能力的提升将优化模型性能，提高语义理解能力。同时，GPT 在教育、医疗等领域的应用前景广阔，可助力个性化学习、医学文献处理及法律金融决策等。随着技术不断完善，GPT 将为多个领域带来深刻变革。

参考文献

［1］WANG F，MIAO Q，LI X，et al.What does ChatGPT say：the DAO from algorithmic intelligence to linguistic intelligence［J］.IEEE/CAA journal of automatica sinica，2023，10（3）：575–579.

［2］耿芳，胡健.人工智能辅助译后编辑新方向：基于 ChatGPT 的翻译实例研究［J］.中国外语，2023，20（3）：41–47.

［3］赵红勋，郭锦涛，李孝祥.人工智能时代人机关系的变革逻辑：基于 ChatGPT 应用的学术考察［J］.中国传媒科技，2023（2）：13–18.

［4］周兴华，李懿洋.计算机辅助翻译软件的译后编辑功能探究［J］.北京第二外国语学院学报，2021，43（5）：52–65.

笔译课程思政教学实践分析
——以扶贫主题翻译为例

刘思含 [①]

摘　要：2020 年 6 月 1 日，教育部印发了《高等学校课程思政建设指导纲要》，全面推进高校课程思政建设。本文将以扶贫主题翻译教学为例，对笔译课程思政教学实践进行分析探讨。

关键词：笔译；课程思政；扶贫

1　引言

2020 年 6 月，教育部印发《高等学校课程思政建设指导纲要》，全面推进高校课程思政建设。北京工商大学商务英语专业开设商务英汉 / 汉英笔译必修课程，本文将以该笔译课程中扶贫主题翻译为例，对笔译课程思政教学实践进行分析探讨。

2　翻译活动与课程思政

所谓"课程思政"，是指在所有的课程教学中将知识传授与价值引导有

---

① 刘思含，北京工商大学语言与传播学院讲师，主要研究方向为英汉翻译。

机统一，提炼出课程中蕴含的爱国情怀、社会责任、文化自信、人文精神等价值范式，使学生在认知、情感和行为方面有正确的方向[1]；也就是指"课程承载思政、思政寓于课程"，注重在思政教育和价值传播中融入文化知识，同时在知识传播中强调价值的导向作用[2]。

自古以来，翻译活动都与国家民族的兴亡密不可分。古时候丝绸之路上驼铃阵阵，也少不了通晓不同语言的译者。近代之时，严复"以理服人"，翻译《天演论》等一系列西方政论书籍，介绍西方社会制度以期救国；林纾"以情动人"，翻译《巴黎茶花女遗事》等两百余部小说，帮助国人了解西方社会风貌。十月革命一声炮响，陈望道翻译《共产党宣言》，极大地促进了马克思主义在中国的传播。

翻译活动在国家对外交往、跨文化交流当中发挥的重要作用正是翻译与课程思政天然的结合点。笔译课程作为英语专业必修课程，除关注学生的双语及翻译技能培养外，更应关注学生的政治立场及敏感性、国际化视野及跨文化沟通的能力。

3 扶贫主题翻译与课程思政

扶贫主题翻译教学与课程思政的结合主要可从译前、译中、译后三个阶段进行分析。

在译前阶段，教师应主要关注背景知识总结和术语梳理。此时可引导学生针对中国的扶贫工作做初步的调查研究，包括中国脱贫攻坚战的背景、主要措施和经验、主要成就和启示等。通过自己的总结，学生可更深入切实地体会到中国扶贫工作的艰辛，从而更加为来之不易的成就感到自豪。

在译中阶段，教师应主要将课程思政内容与具体翻译技能的教学进行结合。例如，在对"坚持扶持对象精准、项目安排精准、资金使用精准、措施到户精准、因村派人（第一书记）精准、脱贫成效精准等'六个精准'"的讲授过程中，翻译方面主要关注一词多译的现象，即根据上下文不同语境下含义的不同选择不同的译法。而深入探讨原文、分析语境意义的过程，也是融合课程思政的过程。比如"精准"一词，此处似乎不可一概而论地全部翻译为 targeted，过于重复不说，也可能以偏概全。可行的方法是分析该词每次出现时的具体含义并进行翻译。如"扶持对象精准"中的"精准"，其实是指准确地找出需要帮扶的人群。中国扶贫工作首先对贫困情况和贫困人口进行摸底调查，扶贫开发建档立卡就是要对贫困户和贫困村进行精准识别，从而为扶贫开发决策和考核提供依据。此处可译为 identify the poor accurately。而"资金使用精准"当中须挖掘"精准"的具体含义，此处应指资金使用到最能发挥作用的地方，可译为 efficiently。"措施到户精准"当中"精准"的含义和前面的措施到户密切相关，如果因户施策，自然是精准的，故本句里面"精准"一词甚至不必字对字地译出。因此在译中阶段，要通过分析不同的语境和表达意图，引导学生体会一词多译的现象。与此同时，深入挖掘原文含义，也可加深学生对于我国扶贫工作和经验的理解。

在译后阶段，教师应主要引导学生对已涉及的翻译现象进行总结与拓展，比如除"精准"一词外，在政府类文献当中是否还有其他一词多译的现象。拓展与总结的过程不仅能帮助学生巩固已涉及的翻译技能，更能加深学生对于我国方针政策的理解。

4　结论

本文结合笔译课程教学实践，以扶贫主题翻译教学为例，对笔译课程思政教学进行分析与探讨。总体来看，明确翻译主题与课程思政的结合点并充分引导学生参与，有助于在训练翻译技能的同时更好地推进课程思政教育。

参考文献

[1] 肖香龙，朱珠 . "大思政"格局下课程思政的探索与实践［J］. 思想理论教育导刊，2018（10）：133-135.

[2] 王海威，王伯承 . 论高校课程思政的核心要义与实践路径［J］. 学校党建与思想教育，2018（14）：32-34.

超语实践理论在大学英语课堂上的尝试

艾丽娜 [①]

摘　要：超语实践理论作为应用语言学的实践理论之一，给外语教学提供了新的发展方向。本文基于教学实践探索超语实践理论在大学英语课堂上的运用，提出大学英语应该打破语言边界、认知边界，充分体现多样性和包容性，培养多元化的国际外语人才。

关键词：超语实践；动态资源系统；变革性；语言与认知维度

1　超语理论的起源

　　Cen Williams 在 20 世纪 90 年代的威尔士语振兴教育中观察发现：当教师用威尔士语教学时，学生倾向于用英语作答；学生本应用威尔士语完成作业，但实际上他们经常使用英语。另外，威尔士语振兴项目要求在课堂上只能使用威尔士语，但现实情况却是，教师们和学生们都懂英语，且在很多不同场合会使用英语。Williams 并没有把这种语言之间的切换看作一种负面现象。相反，他认为只使用威尔士语的政策是不合理的，两种语言的切换使用可以大幅提升学生的双语学习能力，对于教师与学生来说都有好处。Williams

---

① 艾丽娜，女，北京工商大学语言与传播学院讲师，主要研究方向为英语教育。

在他的博士论文中将这样的语言使用现象描述为威尔士语的 trawsieithu（Williams，1994）。随后，在 *Foundations of Bilingual Education and Bilingualism* 一书中，Williams 的导师 Baker 将 Williams 的研究成果引介到英语世界，起初使用了"translingualfying"一词；之后，他在"languaging"一词前加上了前缀"trans-"，"translanguaging"（超语实践）一词自此正式进入语言学界（Baker，2001）。"trans"强调多语使用者超越语言边界的能力，"-ing"后缀强调了语言创意实践的时效性，而"language"意指传统的"语言"的概念。因此超语实践指：交流使用语言的过程中，通过多种语言能力，根据场景运用双语、图像、肢体语言、文字等方式达到交流目的，使其成为一种多语言、多符号、多感官的动态资源系统。

超语实践摆脱了单一的语言意识形态，对中国的学习者尤其重要。伴随着现代化建设取得的巨大成就，中国在世界舞台上大放异彩，在讲好中国故事、发出中国声音、让世界了解中国的过程中，超语实践理论无疑是一股巨大的推动力。了解"一带一路"国家和地区的文化尤其重要，而了解文化最直接的方式就是使用当地的母语甚至方言，与这些国家和地区用方言土语交流更能增进感情，促进共同发展。

2　中国外语教学现状

新中国成立以来，中国外语教育发生了翻天覆地的变化。但是这种变化仍体现在单语种上，比如从新中国成立初期的俄语热到改革开放的英语热。随着改革开放的深入，一些高校开设了其他语种，统称"小语种"。这是单语语言观的体现，阻碍人才培养和世界一体化建设。"一带一路"国家和地区拥有多样化的语言，比如阿拉伯语、俄语、西班牙语等，有些国家还拥有自己的民族语言，单语种已经成为全球交流的壁垒。中国目前外语人才培养现状是：英语一家独大，小语种陪衬点缀。外语教学以传播语言技能为核心，存在重知识、轻能力，重教法、轻学法，重灌输、轻交流，重结果、轻思维等问题。正是由于对学习者社会文化身份多样性的关注不充分，单一的语言技能教学已无法满足新时期全球化对外语教育提出的全方位要求（沈骑，2019），外语教育工作者因材施教的意识急需改变。

3 二语习得领域超语理论的内涵

学习一门新的语言，无论其是第一语言还是第二语言，是母语还是外语，都是多感官和多模态的过程，涉及声音、物体、行为、表情的复杂对比和人类的听、表达、记忆和专注力等多种技能的运用。同时，这也是一种文化适应过程，语言学习者需要从具体的文化视角来阐释包括语言使用在内的有意含义与言外行为。超语实践是语言多能力的一种体现。有人担忧，使用母语甚至方言会阻碍外语教学，还可能误认为教师的外语能力不足。这其实是对外语教学的偏见。仅运用目标语言进行教学，隐患很多，比如：对目标语言文化了解匮乏造成误解；语言能力不足造成课堂焦虑；社会背景不同，个别学生成了课堂的局外人。运用超语教学手段才能体现外语教学的多样性和包容性，培养适应多元文化的国际外语人才。

4 大学英语课堂上尝试超语理论教学

大学英语课堂的学生来自不同的专业，拥有不同的背景，英语水平存在差异。如果只是僵化地灌输语言知识，会导致课堂气氛沉闷，部分学生无法融入其中。我们应该充分利用大学英语课堂的多样性，挖掘学生的个体特征，使每位学生成为课堂的参与者、分享者，真正达到教学相长的目的。

4.1 头脑风暴，文化比对

当教师要讲解人工智能这一主题时，可以先让学生收集资料，从各种资源、各种语言、各种方法中获取较准确的信息。学生可以从英语、母语甚至方言资料中获取信息，以便全面准确地理解这一概念。运用多种资源收集资料，能够帮助学生提高知识理解的准确度。在课堂上，教师把学生收集的丰富资源进行整合、分享、讨论，通过这种课堂设计，可以加深学生对知识点的理解和提高学生的参与度。

4.2　共享不同背景学生的社会文化知识库存

学生们社会文化身份多样，个体差异明显，语言背景不同，要求教师运用多元教学方法实施个性化教学，真正做到因材施教，增强多元文化的认同感。当谈论食物主题时，对于那些没有对应的英文或中文表达的食物，允许学生运用方言或影像介绍。同时也要尊重拥有不同文化背景的学生的食物禁忌。通过课堂分享，可以拓宽学生视野，保护文化多样性。由此可见，超语不仅仅打破了语言界限，还充分调动了所有资源，系统地完成了知识输入。

4.3　提升自信和安全感

课堂上不可强迫学生只用英语表达，增加焦虑，使个别学生不敢参与课堂活动。应鼓励学生使用文字、影像、声音、肢体语言等多模态的沟通方式，提升学生的自信和安全感，从而更好地完成教学任务。

5　结语

超语最大的特点是变革性（transformative），这种变革体现在语言和认知维度上（李嵬、沈骑，2021）。超语打破的不仅是语言边界，还是认知系统边界，是一种跨文化、跨语际的知识产出（邱译曦、郑咏滟，2021）。大学英语课堂给了我们非常好的平台去尝试多语言沟通、多资源分享、多样性表达。我们要以包容的态度培养适应多元文化的国际外语人才。

参考文献

[1] BAKER C.Foundations of bilingual education and bilingualism［M］.3rd ed.Clevedon：Multilingual Matters，2001.

[2] WILLIAMS C.Arfarniad o Ddulliau Dysgu ac Addysgu yng Nghyd-destun Addysg Uwchradd Ddwyieithog［Anevaluation of teaching and learning methods in the context of

bilingual secondary education］［D］.Bangor：Unpublished doctoral thesis，University of Wales，1994.

［3］沈骑.新中国外语教育规划 70 年：范式变迁与战略转型［J］.新疆师范大学学报（哲学社会科学版），2019（5）：68-77.

［4］李嵬，沈骑.超语实践理论的起源、发展与展望［J］.外国语，2021（4）：2-14.

［5］邱译曦，郑咏滟.日本高校全英文学位项目的语言政策和规划［J］.语言战略研究，2021（2）：47-55.

大学英语后六级时代口译教学可行性研究

李学勤 [①]

摘　要：口译教学主要面向英语专业本科生和硕士研究生群体，而实际上非英语专业大学英语教学进入后六级时代，非英语专业本科生也有学习口译的需求。是否可以将口译教学纳入大学英语教学中，满足已经达到大学英语六级水平的大学生对更高层次英语学习的需求，是值得大学英语教师思考并进行教学实践的研究课题之一。

关键词：大学英语后六级时代；非英语专业；口译教学

1　引言

笔者在非英语专业大学英语十级分级教学中一直承担英语水平较高的九级大学英语教学。经过几年的教学实践，笔者发现学生在通过大学英语六级考试后，对教学内容和教学难度有更多的期待。其中有很大一部分学生在大学英语四六级备考学习阶段对翻译产生浓厚的学习兴趣，其中也有不少学生展现出学习口译的潜质和能力。大学英语的教学对象为非英语专业学生，其拥有不同的专业背景，如果能学会口译技能，必然会在日后的跨文化工作环

① 李学勤，女，北京工商大学副教授，研究方向为翻译教学、应用语言学。

境中发挥各自的专业特长，同时也能更好承担起讲好中国故事的历史使命。因此，笔者在大二上学期的大学英语教学中尝试将口译教学部分内容融入大学英语教学中，以期探索大学英语后六级时代口译教学的可行性。

2 口译教学相关研究综述

众多学者对口译教学进行过研究。石少平（2008）论证了口译笔记法能提高学生复合式听写能力[1]。胡敏娜（2009）首先提出了在英语专业听力教学中引入口译训练法的想法，其中包含笔记训练法[2]。司雅琳（2013）采取实验法对比研究口译笔记是否比一般听力笔记法效果更好，最终发现实验组的听力成绩比对照组更好[3]。张兰玉（2016）将口译笔记策略应用到高职非英语专业学生听力教学中，发现能够一定程度上提高学生的听力水平[4]。乔娇（2016）探讨对独立院校英语基础比较薄弱的英语专业低年级学生安排口译过渡性课程教学，为他们在高年级时进行口译实践打基础[5]。以上研究发现口译教学对学生记忆力和听力等综合能力均有提升。目前，尚未有学者就非英语专业大学生在大学英语后六级时代接受口译课程教学进行过探讨。笔者针对非英语专业英语基础较高的大二学生，在后六级大学英语课程中加入口译基础训练——记忆力训练和笔记训练，以此探讨后六级时代对非英语专业学生进行口译教学的可行性。如果非英语专业大学生能够顺利完成记忆力训练并掌握口译笔记技巧，那么后续的口译实践课程设置就具备可行性。

3 记忆力训练

记忆力训练的主要目的是加强学生对源语言的理解力，增强记忆跨度。笔者选取的记忆力训练材料为双语的，选自可可英语官方网站的经济学人专栏，且选取难度不高的话题（比如气候问题）。从中文记忆力训练开始，再做同一内容的英文笔记训练，主要通过中文记忆力训练，让学生先存储相关背景知识，以便学生在英文笔记训练时更容易识别新信息，以此来降低训练难度，激发学生学习兴趣，让学生更容易接受口译学习。

笔者在大二上学期 15 周的课堂教学中，安排前 5 周每周课上用 30 分钟进行记忆力训练。选取 5 分钟左右的中文材料，按内容的逻辑进展将其切分为 2 分钟左右的训练片段。先不教学生如何记忆，而是给学生播放完中文内容后，让学生直接做内容复述，借此激发学生应对记忆挑战的兴趣，同时了解学生记忆力训练中遇到的问题。然后针对学生记忆中遇到的问题，比如记忆跨度小、无法应对繁杂的内容等，再给学生讲解记忆技巧。比如一边听一边按 5W+How（Who、When、Where、What、Why、How）对所听内容进行梳理，也可以按所听内容的逻辑进行梳理等。经过 5 堂课的记忆力训练，学生逐渐掌握技巧，能够更准确、更全面地复述所听到的记忆内容。

4 口译笔记训练

针对同一个中文记忆材料，在大部分学生能够比较准确地复述所听到的记忆内容后，也就是对所听内容有了充分理解后，再对其英文部分进行听记训练。在此过程中，融入笔记训练教学。

口译笔记法是口译员在紧张的会场气氛中，在不干扰听辨源语的情况下，迅速地以简便的符号、文字等记录讲话重点内容信息的一种笔记方法，它同时适用于中文和英文。它只需要记录重点语义信息点和语言的逻辑结构。笔记法训练从介绍笔记符号开始，可把笔记符号大致分为数学符号、惯用符号、图形符号、趋向符号、英文字母、汉语偏旁部首和英文小写缩写等[5]。常用的笔记符号大致有几十个，可以根据不同的语义灵活运用，一个笔记符号可以表达多个语义。

口译笔记教学之前，先讲解口译笔记的记录原则和展现原则。口译笔记记录的是一个意群而非单个单词的语义符号，要记录意群之间的逻辑关系。口译笔记的展现原则为每个意群单位逐行缩进而非直线型，一个意群记录结束后用"/"结束，一段记录结束后用"//"结束，最终呈现的是立体结构，便于记录后的辨认和瞬间复述翻译。让学生提前准备 A4 纸，从中间对折留下折痕，记录时从 A4 白纸的折痕左半面开始，左侧记录用完则继续在右半面记录。笔者通过笔记示范，对所练习的英文材料在黑板上进行笔记展示，同时根据笔记符号将英文原文还原复述，让学生对笔记符号和英文语义进行对应，并跟随复述。学生从刚开始的笔记识别困难到逐渐地熟练复述，尤其是英语基础较好的学生，根据笔记复述英文环节掌握得很快，并从中产生较强的兴趣和成就感。根据课下对学生的访谈和学院进行的期中教学检查学生反馈来看，学生对口译训练持积极的态度。

5　结语

一个学期 15 次课中，前 5 次课安排每次 30 分钟的记忆力训练，后 10 次课每次安排 10 分钟记忆力训练和 35 分钟口译笔记训练。笔者发现对于九级非英语专业的学生来讲，英语水平越高，则学习动机越强，对记忆力和口译笔记训练越感兴趣，接受程度越高，学习效果越好。并且可以预测对这部分学生进行后续口译实践教学完全可行。但是也确实有部分学生对口译不太感兴趣。因此，在大学英语后六级时代的大学英语课程设置时，可以通过选课的方式，对英语水平高和对口译学习感兴趣的学生进行口译课程系统性教学。

参考文献

［1］石少平.通过口译笔记法提高复合式听写能力［J］.商情（财经研究），2008(2)：197.

［2］胡敏娜.口译训练法在英语专业听力教学中的应用［J］.教育研究与实验，2009（3）：81-83.

［3］司雅琳.口译笔记法训练对听力水平的影响研究［J］.山西师范大学学报（社会科学版），2013，（11）：103-104.

［4］张兰玉.口译笔记策略在高职英语听力教学中的应用［J］.包头职业技术学院学报，2016（6）：85-87.

［5］乔娇.独立院校英语专业口译过渡性课程探讨［J］.吉林广播电视大学学报，2016（6）：105-106.

大学英语课堂中的"育人"实践初探

许兰贞 ^①

摘　要：在信息爆炸和知识爆炸的时代背景下，大学生可以从众多途径获得海量知识，相比在课堂上对大学生进行有限的知识传授，大学英语教师更要利用各种素材和契机培养大学生正确的世界观和良好的道德品质，以"言传身教"和"爱的教育"为原则，在课堂教学中实践对学生的情感教育和人文关怀等"育人"工作。

关键词：知识传授；言传身教；爱的教育；育人

不论在哪个教育阶段，教师都肩负着"教书"和"育人"两大使命。习近平总书记在 2020 年第 36 个教师节向全国广大教师和教育工作者作出了"不忘立德树人初心，牢记为党育人、为国育才使命，积极探索新时代教育教学方法，不断提升教书育人本领，为培养德智体美劳全面发展的社会主义建设者和接班人作出新的更大贡献"的重要指示，激发了广大教师担当社会责任和时代使命的更大热情，大学英语教师当然也不例外。

然而，在信息爆炸和知识爆炸的时代背景下，大学生可以从众多途径获

① 许兰贞，女，北京工商大学语言与传播学院讲师，主要研究方向为大学英语教学和商务英语教学。

得海量的知识，相比在课堂上对大学生进行有限的知识传授，大学英语教师更要利用各种素材和契机培养大学生正确的世界观和良好的道德品质，这就是我们的"育人"工作。现在的大学生思想尚未成熟，却要面对各种复杂思想的冲击，也要在形形色色的价值观中选择自己的人生价值取向，他们迫切需要教师适时的指导以归正自己的人生观和价值观。在中国，大学英语教师面对的是高校中所有非外语专业的学生群体，应该勇于承担立德树人的重要任务，在课堂教学中随时利用课内课外材料引导学生树立正确的世界观、人生观和价值观。而且，这也符合《大学英语教学指南（2020版）》的要求：大学英语教学应主动融入学校课程思政教学体系，使之在高等学校落实立德树人根本任务中发挥重要作用，要求将课程思政理念和内容有机融入课程。作为大学英语教师，笔者在多年的教学工作中有意识地强化课堂价值观引领，将育人理念贯穿于教育教学各环节，努力培养学生的优秀品质、健康人格、良好的行为习惯以及与人为善、和谐处世的能力，以期尽自己的一份力量来引导学生走上积极向上的人生道路，也为国家培养有责任、有担当的时代新人。

"学高为师，身正为范"，我们绝对不可忽视教师的言传身教在育人过程中的作用。毋庸置疑，教师对学生不仅要言传，更重要的是要身教，只有以德立身、以身作则的教师才能为学生起到榜样和示范的作用。面对广大的学生人群，大学英语教师务必重视在传授知识的同时，通过自己诚实善良的品质、认真负责的工作态度和积极乐观的生活态度来感染学生，潜移默化地影响和引领学生树立正确的三观，追求积极进取的人生，不断提升自我，成为更优秀的人才。此外，教育是"仁而爱人"的事业，没有爱的教育就等于没有灵魂，所以教师要对学生付出真心和爱心，才能以自己的灵魂和生命影响学生，引导学生去关爱他人、感恩社会、奉献祖国。此外，作为个体，教师也要爱自己，在紧张的工作之余，努力保持身心健康，始终把最佳的身体状态和精神面貌呈现在学生面前，把满满的正能量传递给学生。正是基于以上考虑，笔者在教学工作中始终坚持"言传身教"和"爱的教育"两个原则，在课堂教学中实践对学生的情感教育和人文关怀等"育人"工作。

首先，笔者在课堂教学中不吝分享自己的经历和思想，让学生了解教师本人如何用知识改变命运，如何通过艰苦奋斗创造美好生活，以此鼓励学生正视自己的处境并努力提升自己、创造美好未来。此外，虽然面对近 200 人的学生群体，笔者不惜体力和精力熟记和关注每一个学生，不仅了解他们的英语基础水平和学习动态，也熟悉他们的个性特点和情感需求，在课堂教学中能够准确定位到每个学生，通过量体裁衣式的提问和交流关照每一个学生，并给予恰当的点评和鼓励，以此培养和提升他们的自信心和自尊心。比如，在课堂上讲到 inspirational characters（励志人物）的时候，引导学生们把自己成长道路上遇到的父母长辈、良师益友都当作生命中的 inspirational characters，以一颗感恩之心去铭记自己从这些 inspirational characters 身上得到的帮助和力量。在之后的小组分享中，学生们表达了对于父母、老师的感激之情，其中很多学生谈到这是他们第一次用语言和文字来表达深埋于心底的情感。学生们发自肺腑的真情实感令人动容，更令人欣慰的是许多学生立志要成为别人的 inspirational characters，要为身边的亲人和朋友带去祝福和能量。又如，在课堂的听力训练中，笔者经常利用时事新闻中的社会热点问题，引导学生提高格局和认知，不能只关注小我，而要拓宽视野，关注社会现实和人类命运，以此培养学生的社会责任感和人类关怀意识。

此外，笔者也乐于让学生了解教师真实的生活状态，包括日常自律健康的生活方式和假期多姿多彩的旅行见闻，拉近了师生关系的同时也活跃了课堂氛围。比如，在学期开学第一课，笔者和学生们分享寒假的澳洲之旅，尤其是在墨尔本的维多利亚国家美术馆（National Gallery of Victoria）看到的一个非常生动有趣的展览，其主题是"confession"（忏悔，认错），源自一个澳洲本土的行为艺术家发起的活动，展览现场展示了来自世界各地成千上万的参观者留下的文字，其或详或略地记录了过去的一年他们所犯下的大小错误和留下的各样遗憾、愧疚，其中绝大部分使用了地道的英语，特别适合作为鲜活的语言素材供学生分享讨论。笔者在现场拍了许多照片并做成教学

PPT，让学生们一起品读这些文字，然后启发他们对这一主题进行思考和讨论。学生们热情高涨，积极参与讨论，课堂效果远超过预期，表示这样真实有趣的语言课堂让他们受益匪浅。

笔者一直坚信在大学英语课堂教学中应该注重学生的主体性，激发学生的学习兴趣和动力，因为学生是语言课堂的主体，教师作为课堂的管理者，应该通过多种方式促使学生主动参与、批判思考和充分表达。因此，在课堂上，笔者采用互动式、小组讨论等教学方式，引导学生保持独立批判性思维和合作互动式学习，以此培养学生的批判精神和合作精神。

总之，在当前的时代背景下，大学英语教师应充分发挥课堂教学的育人功能，抓住一切时机引导学生形成正确的家国情怀和人生价值观，通过兼顾教书和育人的教学方式与手段，努力激发学生的学习兴趣和积极性，积极培养学生健康的人生价值观以及兼具独立与合作的精神，为学生的全面发展和未来成功奠定坚实的思想基础。

参考文献

［1］教育部高等学校大学外语教学指导委员会.大学英语教学指南（2020 版）［Z］.
北京：高等教育出版社，2020.

对实际教学中教材改编的思考与探索

马丽君①

摘　要：教材作为融合教学目标和教学内容的重要载体，对学生的认知发展和价值观培养都起着至关重要的作用。虽然绝大多数教材是由权威机构进行编写的，但是在实际教学过程中，其内容难免会和目标学生的需求产生一些矛盾，此时，就需要授课教师对教材进行适当改编，提高教材在实际教学课堂中的有效性、科学性和合理性。本文首先强调了教材和教材改编的重要性，进而论述了教师对教材进行改编的原因，最后提出了对实际教学过程中可以采用的教材改编的建议。

关键词：教材改编；语言教学；教学育人

作为课堂中必不可少的教学资源，教材将教学理念、学习目标和社会主流价值观有机融合在一个教和学共存的情境中[1]。如果教材是一种用于有效辅助学习的工具，那么教材的选择应基于学习者的个体背景，满足他们的实际需求并激发他们在学习中的参与度。因此，许多教师在意识到某些教材无法满足学生的期望和需求后，普遍会选择在实际教学中对教材进行适当

---

① 马丽君，女，北京工商大学语言与传播学院讲师，主要研究方向为二语习得、英语教育。

改编，如对于教材内容的增添、删减、整合和重组等。教材的意义是为教师提供教学建议而不是指导教师如何教学，教师则有责任和权利去决定是否采用教材中的教学建议，然后结合实际的教育教学情景和学生学习需求，对教材内容进行适当地修改或替换以确保学习的有效性[2]，以及使教学更加符合自己的教学风格。因此，教材改编的必要性体现在教材不仅是教师用于授课的一本教科书，而且是用来帮助实现符合当下教育教学情景的学习目标的工具。

1 教材改编的原因

在教学过程中，教师对教材进行改编背后的原因有多种，其中一个原因是教材本身不足以满足实际教学需求[3]。比如教材中涵盖的词汇和语法知识超出了学习者当前的水平，对他们在教学互动中的参与形成了困扰，换言之，若在阅读或听力中出现了大量学生现阶段不熟悉的或难以掌握的词汇，学习效果会大打折扣，学生自然会对相关的课堂活动失去兴趣。再比如，为了方便学生学习和理解，一些教材中涉及的句子结构相对简单，且多侧重于强调句子的形式而非含义，这样会使学生对所学习的语言知识仅保留浅层印象，而缺少对深层内容的挖掘和理解。此外，一些教材存在知识覆盖广、教学活动多但内容缺少连贯性的问题，因此学生无法系统地学习语言[4]。

另一个原因是编写教材者和使用教材者之间存在的个体差距[5]。我们现阶段所接触的大多数教材是由作者统一进行编写的，具有普适性，并非针对特定的学校、特定的课程或特定的场景进行定制，因此那些有相似的学习需求、语言能力水平和教育背景的人则被假定为教材的目标学习者。然而，这些过于理想化的目标学习者大多无法存在于真实情况下。在实际应用中，教师面对的学生往往来自五湖四海，他们通常有着不同的学习经历和背景，因此可能会形成不同的学习风格和学习态度，他们最终的学习目的也因人而异。因此，在一本教材用于真实的课堂之前，授课教师应该充分了解教材，并对教材中不适配的内容进行恰当调整，以满足所教授的特定学生群体的需求。

实际教学中非常重要的一个特点是课堂是动态的，学生会给教师实时反馈，这些反应往往也是不可预测的[6]，而教材无疑是预先编写好的，因此由于教学情况的多样性和动态性，教师在每一个教学环节都严格遵照教材的指导是不合适的。只有在实际教学情况下使用教材并观察学生的反应，才能发现教材本身可能存在的一些问题。教师是教学课程的重要实施者，对教材的改编可以帮助他们充分发挥自己的角色优势，确保教学课程最终目标的实现，提升学习质量。因此，这些预先编写的教材需要一线教师结合实际教学进行适当改编。

改编教材的目的不是推翻教材、排斥教材，而在于避免教材本身与实际教学活动的脱轨，使教材的使用更有成效，更加适合学生。针对教材中存在的问题，适当改编也是教师在实际教学活动中的必要工作。

2　教材改编的建议

好的教材改编需要教师结合教学目标和学生的学习需求及未来发展综合考虑。首先，教材改编要加强实用性和趣味性。对于目前的大学英语学习来讲，全国大学英语四、六级考试仍是标志性考核标准，因此在实际教学过程中，教师可以有所侧重地增加听、说、读、写、译等单项技巧的训练，决定是否要扩充单词语法的解释说明等，有针对性地融入与四、六级考试紧密相关的题型的讲解。同时改编不可以越改越枯燥，特别是当学习目标为通过考试时，趣味性尤其重要，要寓学于乐。

其次，教材改编要删繁就简，因地制宜。教师要考虑教材的外部因素（如学生的学习动机和熟练程度）以及内部因素（如活动设计和内容安排的合理性和科学性）。恰当的改编可以及时调整学习任务的难度，赋予学生更多的学习自主权，以提高他们在课堂上的参与度，并训练他们独立学习的能力。此外，改编还要注意与时俱进，增强跨文化融合。在语言的学习中，本国和他国文化背景知识的不足或缺失无法让学生感受到语言连接世界的魅力，教师要准确把握主流意识形态，培养学生的正确价值观。在进行改编时，要选材新颖，紧扣时代脉搏，既要系紧学生与时代的纽带，增强学习积极性，也要帮助学生从当下中国的视角理解世界，使语言教学从单一的语言输入转化为双向的文化交流。

教学只是一种手段，教育才是最终目的，育人才是最高目标[7]。教师要善于把"死"的教材教"活"，批判地看待教材，灵活地、创造性地、个性化地改编教材，最大限度地发挥教材作为"育人"工具的功能。

参考文献

［1］RUBDY R.Selection of materials［M］//TOMLINSON B.Developing materials for language teaching［M］.2nd ed.London：Bloomsbury，2013：5-25.

［2］MCGRATH I.Teaching materials and the roles of EFL/ESL teachers：practice and theory［J］.ELT journal，2014，68（2）：199-202.

［3］ISLAM C，MARES C.Adapting classroom materials［M］//TOMLINSON B.Developing materials for language teaching［M］.2nd ed.London：Bloomsbury，2013：22-37.

［4］TOMLINSON B，MASUHARA H.Adult coursebooks［J］.ELT journal，2013，67（2）：233-249.

［5］TOMLINSON B，MASUHARA H.The complete guide to the theory and practice of materials development for language learning［M］.Hoboken，New Jersey：Wiley Blackwell，2017.

［6］MISHAN F，TIMMIS I.Materials development for TESOL［J］.ELT journal，2018，72（1）：112-113.

［7］王文斌.外语教学与外语教育、工具性与人文性之我见［J］.中国外语，2018，15（2）：12-16.

对外"讲好中国故事"视角下
大学英语教学实践的路径探究

马丽君①

摘 要：我国日益走近世界舞台中央，国际社会也加大了对我国的关注力度，因此加强我国的国家形象"自塑"能力至关重要。本文首先提出了高校大学生提升国际传播能力的重要性，剖析了现阶段以"讲好中国故事，传播好中国声音"为目标的大学英语在教学内容和教材开发中存在的问题，并相应提出了解决方案，详细阐述了如何培养学生的国际传播意识、提升学生的文化自信。本文旨在推动大学英语教学改革，为实现"中国文化走出去"提供帮助。

关键词：讲好中国故事；国际传播能力；大学英语教学

随着我国社会和经济的快速发展，高等教育迈入了新阶段，规模也不断扩张。高等教育的普及化使"培养什么人"、"为谁培养人"以及"怎样培养人"这三个问题变得尤为重要[1]。"一带一路"倡议的不断深入和人类命运共同体的构建，也对新时代下外语类人才有着迫切需求[2]。大学英语教育作

---

① 马丽君，女，北京工商大学语言与传播学院讲师，主要研究方向为二语习得、英语教育。

为高等教育的必要一环，需要肩负起培养新时代能够讲好中国故事、讲懂中国故事、具有国际传播能力的创新性复合型人才的重大使命。

1　大学英语教学面临的问题

首先，大学英语作为语言学习，本身兼具工具性和文化性导向，教学目标需要匹配国家和个人的需求，但在具体教学实践过程中对各方需求分析的欠缺导致课程内容和学生未来发展脱节，缺少本土文化的灌输和国际传播能力的培养[3]。长久以来，大学英语偏重讲授基础语言知识，而对中外文化比较以及本土文化表达方面的讲解相对不足，导致学生缺少跨文化交流能力，无法灵活地运用所学得的语言知识进行沟通。此外，大学英语面向的学生来自不同的专业领域，且大多数学生学习功利性强，对如何用英语讲好中国故事的兴趣不大。所以，解决大学英语教学和学生自身发展融合的问题，不但能够激发学生对学好中华优秀传统文化、传播中国声音的兴趣，也能够满足学生未来对英语的需求。

其次，大学英语教学材料的开发不充分。现下普遍使用的大学英语教材中选取的语料大多以英美文化为背景，有着西方的价值观和生活理念，可挖掘的"中国化"元素较为单一，略显牵强[4]，虽然这对于学生掌握西方文化和语言知识是有益处的，但是其缺少本土化语料以及"一带一路"国家和地区的相关语料，会造成"中国文化失语症"的现象[5]，也会阻碍"一带一路"、共建人类命运共同体倡议的深入实施。在新时代背景下，教材的选取应当兼具知识性、科学性以及文化性。

2　大学英语教学改革建议

新时代背景下的大学英语教学改革势在必行。首先，英语学习的目的归根结底就是与西方国家进行文化交流、科技互鉴和贸易互通。大学英语教育需要提升学生的国际文化素养，这也是未来开展国际合作的基础，所以课程教学大纲的制定要将文化要素融合，包括国家背景、文化习俗、价值观等。

在实际教学中，教师可以根据学生的语言程度，展示和剖析国内外具有历史价值的文学作品、电影、音乐等，引导学生比较中外文化的异同，理解和欣赏不同国家文化的闪光点。教师还可以就国内外时事热点，鼓励学生利用理论知识和专业技能，批判性地思考不同时代下中国社会的发展，提升学生的文化自信和民族自豪感。教师应鼓励学生多收集资料，通过角色扮演、演讲、写作、辩论、小组研讨等多样化方式，分享对中华优秀传统文化的体验和见解。对于优秀的作品，教师可以指导学生进一步润色，利用科技手段让学生的声音传出外语课堂，提升学生的学习积极性和对外传播意识。

其次，大学英语的课程内容要全面考虑不同专业、领域和行业对英语的需求，开设专门用途的英语课程，比如法律英语、商务英语、生物英语、计算机语料库翻译等一系列既具有学科交叉特性又符合学校发展定位的大学英语特色课程。此类课程的授课教师要对目标学生的专业和职业需求有一定了解，教学重点也要放在通过教学互动引导学生探索国际交流中的语言表达、提升学生在专业语境下的语言交际能力上，这样可以提高学生在国际专业领域上的话语权，为国际传播创造语言条件。

最后，为提高学生对不同文化的理解和对中外文化异同的认识，教材作为教学内容的载体和知识获取的源头，突出融入课程思政元素尤为必要[6]。以 2023 年由外语教学与研究出版社出版的《新标准大学英语（第三版）》为例，通过翻阅新版教材，不难发现其选材和活动设计有机融入了党的百年奋斗重大成就和历史经验，将社会主义核心价值观根植于教学中；教材还新增了文化专题板块，加入文化注释、文化翻译、实践练习等，展现世界多元文化，帮助学生在增强国家认同的基础上促进文明交流互鉴。因此，大学英语教研团队要第一时间对新版教材展开研究，把握教材编写核心，深度挖掘"中国化"元素。比如单元主题为"science empowers"，教师除了介绍中国科技的快速发展外，还可以通过讲述鼓励科技创新的国家政策来反映中国的制度优势，讲述中国移动支付的普及深化中国改革开放的意义，讲述科技创新合作宣扬中国在建设"一带一路"互联互通中取得的成效。好的中国故事是全方位的，对中华优秀传统文化和国家建设新成就的深度了解和多路径表达必将有助于加深学生的家国情怀，提升学生的文化自信。大学英语教学团队要积极地对使用的教材进行更新换代，更好地服务于新时期国家人才发展战略，满足大学生成长成才需要。

讲好中国故事、传播好中国声音、树立好中国形象，师生需要学好中国思想、中国理论、中国智慧，对中华优秀传统文化有高度认同感和自信。新时代有着新使命，既是挑战也是机遇，大学英语教学要肩负起相应的职责，推动"语言＋专业＋科技"人才培养的教学课程内容和课程体系的更新，更好地完成为党育才、为国育人的重要使命。

参考文献

［1］教育部.高等学校课程思政建设指导纲要［EB/OL］.（2020-05-28）［2024-03-25］.https：//www.gov.cn/zhengce/zhengceku/2020-06/06/content_5517606.htm.

［2］习近平主持中央政治局集体学习强调推动全球治理体系变革［N］.人民日报海外版，2016-09-29（1）.

［3］孙雨，沈骑.语言教育规划视域下我国大学英语课程规划研究［J］.外语学刊，2023（6）：34-41.

［4］岳豪，庄恩平.大学英语课程思政的实践路径探索：用跨文化方式讲好中国故事［J］.外语教学，2022，43（5）：55-59.

［5］刘友桂，何高大.全球化背景下中国外语教学本土化探究［J］.外语电化教学，2010（4）：52-57.

［6］王晓莉，胡开宝.课程思政、英语应用能力与语料库技术"三位一体"的《新时代大学应用英语》［J］.外语界，2023（3）：9-15.

非英语专业大学本科生英语学习动机
及对教学的启示

陶　爽①

　　摘　要：本文结合新时代非英语专业大学本科生英语学习动机现状，探讨了大学英语的教学策略，以培养出新时代高质量的人才。

　　关键词：大学英语；学习动机；教学策略

1　引言

　　新时代背景下，科学技术日新月异，人工智能迅速发展并深入各行各业。新科技不仅带来了发展和机遇，也给各行各业带来了巨大的挑战，教育行业尤其是英语教学也因此面临着史无前例的挑战。ChatGPT 等人工智能技术凸显了英语的工具性，也给人们带来了可以不学英语的错觉，因为人工智能可以帮我们完成翻译等语言类工作。在人工智能飞速发展的背景下，掌握学生的英语学习动机，使英语教学更富有成效、更吸引学生，培养出适应新时代发展的高素质人才，需要我们不断地探索、改革和创新。

---

① 陶爽，女，北京工商大学语言与传播学院讲师，主要研究方向为外国语言学及应用语言学、语篇分析和功能语法。

2 学习动机的重要性

学习动机是激发个体进行学习从而达到某一目标的内在动力，是影响外语学习成功与否的重要因素之一。置身于新科技的包围之中，如何激发学生的学习动力、洞悉学生的英语学习动机并据此调整教学策略，是迫切需要解决的问题。国内外学者对学习动机开展了众多研究。Gardner 和 Lambert 把学习动机分为"工具型"和"融合型"两类。"工具型"即用语言工具达到某一实际目的，例如工作、交际、出国、取得优异成绩等；"融合型"即了解和融入目的地语言文化、群体并被其接纳[1]。Dörnyei 和 Ushioda 认为动机关注人的行为方向和程度，即为什么决定做某事、愿意坚持做多久、付出多大的努力[2]。由此可见，动机是激励人们为其目标而行动的驱动力和力量，是学习者实现英语学习目标的重要推动力。

3 非英语专业大学本科生英语学习动机研究及教学策略

本研究以问卷的形式对北京工商大学 95 名非英语专业大学二年级本科学生进行了调查问卷。其中 8.42%（8 名）的学生英语学习目标是通过大学英语四级并拿到高分，53.68%（51 名）的学生想拿到大学英语六级高分（其中 10 名已通过大学英语六级），17.89%（17 名）的学生想为研究生入学考试做准备，11.58%（11 名）的学生想为雅思和托福等社会性考试做准备，7.37%（7 名）的学生想为毕业就业做准备，1.05%（1 名）的学生单纯对英语学习感兴趣。从调查问卷结果不难看出，在人工智能飞速发展的背景下，受试学生英语学习的工具型动机仍然十分显著，融合性动机不强。针对此情况，结合当下科技的迅猛发展以及新时代对高质量人才的需求，我们应不断探索英语教学与新科技的融合，改进教学模式，以更好地进行大学英语教学。

3.1 充分利用学生英语学习的工具型动机

从以上调查结果来看，学生英语学习的工具型动机极其强烈，但这并不意味着学生的英语学习不具有长期性。在学生英语学习过程中，如果教师善于引导，让学生在英语学习过程中体验到英语学习的乐趣，在达到目标后获得成就感、满足感，学生将主动制定下一个英语学习目标，英语学习也将成为一种长期稳定的学习。新时代新科技的发展离不开与世界的沟通，"去其糟粕，取其精华"，对外的沟通与学习离不开对英语的需求和学习，而学生英语学习的工具型动机恰能更好地促进学习者的英语学习。

3.2　充分利用新技术促进英语教学，培养学生英语学习动机

随着 AI 教育的发展，我们可以把慕课、翻转课堂、微课、手机 App 等更多地应用于日常教学，实现个性化教学和泛在教学。个性化教学和泛在教学能有效解决教学手段单一枯燥的问题，使英语教学方式不断优化，促进英语互动交流，加强对英语学习过程的监控。如在线写作的智能批改不仅能让教师及时掌握学生的学习情况，也能让学生获得即时性的反馈，新的体验将引起学生极大的学习兴趣，增强学生的英语学习动机，从而更好地进行英语教学。

4　结语

新时代新技术的迅猛发展给大学英语教学带来了前所未有的挑战和要求，大学英语教师应及时掌握所教学生的学习动机和需求，善于利用人工智能等新技术不断改进教学手段，激发学生的学习兴趣，使学生获得积极的学习体验，促进其树立长远的英语学习目标，以培养新时代的高质量人才。

参考文献

［1］GARDNER R C，LAMBERT W E.Attitudes and motivation in second language learning ［M］.Rowley，Mass.：Newbury House，1972.

［2］DÖRNYEI Z，USHIODA E.Teaching and researching motivation［M］.2nd ed.Harlow：Longman，2011.

非英语专业研究生英语教学改革的动因与策略

赵　聃[①]

摘　要：在新时代的背景下，对于非英语专业研究生的英语教学改革一直都是高等教育中的重要议题。鉴于传统英语教学模式的局限性，它已无法充分满足现代社会对具备高水平英语能力人才的需求。因此，如何针对非英语专业研究生实施有效的英语教学改革，进而提升他们的英语应用能力，成为一项迫切需要解决的课题。本文旨在通过系统的文献梳理，深入分析当前非英语专业研究生英语教学面临的问题，并重点探讨改革的关键点，从而为相关教育实践提供有力的理论支撑和实践指引。

关键词：研究生公共英语教学；教学改革；文献综述

在全球化的浪潮和 AI+ 时代的双重影响下，国家对高层次人才的英语能力提出了更高的要求。在这一时代背景下，非英语专业研究生的英语教学改革显得尤为关键且刻不容缓。传统的英语教学模式往往聚焦于语言基础知识

---

① 赵聃，女，北京工商大学语言与传播学院讲师，主要研究方向为英语教学、英语文学等。

的灌输和基本技能的锤炼，但在培养研究生的学术探索能力和国际交流技巧方面显得力不从心。研究生们不仅需要具备扎实的英语基础，更需要在专业领域展开深入的学术对话和研究合作。

因此，本文旨在通过文献综述的方式，深入剖析非英语专业研究生英语教学改革的迫切性与可行性，并探讨其有效路径，期望为非英语专业研究生的英语教学改革提供坚实的理论支撑和实践指导，从而培养出更多适应全球化需求的高层次人才。

1 文献综述

在此，对近一年内关于非英语专业研究生英语教学改革的研究整理如下：

何中清在其研究中指出，随着"互联网＋"时代的到来，混合式教学模式在教学中的应用日益广泛。通过结合线上资源和传统教学，混合式教学不仅能够提高教学效率，还能够满足学生个性化学习的需求。然而，这种模式的实施也面临着诸如分级教学难以落实、在线课程建设缺乏规划等挑战[1]。

韩俊平的研究则聚焦于思辨能力的培养。通过行动研究的方法，可以设计出以思辨能力为导向的教学活动，将思辨能力的培养与外语教学有机结合，从而实现高水平人才培养的实践形式[2]。

孟璐西洋则探讨了听说课程的改革与实践，以语言习得为教学目的，以学生学习需求与动因为导向，采用"听—记—整合"的教学路径[3]。

李金利在其研究中强调了"双一流"背景下新思维的重要性。研究生英语教学应从导师、学生和目标管理视角出发，确保教学改革能够惠及所有受众人群[4]。

陈慧民在其研究中基于输出驱动假设，对教学改革思路进行了探析。设定输出目标能够有效驱使学习者提高语言能力，并积极运用语言知识[5]。

综上所述，非英语专业研究生英语教学改革的研究涵盖了教学模式、思辨能力培养、听说能力提升、教学内容与方法的创新等多个方面。这些研究不仅为教学改革提供了理论依据，也为实践教学提供了可行的策略和方法。

2 当前教学中的主要问题

（1）课程内容脱离实际需求：现有英语课程偏重文学性，与研究生专业学习和职业需求脱节。在全球化背景下，学生更需应用型英语技能以支持国际学术交流和科研工作，而非单纯的语言知识积累。

（2）教学方法单一：传统英语教学侧重教师讲授，缺乏互动与实践，难以激发学生的兴趣和主动性，不利于培养批判性思维和创新能力[5]。

（3）口语和写作能力培养不足：听说与学术写作技能常被忽视，导致学生在国际交流和学术报告中表达困难[3]。

（4）缺乏有效的分级教学：研究生英语水平差异大，单一教学模式无法满足不同需求，分级教学缺乏使部分学生得不到充分发展[1]。

（5）教学评估滞后：现行评价体系偏重笔试，忽视口语、写作及应用能力，无法全面反映学生学习成果和真实水平，也不利于激励学生提升应用能力。

（6）师资队伍建设不足：部分高校教师数量不足，难以支持小班化教学和个性化指导。

上述问题使非英语专业研究生英语教学难以适应教育国际化和专业化需求，亟待通过教学改革解决。

3 研究生英语教学的重点

针对以上问题，可以有以下改进重点：

（1）教学方法的多样化与互动性：引入更多互动性和实践性的教学活动，如小组讨论、案例分析、角色扮演、模拟国际会议等，不仅能够提高学生的参与度，还能够培养学生的批判性思维和创新能力。

（2）口语和写作技能的强化：通过定期的口语练习、演讲、辩论和写作工作坊等方式，提高学生用英语进行有效沟通和学术表达的能力[3]。

（3）实施有效的分级教学：确保每个学生都能在适合自己的水平上得到

有效的教学支持，开发不同难度的课程，提供个性化的学习路径和资源[1]。

（4）评价体系的全面化与多元化：不仅要考查学生的语言知识掌握程度，还要评价他们的听、说、读、写、译等实际应用能力。

（5）信息技术的应用与资源整合：充分利用信息技术，如在线学习平台、多媒体教学工具和慕课，来丰富教学资源和提高教学效率。

（6）师资队伍的建设与发展：加强教师的专业发展，提供持续的培训和学术交流机会，以提升教师的教学能力和使用新技术的能力。

4 结语

综上所述，教学改革的创新需要结合现代教育技术、学生的实际需求和学科特点，通过多样化的教学活动和评价体系，激发学生的学习动力，提高他们的英语应用能力和专业素养。未来的教学改革应继续探索更多创新的教学方法。通过上述重点领域的改革，非英语专业研究生英语教学可以更好地适应全球化的挑战，培养出更多具备国际视野和竞争力的高层次人才，以适应教育国际化的趋势和社会发展的需求。

参考文献

[1] 何中清."互联网+"背景下研究生公共英语混合式教学设计与实践[J].中国冶金教育，2023（1）：29–34.

[2] 韩俊平.公共外语教学与思辨能力培养：一项基于研究生公共英语课程教学改革的行动研究[J].河南教育：高等教育，2022（6）：62–64.

[3] 孟璐西洋.非英语专业"研究生英语听说"课程改革与实践初探：以新形势下云南大学为例[J].教育教学论坛，2023（5）：77–81.

[4] 李金利."双一流"高校研究生英语教学新思维研究[J].现代英语，2022（11）：79–82.

[5] 陈慧民，刘小勇，蔡小微.西安理工大学硕士研究生英语教学改革实践研究[J].教育现代化，2019，6（85）：128–129，145.

高级商务英语
数字教学资源的建构路径①

孔海龙②

摘　要：本文以弗雷德曼的"空间化"概念为指导，探讨本科专业核心课程高级商务英语数字教学资源的建构路径，旨在为高级商务英语课程教学探索出一条行之有效的教育教学改革路径。

关键词：高级商务英语；空间化；数字教学资源

在课堂教学进入数字化发展的今天，高级商务英语作为商务英语专业的一门核心必修课程，其数字化资源的建设成为有效提升课堂效率和学生课堂满意度的重要举措。如何充分利用高级商务英语数字教学资源已然成为当下的一个重要研究话题。本文运用叙事学家弗雷德曼的"空间化"策略对该课程数字教学资源的建构路径进行探析，以期为商务英语专业其他课程的教育教学改革提供有益借鉴。

① 本文为2024年北京工商大学教育教学改革一般项目"高级商务英语数字教学资源应用研究"（项目号：jg235238）的阶段性成果。

② 孔海龙，北京工商大学语言与传播学院副教授，硕士研究生导师，研究方向为英美文学、叙事理论、商务英语。

1 "空间化"阅读策略

叙事学家弗里德曼提出，任何给定文本的"空间化"解读需要阐释横轴与纵轴叙事坐标之间连续不断的相互作用[1]。弗里德曼所说的"横轴叙事"是指按照情节和视角的组织原则而自然发生的事件序列，主要包括经典叙事学所关注的场景、人物、行为、问题的提出、进程以及结局等叙事要素。每一个横轴都有一个隐含的纵轴维度，需要读者去发现。"纵轴叙事"包含三个层面：文学、历史以及心理。纵轴叙事的文学和历史层面需要解读横轴叙事与其他文本的对话，阐释不同形式的文本互文性。纵轴叙事的历史层面是指作者、文本以及读者所处的更为广泛的社会秩序。纵轴叙事中的历史、文学以及心理互文性提出了他们自身的故事——由读者与作者共同"讲述"的对话叙事。弗雷德曼的上述"空间化"阅读策略为我们的商务英语教学尤其是高级商务英语数字教学资源的建构提供了一种新颖的视角。下文将探讨高级商务英语数字教学资源的建构问题。

2 高级商务英语数字教学资源建构

依照弗雷德曼的"横轴叙事"，我们以《剑桥标准高级商务英语教程高级学生用书》[2]中第一单元"企业文化"为例说明如何对本单元主题进行横轴拓展。我们需要在横轴坐标内讲述企业文化的内涵、企业文化的重要性、企业文化的价值和意义以及如何建构有效的企业文化。换言之，企业文化的横轴叙事应把企业文化的情节进展讲述清楚。在这一横轴叙事的故事讲述中，我们应引导学生学会使用专门的商务英语词典，如《牛津商务英语词典》《牛津商务与管理词典》等。这些权威的工具书将会为学生带来权威的商务术语与商务知识，拓展学生的认知视野和专业基础。

企业文化的"纵轴叙事"则需要考虑与上述教材同级别的其他相似教材中的互文内容。这些同级别的教材主要包括剑桥大学出版社出版的《商业优势》（2012）、培生教育出版集团出版的《商业伙伴》（2020）以及重庆大学出版社出版的《高级商务英语教程》（2019，2020）等。通过横轴、纵轴维度的对比，我们可以使"企业文化"这一主题变得更加充实与丰满，这样有利于提升学生的课堂满意度和成就感。例如，通过上述《商务伙伴》的纵轴分析，学生了解了霍夫斯泰德的文化维度理论，这一理论包括以下六个维度：权力距离、个人主义和集体主义、不确定性规避、男性气质与女性气质、长期旨向与短期旨向以及放纵与节制。通过这样的"纵轴叙事"，企业文化这一主题的学术性得以提升，从而有助于提升学生的学术素养和学术水平。从长远来看，企业文化的这一"纵轴叙事"有助于开拓学生国际学术视野。

围绕企业文化，我们还可以通过国内外社交网络平台发布的商务英语学习音频、视频来进一步加深对企业文化各个层面的理解。例如，国内的优酷、国外的油管均可提供与企业文化相关的短视频。当然，这些音视频资源的一个缺陷在于需要读者自己来鉴定级别。与此同时，另一个弊端在于搜索音视频资源有时会收获甚微。因此，我们在建构企业文化主题数字资源时应该将这一途径视为一种辅助手段。

此外，企业文化的"纵轴叙事"还应考虑国内外与商务英语专业相关的商业类语料库，这也是高级商务英语数字教学资源建构的另外一种有效途径。例如，通过检索 EBSCO 数据库中的 Business Source Complete 子数据库，学生可以获取与企业文化课程单元主题相关的数字资源。这里需要指出的是，这一建构途径旨在提升学生利用数据库进行研究的能力。学生可以根据对企业文化这一主题的不同理解，在数据库中输入自己感兴趣的关键主题词，并对相关文献进行下载后自主学习。这一建构途径有助于提升学生自主学习能力和自我解决商务实践问题的能力。

3 结语

本文借用叙事学家弗雷德曼的"空间化"阅读策略，对高级商务英语数字化教学资源建构进行"空间化"剖析。本文认为，高级商务英语数字教学资源将会革新教学内容，使教学本身从传统的"以教师讲授为主"转向"以教师为指导，学生为主体"的教学模式，切实提升学生自主解决学习问题的能力；在教学方法和手段上将走出传统的单维教学模式，转而为学生呈现出一种多维教学模式，从传统的单模态教学转向多模态教学，从传统的课堂教学转向指尖学习，大大提升学生的学习效率、学习收益和满意度，而且能为国内商务英语专业的课程教育教学改革提供一种行之有效的数字化视角。

参考文献

［1］FRIEDMAN S S.Spatialization：a strategy for reading narrative［J］.Narrative，1993，1（1）：14.

［2］HART G B.剑桥标准商务英语教程高级学生用书［M］.西安：西安交通大学出版社，2018.

关于"一带一路"背景下翻译硕士
培养模式的思考

杨增成 [①]

摘　要："一带一路"建设需要大量的能够胜任"一带一路"相关翻译任务的人才（以下简称"一带一路"翻译人才），然而聚焦于这类人才培养的翻译硕士培养模式尚未得到系统深入的分析。本文从培养目标、师资队伍、培养环节、支撑条件和培养评价等方面对以培养"一带一路"翻译人才为目标的翻译硕士培养模式进行探讨。

关键词："一带一路"；翻译硕士；培养模式

1　引言

我国的翻译硕士（MTI）教育担负着培养翻译人才的使命。然而，有的翻译硕士尚不能有效胜任"一带一路"建设相关的翻译（以下简称"一带一路"翻译）任务。MTI 培养模式对 MTI 人才培养发挥着重要作用，但是从服务于"一带一路"建设的角度探讨 MTI 培养模式的研究尚不多见。鉴于此，

[①] 杨增成，北京工商大学语言与传播学院教授，研究方向为翻译研究、翻译教学和语言学。

本文拟对以培养"一带一路"翻译人才为目标的翻译硕士培养模式（以下简称"一带一路"MTI培养模式）进行探讨。

2 "一带一路"MTI培养模式

2.1 培养目标

国务院学位委员会第三十六次会议审议通过的《专业学位研究生教育发展方案（2020—2025）》（以下简称《发展方案（2020—2025）》）指出，"专业学位研究生教育主要针对社会特定职业领域需要，培养具有较强专业能力和职业素养、能够创造性地从事实际工作的高层次应用型专门人才"[1]。MTI是一种专业学位，MTI教育要针对翻译职业需要，培养能够从事翻译工作的高层次应用型翻译人才。

"一带一路"建设在迅速推进，需要大量的翻译人才。培养能够创造性地完成"一带一路"翻译任务的人才应该是MTI教育的重要目标之一。

"五通"是"一带一路"建设的重要内容，大量的"一带一路"翻译任务与"五通"紧密相关。"五通"涉及很多领域，"一带一路"翻译人才要胜任其中一个或几个领域的翻译任务。

毕业后能够胜任"一带一路"翻译任务的翻译硕士（以下简称"一带一路"MTI）需要在素质、知识和能力等方面达到一定的要求。全国专业学位研究生教育指导委员会编写的《翻译硕士专业学位基本要求》（以下简称《基本要求》）提出，要获得翻译硕士学位，学生需要具备一定的基本知识，包括基础知识和专业知识，与翻译内容相关的专业知识是专业知识的一部分[2]。对"一带一路"MTI来说，与翻译内容相关的专业知识主要包括与"五通"相关的专业知识，以及"一带一路"国家和地区的社会、文化、历史和地理等方面的知识。

由此，"一带一路"MTI培养模式中的培养目标应该是：培养德、智、体、美、劳全面发展，掌握"五通"相关专业知识，对"一带一路"国家和地区有一定的了解，能胜任"一带一路"翻译工作的应用型高层次翻译人才。

2.2 师资队伍

《发展方案（2020—2025）》指出，"专业学位具有相对独立的教育模式，以产教融合培养为鲜明特征"[1]。为此，以培养"一带一路"翻译人才为目标的培养单位应该为"一带一路"MTI 的培养配备学校师资和来自翻译行业的师资，培养单位应该聘请熟悉"一带一路"翻译业务的译员作为行业师资，他们可讲授与翻译职业或翻译技术相关的课程，并训练和提升学生的"一带一路"翻译能力。

2.3 培养环节

在培养"一带一路"MTI 的过程中，培养单位宜恰当设置每个环节的内容，使各个环节相互配合，共同培养学生的"一带一路"翻译能力。

2.3.1 课程教学

课程教学内容主要体现于课程设置。《基本要求》对 MTI 学生应具备的素质、知识和能力有详细的要求，"一带一路"MTI 培养单位设置的课程要能够培养这些素质和能力，传授这些知识。

MTI 毕业后无论要完成何种具体的翻译任务，都需要具备《基本要求》提出的翻译知识与能力、翻译技术知识以及翻译行业知识，培养单位宜为这些知识的传授和这些能力的培养设置必修课，如翻译概论、翻译基础、信息技术与翻译和翻译职业等。

如上述培养目标所述，"一带一路"MTI 需要熟悉"五通"相关知识以及"一带一路"国家和地区的相关知识，能胜任"一带一路"翻译任务。"五通"相关的专业知识涉及很多领域，"一带一路"国家和地区也很多。学生在校期间不可能对所有的"五通"相关知识进行学习，也不可能对所有"一带一路"国家和地区的相关知识进行学习。对这些知识，培养单位宜根据自己的办学条件和办学特色开设系列选修课。

2.3.2　翻译实践与实习

《基本要求》要求"学生在学期间至少有 15 万字以上的笔译实践或不少于 400 磁带时的口译实践……口译方向的学生应有不少于 25 个工作日的口译实习，……笔译专业的学生应有不少于 10 万汉字或外文单词的笔译实习"[2]。

"一带一路"MTI 培养单位应通过相关安排和规定使学生达到上述要求，并对翻译实践和实习的内容作出要求，使学生不断提升"一带一路"翻译能力。培养单位应要求学生选择与"一带一路"建设相关的文本进行翻译训练，应派学生到有"一带一路"翻译业务的单位进行实习。实习内容和翻译实践的选材要与培养单位的培养特色相一致。

2.3.3　学位论文

《基本要求》指出 MTI 学位论文的选题"应突出实践性，……应与翻译职业和行业的实际需要相结合"[2]。"一带一路"MTI 的学位论文应探讨与"一带一路"翻译实践相关的问题，如"一带一路"翻译的策略、方法和评价标准等。

2.4　支撑条件

《发展方案（2020—2025）》指出专业学位研究生教育要"夯实支撑条件，全面提高质量"[1]。支撑条件是"一带一路"MTI 培养模式的要素之一。

《发展方案（2020—2025）》指出要"鼓励行业产业、培养单位探索建立产教融合育人联盟，制定标准，交流经验，分享资源"[1]，因此有必要建立校企交流机制。在培养"一带一路"MTI 的过程中，培养单位宜同相关企业共同建立能够凸显自己培养特色的校企交流机制，使导师和任课教师及时了解翻译行业对"一带一路"翻译人才的要求。在该机制下，学校可与相关企业进行人员定期交流，共建网络交流平台。

另外，培养单位还应建立有助于凸显自身培养特色的跨国交流机制。在该机制下，我国的 MTI 培养单位可以派师生到"一带一路"国家和地区研修当地文化，也可以聘请沿线国家和地区的专家学者来为 MTI 讲授沿线国家和地区的概况。另外，我国的 MTI 培养单位还可以与"一带一路"国家和地区的相关院校共建网络交流平台，使学生及时了解"一带一路"国家和地区的相关知识。

2.5　培养评价

在"一带一路"MTI 培养模式中，培养评价可采用各环节评测与翻译职业资格考试相结合的方式来评测 MTI 的"一带一路"翻译能力。

2.5.1　各环节评测

各环节评测可采用校内校外相结合的方式。评分者不仅要包括校内教师，还要包括从事过"一带一路"翻译工作的译者。对部分课程，培养单位可以请校内教师和校外译者共建试题库；对翻译实践和翻译实习，培养单位可请校内教师和校外译者共同评分；对学位论文，培养单位可请教师和从事过"一带一路"翻译工作的译者共同担任答辩评委。

2.5.2　翻译职业资格考试

《发展方案（2020—2025）》指出专业学位研究生教育"与职业资格的衔接需要深化"[1]。全国翻译专业资格（水平）考试（CATTI）是翻译领域的职业资格考试，培养单位宜组织学生参加该考试，以推进 MTI 教育与翻译职业资格的衔接。CATTI"是对从事和有志于从事翻译工作的人员的翻译能力和水平的权威性评价方式"[3]，能够有效评测"一带一路"MTI 的综合翻译能力。

3　结语

"一带一路"建设需要大量的翻译人才，翻译人才需要培养。本文从培养目标、师资队伍、培养环节、支撑条件和培养评价 5 个方面对"一带一路"MTI 培养模式进行了探讨。本文提出的人才培养模式有助于培养单位培养出"一带一路"建设所需的翻译人才，能为"一带一路"建设的推进作出贡献。

参考文献

［1］］国务院学位委员会 教育部关于印发《专业学位研究生教育发展方案（2020—
2025)》的通知［EB/OL］.（2020-09-30）［2024-03-10］.http：//www.moe.gov.
cn/srcsite/A22/moe_826/202009/t20200930_492590.html.

［2］全国专业学位研究生教育指导委员会 . 专业学位类别（领域）博士、硕士学位
基本要求［M］. 北京：高等教育出版社，2015.

［3］董晓华 .CATTI 三级与翻译专业本科课程的衔接：实践与反思：以西北师范大学
CATTI 校本课程开发为例［J］. 中国翻译，2013（6）：71-73.

教育数字化背景下 ChatGPT 赋能大学英语口语课堂教学初探①

董　玥②

摘　要：ChatGPT 等大语言模型的广泛应用对外语教育教学产生了深刻影响。在持续推进教育数字化背景下，外语教师应积极了解和拥抱语言智能新技术，运用 ChatGPT 的语言理解和文本生成能力创新教学内容和教学方式，让 ChatGPT 更好地赋能外语课堂教学。本文以大学英语口语课堂为例，阐释了教师向 ChatGPT 提问以获得教学素材并将其融入课堂教学的具体实践。

关键词：教育数字化；ChatGPT；赋能；大学英语；口语教学

1　引言

党的二十大报告明确提出"推进教育数字化"。发展数字教育、推动教

---

① 本文系 2023 年北京工商大学教育教学改革研究重点项目"ChatGPT 背景下大学英语教学创新模式研究"（项目号：jp235228）的阶段性成果。

② 董玥，女，北京工商大学语言与传播学院讲师，主要研究方向为外语教学、汉英口笔译。

育数字化转型是实现中国式教育现代化和教育强国建设的重要环节。教育数字化转型是指传统的课堂教学模式转向以运用人工智能等信息技术赋能课堂教学的模式[1]。自 2023 年以来，以 ChatGPT 为代表的生成式人工智能和大语言模型开始广泛应用于外语教育领域，中国外语教育研究者愈发关注和思考大语言模型对外语教育教学的影响。本文聚焦教育数字化转型趋势下中国外语教育研究者对 ChatGPT 赋能外语课堂教学的态度与做法，以笔者所授大学英语口语课程为例，探讨 ChatGPT 如何赋能教师更好地开展口语课堂教学。

2 ChatGPT 赋能外语课堂教学

2022 年末，ChatGPT 一经推出就以强大的语言理解和文本生成能力引发了广泛关注，如何发挥它在这两方面的优势，使其更好赋能外语课堂教学[2]，是近一年多来教育数字化背景下中国外语教育界热议的话题。

从课堂教学角度来看，ChatGPT 能帮助教师在备课阶段获得组织教学活动的思路，甚至帮助教师创作教学素材[3]。例如，教师输入提示语，让 ChatGPT 围绕同一主题生成口语和书面语两种语篇内容，将其作为教学素材用于课堂教学，让学生对比口语和书面语之间的差异[4]。又如，在课堂教学过程中，当学生围绕某一话题完成讨论时，教师可以向学生展示 ChatGPT 的回答，从而与学生的讨论结果形成互补或对比，这样既有利于拓展学习者的思路[5]，又可作为课堂教学的补充素材，增加课堂趣味性。

但是，在使用 ChatGPT 作为教学工具时，教师需要对生成的内容进行检查和监督，取其精华用于课堂教学，以确保学生的学习效果和语言表达的准确性[6]。同时，教师还可借助 ChatGPT 生成的文本内容培养学生的批判性思维，组织学生围绕生成的文本内容展开讨论或辩论，引导学生以批判性视角审视大语言模型的优势与局限。

3 ChatGPT 赋能大学英语口语课堂教学实践

在推进教育数字化背景下，大学英语教师应积极拥抱生成式人工智能技术，尽可能多了解语言智能的工作原理[7]，通过技术手段创新教学内容和方式，更好地运用技术赋能课堂教学。现以笔者所授大学英语口语课程为例，探讨教师如何利用 ChatGPT 赋能口语课堂教学。

ChatGPT 在语言理解和语言交互方面具有强大能力，用户对其进行提问便可迅速获得有意义的回复。基于此，对于同样的问题，教师可在学生讨论之后展示 ChatGPT 的回答，这样不仅可以丰富学生看待问题的视角，而且能给学生提供额外的英语学习资料。以笔者在口语课上组织学生探讨"Is AI coming for our jobs?"话题为例，为帮助学生更好地回答这一问题，笔者将该问题细分为两个小问题。问题一：What kinds of jobs will be affected by AI? 问题二：What kinds of jobs will never be replaced by AI? 笔者首先组织学生进行小组讨论，然后邀请小组代表分享讨论结果。学生在分享观点时，笔者在黑板上做简要记录，包括学生提到的会受到 AI 冲击的职业类型和名称、不会被 AI 取代的职业类型和名称，以及学生在表达过程中用到的词汇、短语和句型结构。学生汇报结束后，笔者从内容和语言两方面进行点评，给出针对性反馈。

由于该话题本身涉及人工智能，故笔者考虑将生成式人工智能的典型代表 ChatGPT 融入课堂教学。笔者在备课阶段询问了 GPT-3.5 同样的问题"Is AI coming for our jobs?"，在学生讨论结束后展示 GPT-3.5 的作答情况。以下是笔者在 2023 年 5 月 29 日通过提问 GPT-3.5 获得的答案：

问题：Is AI coming for our jobs?

答案（有删减）：

Artificial Intelligence (AI) is rapidly advancing and is starting to automate many tasks that were previously done by human workers. This automation has the potential to displace some jobs and change the nature of work in many industries.

Some jobs that involve repetitive or routine tasks, such as data entry or assembly line work, are more likely to be automated by AI. However, jobs that require creativity, emotional intelligence, and critical thinking are less likely to be automated.

It is also important to note that AI will create new jobs that do not currently exist. For example, AI engineers, data analysts, and machine learning specialists are already in high demand. Additionally, new industries and business models may emerge as a result of AI, leading to new job opportunities.

In conclusion, AI will undoubtedly have an impact on the job market, but it is not coming for all jobs.

在向学生展示 GPT-3.5 的回答后，笔者让学生对比其回答与 GPT-3.5 回答之间的差异。这是从内容角度看待 GPT-3.5 给出的答案。然后，笔者引导学生关注 GPT-3.5 的语言表达，从中提炼重点词汇、短语和句型，鼓励学生在口语中正确使用这些表达，如：动词短语 "automate many tasks" "displace some jobs"；句型 "Some jobs that involve/require... are more/less likely to be automated by AI."。在实际授课中，笔者感受到学生对 ChatGPT 的回答产生了极大兴趣。将 ChatGPT 融入话题讨论为课堂教学增添了一抹亮色；ChatGPT 赋能的口语课堂教学既有师生互动，又有人机互动，符合教育数字化转型趋势。

本案例中，教师向 ChatGPT 提问获得的答案可作为补充教学素材。一方面，其内容可以帮助学生拓宽思路；另一方面，其语言表达可作为语言学习资源。但是，教师要对 ChatGPT 生成的内容进行审核后才能用于课堂教学，以确保其传递的价值观和语言内容均正确。

4　结语

教育数字化背景下，生成式人工智能和大语言模型的飞速发展催生了新型的外语教育生态，也赋予了外语教师新的角色定位[8]。虽然 ChatGPT 等大语言模型在英语教学中扮演着语言顾问、语伴和语言测评专家的角色，但它终究是"副机长"，教师才是承担着领航和主导学习进程的"机长"[9]。大学英语教师应积极拥抱和学习语言智能技术，让 ChatGPT 等大语言模型更好地赋能英语课堂教学。

参考文献

［1］焦建利 .ChatGPT 助推学校教育数字化转型：人工智能时代学什么与怎么教［J］. 中国远程教育，2023（4）：16–23.

［2］李佐文 .ChatGPT 赋能外语教学：场景与策略［J］.北京第二外国语学院学报，2024（1）：109–118.

［3］焦建利，陈婷 .大型语言模型赋能英语教学：四个场景［J］.外语电化教学，2023（2）：12–17.

［4］许家金，赵冲，孙铭辰 .大语言模型的外语教学与研究应用［M］.北京：外语教学与研究出版社，2024：76–78.

［5］张震宇，洪化清 .ChatGPT 支持的外语教学：赋能、问题与策略［J］.外语界，2023（2）：38–44.

［6］胡壮麟 .ChatGPT 谈外语教学［J］.中国外语，2023，20（3）：12–15.

［7］胡加圣，戚亚娟 .ChatGPT 时代的中国外语教育：求变与应变［J］.外语电化教学，2023（1）：3–6.

［8］焦建利，陈丽，吴伟伟 .由 ChatGPT 引发的教育之问：可能影响与应对之策［J］.中国教育信息化，2023，29（3）：19–32.

［9］许家金，赵冲 .大语言模型在英语教学中的角色［J］.外语教育研究前沿，2024，7（1）：3–10.

口译课程思政教学探析
——以经济发展专题为例

石宝华 ①

摘　要：为了培养高素质、国际化并能服务于国家战略需求的口译人才，外语教育也要与时俱进，将语言教育与思政教育结合起来。本文阐述了课程思政视角下专题口译课程教学策略，以经济发展专题为例，论述了课程思政视角下专题口译课程教学实践。

关键词：课程思政；口译教学；经济发展

1　引言

长期以来，中国高等外语教育关注的是把世界介绍给中国，而进入新时代，中国高等外语教育必须同时肩负起把中国介绍给世界的新使命。党的十八大以来，习近平总书记在多种场合发表重要讲话，为面向未来的中国高等外语教育指明了发展方向。2016 年 12 月，习近平总书记在全国高校思想政治工作会议上发表重要讲话，明确提出其他各门课都要守好一段渠、种好责任田，使各类课程与思想政治理论课同向同行，形成协同效应[1]。当代中

---

① 石宝华，女，北京工商大学语言与传播学院讲师，主要研究方向为英语翻译。

国高等外语教育必须大力培养讲好中国故事的时代新人。

2　课程思政视角下经济发展专题口译教学

本部分将以经济发展口译专题为例，分析如何通过科学合理的课程设计、教学活动安排，将教学内容中蕴含的思政元素与课程教学有机融合。

2.1　核心概念解读

解读中国经济发展相关核心概念的思想内涵，讲解翻译过程，帮助学生有效提高思想认识，把握核心概念的翻译策略。选择的素材包括习近平中国特色社会主义思想、社会主义基本经济制度、新发展阶段、新发展理念、新发展格局、高质量发展、统筹发展和安全、供给侧结构性改革。

2.2　关键语句理解与翻译

阐述中国经济发展的关键句的主要内容及其翻译策略，引导学生在句子语境中进一步学习思想内涵，把握语句层面的翻译组织过程，增强学生翻译的句法意识。

例：坚持和完善公有制为主体，多种所有制共同发展的基本经济制度，是巩固和发展中国社会主义制度的重要支柱。

The basic economic system with public ownership playing a leading role and all forms of ownership growing side by side is an important pillar of the socialist system with Chinese characteristics.

2.3　重点段落分析与翻译

系统讲解中国经济发展相关思想的重点段落及其翻译策略，包括基础阅读和试译分析、参考译文、补充阅读，帮助学生在语篇环境中深化对中国经济相关思想的学习，强化语篇翻译意识。

2.4　拓展练习

围绕中国经济发展的主题，结合重点翻译策略，引发学生基于翻译实践进行翻译性思考，培养学生基于翻译实践的翻译反思能力。

3　结语

黄国文、肖琼[2]在其名为《外语课程思政建设六要素》的文章中指出，教育的目的是贯彻价值塑造、能力培养和知识传授三位一体的育人理念，各门课程的课程思政与思政课程同向同行是新时代的要求，也是落实立德树人根本任务的关键举措。口译教学的过程包含核心概念解读、关键语句理解与翻译、重点段落分析与翻译、拓展练习，从而将教学内容中蕴含的思政元素与课程教学有机融合。

参考文献

[1] 习近平在全国高校思想政治工作会议上强调 把思想政治工作贯穿教育教学全过程 开创我国高等教育事业发展新局面 [N].人民日报，2016-12-09（1）.

[2] 黄国文，肖琼.外语课程思政建设六要素 [J].中国外语，2021，18（2）: 1，10-16.

论同伴互评在二语写作课堂上的有效性

陈怡君 [①]

摘　要：作为第二语言写作课堂上的一项常见活动，同伴互评近些年受到了广泛关注。支持者认为同伴互评活动在提升写作质量上的作用显而易见，而另一部分人则质疑其有效性。因此，探究同伴互评活动对于学习者尤为重要。本文将着重探讨同伴互评对于评价的提供者和接受者在二语写作课堂上不同的影响。

关键词：同伴互评；同伴互评的好处；二语写作；影响因素

1　引言

同伴互评也被称为"同伴反馈"，是指学生在小组内互相提供书面或者口头建议并接受对方反馈的一项活动。越来越多的研究揭示了同伴互评的有效性，例如，同伴互评在二语写作课堂上提高了学习者的写作质量，有助于培养学习者的学习自主性并建立以学习者为中心的课堂[1]。同伴互评在二语写作课堂上被广泛采纳，然而其有效性却一直遭受质疑。因此研究同伴互评

---

① 陈怡君，女，北京工商大学语言与传播学院助教，主要研究方向为英语教学法、口语教学。

在第二语言课堂中是否值得使用是必要的。本文将通过分析同伴互评对于评价提出者和接受者双方的影响，讨论该活动对于提升二语写作能力是否有效。

2 同伴互评的有效性

文献研究表明，多数人认为同伴互评对于评价的提出者和接受者均有益处。Kuyyogsuy 认为同伴反馈是一种宝贵的社会经验，在这一过程中学习者既可以学习如何协同工作，培养共情能力，又有助于精进写作技巧以及培养批判性思维[2]。更重要的是，这种以学生为中心的实践激励参与者在整个过程中充分参与，形成规划自身课程的意识，成为更自主的学习者。

值得一提的是，越来越多的研究开始关注反馈的提供者和接受者所获得的利益差异，并指出反馈提供者可能从这一过程中收获更大。Hanjani 和 Li 在观察了 135 名大学生在不同作文稿件上的表现后发现，这些学生最终都提高了语言的准确性，但进步程度因人而异。接受同伴的评论更有可能导致自我修改，在他们的最终稿件中看到的改进可能是从他人监管转向自我监管的结果[3]。相反，Lundstrom 和 Baker 认为，提供反馈的学习者比只接受反馈的学习者在写作方面取得了更明显的进步。他们将 ESL 学院的学生分为只接受反馈的对照组和只对别人的草稿提供反馈的实验组，发现提供反馈的人在终稿中获益更多。这表明仅对别人的作品给予反馈可以很大程度地磨练他们的写作技巧，而这可能是同伴互评活动中最有帮助的部分。值得关注的是，那些不太精通英语的反馈提供者比更为精通英语的人在提供建议的过程中收获更大[4]。Min 的研究也支持了写作审稿人受益更多的说法[2]。对于评价接受者来说，其收获包括能够从多个角度理解题目以及增加了词汇量。而提出反馈的学习者似乎取得了更大的进步，如技能提升、信心增强、准确性提高以及情感策略的灵活运用。这一发现与 Berggren 的研究相似，提供反馈的学生学会了欣赏和理解他人的观点[5]。此外，纠正他人错误的另一个优点是，反馈提供者可以将同伴的作文看作学习来源，从同伴的错误中反思自身学习过程中存在的问题。然而一些研究人员却持相反的观点。Trautmann 的研究表明，在促使修改方面，接受评论比提供评论更有帮助。70% 的学生表示是收到的反馈促使他们进行了修改，而不是向其他同学提供反馈的这一行为[6]。

3　结语

总之，评价提出者更有可能从同伴互评活动中受益的说法得到了当前研究的支持。双方均在该过程中学会对自己和他人的工作更加负责，逐渐养成学习自主性。然而，研究结果还取决于开展研究的背景，例如学校环境和 ESL 或 EFL 环境，这需要进一步的实证研究以了解英语学习者如何从反馈中获益及这种实践如何增强他们的写作能力。

参考文献

［1］MIN H T.The effects of trained peer review on EFL students' revision types and writing quality［J］. Journal of second language writing，2006，15（2）：118-141.

［2］KUYYOGSUY S.Promoting peer feedback in developing students' English writing ability in L2 writing class［J］. International education studies，2019，12（9）：76.

［3］HANJANI A M，LI L.Exploring L2 writers' collaborative revision interactions and their writing performance［J］.System，2014（44）：101-114.

［4］LUNDSTROM K，BAKER W.To give is better than to receive：the benefits of peer review to the reviewer's own writing［J］. Journal of second language writing，2009，18（1）：30-43.

［5］BERGGREN J.Learning from civing feedback: a study of secondary-level students［J］. ELT journal，2015，69（1）：58 70.

［6］TRAUTMANN N M.Is it better to cive or to receive? Insights into collaborative learning through web mediated peer review［D］.Ithaca：Cornell University，2006.

论影响同伴互评在英语写作课堂
使用效果的因素

摘　要：作为二语写作课堂上一项常用练习，同伴互评的有效性已经得到了大量文献的证实。但由于反馈提供者为水平相当的学生而非担任权威角色的教师，反馈的质量和效果无法保障，同伴互评仍受到质疑。鉴于影响互评效果的因素众多，老师在课堂上训练学生进行同伴互评之前需采取相应措施以增强其有效性。

关键词：同伴互评；二语写作；影响因素；有效性

1　引言

同伴互评在二语写作课堂上的作用已得到了专家和文献的证实，其作用包括提升学习者的写作质量、建立以学习者为中心的课堂等。但由于反馈的提供者为水平相当的学生，反馈的质量和效果无法保障，因此也备受质疑。影响同伴互评的因素众多，如学生是否在互评前进行过互评训练，互评时是

---

① 陈怡君，女，北京工商大学语言与传播学院助教，主要研究方向为英语教学法、口语教学。

否使用恰当的评价标准，同伴协商互动是否充分，以及互评群体的文化背景是否会影响互评结果。本文通过分析同伴互评的影响因素进一步探究如何使同伴互评的有效性得到提高。

2 同伴互评的影响因素

2.1 同伴互评训练

互评训练是影响互评质量的关键因素之一。Wang 认为，在没有足够的语言，如语法知识输入的情况下，学生对同水平同伴在句子结构和用词方面给出的反馈差别很大，其反馈甚至可能是无用的[1]。同样，Min 在对 18 名中级水平的大二英语专业的学生进行了四小时培训和两小时互评后，在课后采访时发现评价者的反馈变得更加具体并更具相关性，即学生们更擅长识别、解释问题并提出修改方法[2]。最重要的是，培训让学生们把自己放在审稿人的位置上，从而在作者和审稿人之间培养出一种更加平衡和互相尊重的关系[3]。

2.2 同伴互评评价标准

如果学生在评价过程中有可以遵照的评价标准，他们便能设定更加清晰的修改目标，从而更有可能从评价中获益。Wang 使用了改编自 Jacobs 的评价标准，标准分为五部分：语言使用、词汇、内容、组织和机制。从收集的学生关于使用标准的反馈中发现，遵循标准不仅帮助学生实现了写作的目标，而且向他们展示了一篇令人满意的论文是什么样子的。然而，一些学生对标准的使用持怀疑态度，认为这可能会限制他们的想法，而且标准过于应试，可能限制他们的创造力[4]。由此可见，互评标准的使用使二语写作的目的更加清晰，提高了学生的反馈能力，但过度使用会引起学生的质疑。

2.3 同伴协商互动

导致学习者认为同伴互评无效的可能原因之一是提供反馈时未进行足够的协商和互动。Sánchez 的研究指出有组织的培训和充分的互动能使学生更好地合作并提出更有效的解决方案。教师需要为学生提供尽可能多的机会让不同水平的学生相互交流[5]。为了让学生在课堂上有更多时间相互评价和讨论，反馈作业可以课下完成。充分的多方讨论有助于学生最后呈现出更令人满意的作品。

2.4 同伴文化背景影响

在分析同伴互评有效性时，还应考虑学习者文化背景所造成的差异。Carson 和 Nelson 发现，由于试图维持群体的和谐，拥有集体主义文化背景的学生，如东亚国家的学生，倾向于合作以使整个群体受益，而西方国家的学生更倾向于通过在群体中工作满足个人需求[6]。除了培训、使用评价标准、协商和文化差异之外，性别差异以及以前是否接触过同伴反馈等因素也会导致学习者对同伴反馈在二语写作中的作用持不同看法。

3 总结

在进行同伴互评时应充分考虑学生是否参加了互评前的培训，评价时是否有标准可依，评价过程中讨论是否充分以及同伴之间的文化背景差别。有效的培训有助于提高学生评价的相关性和准确性。采用明确的标准有助于学生在写作和反馈时拥有清晰的目标。在反馈时协商互动能促进同伴间的交流和理解。文化背景则可能影响学生提供评价的方式和结果。教师应针对不同群体采取相应措施，为学生在二语写作课堂上进行有效的同伴互评奠定基础。

参考文献

[1] WANG W. Students' perceptions of rubric-referenced peer feedback on EFL writing: a longitudinal inquiry [J]. Assessing writing, 2014 (19): 80–96.

[2] MIN H T. Training students to become successful peer reviewers [J]. System, 2005, 33 (2): 293–308.

[3] RAHIMI M. Is training student reviewers worth its while? A study of how training

influences the quality of students' feedback and writing [J]. Language teaching research, 2013, 17（1）: 67–89.

[4] JACOBS H L.Testing ESL composition: apractical approach [M]. Rowley, MA: Newbury House Publisher, 1981.

[5] SANCHEZ–NARANJO J. Peer review and training: pathways to quality and value in second language writing [J]. Foreign language annals, 2019, 52（3）: 612–643.

[6] CARSON J G, NELSON G L. Chinese students' perceptions of ESL peer response group interaction [J]. Journal of second language writing, 1996, 5（1）: 1–19.

浅谈小组活动在大学英语教学中的应用

汤惠敏 [①]

摘　要：小组活动是合作式学习在教学中的一种具体体现。小组活动也是课堂教学中的一种常见形式。大学英语教学中，小组活动的实施要注意一些方面。教师设计小组活动时，需要注重教材知识和小组活动任务的有机结合。对于学生来说，要关注教材的输入和小组活动的输出，主动去探究、解决问题，提高自主学习能力、合作学习能力及英语语言运用能力。

关键词：小组活动；大学英语教学

1　引言

《大学英语教学指南（2020版）》中提到，大学英语课程教学可以采用多种教学方法，其中包括合作式教学方法；要从"以学生为中心"的教育理念出发[1]。小组活动是合作式学习在教学中的一种具体体现。小组活动的主体是学生，教师以任务的形式布置小组活动。两位或多位学生通过合作和讨

---

① 汤惠敏，女，北京工商大学语言与传播学院讲师，主要研究方向为外国语言学及应用语言学。

论来完成小作活动。小组活动不仅能提高学生间的合作学习能力，也能提供接近真实的语境，让学生增强语言输出能力。小组活动为学生提供了语言实践的机会，是一种很好的语言输出形式。

小组活动是课堂教学中的一种常见形式[2]。语言学习中，必须有大量的输入和输出。在小组活动中，学生之间使用英语交流，并和同组其他成员用英语进行讨论，能够获得更多的英语知识。在小组活动的小组展示环节，各组中每位同学都需要积极参与，这样学生能够更多地运用英语来进行输出，提高其语言运用能力。

2 小组活动的应用

大学英语教学中，小组活动的实施要注意一些方面。在小组活动开始前，要对学生进行合理分组；教师要确定活动的内容及目的，以及发挥教师的指导作用。教师在小组活动中正确的引导很重要。大学英语小组活动需要有效设计。

语言的综合运用能力需要通过实际情境提高。教师围绕教材内容，创设真实情境，设计小组活动，使小组活动在接近真实的情境中展开，学生能在较真实的情境中进行小组活动。有效的设计小组活动有助于提升学生在真实情境中综合运用语言的能力。小组成员之间进行分工合作和小组讨论，共同完成小组展示。

教师要把握好小组任务的难易度，注意挖掘学生的学习潜力，将任务和教材内容结合起来，小组任务太简单或太难都不合适。把握好任务难易度，需要教师对学生的英语学习水平及程度有一个基本的了解。此外，小组活动任务的呈现形式须生动有趣。有趣的小组活动主题及形式能够有效激发学生完成任务的主动性和有效性。

小组任务的具体实施需要充分发挥学生的主观能动性，同时也需要组员之间密切配合、积极讨论，不能仅由组内一两位同学来完成小组任务，小组所有成员应积极参与、多次讨论、合作学习，共同完成小组活动。小组活动形式有角色扮演、小组讨论和小组展示等。

大学英语教学中小组活动的实施包含几个阶段。进行小组任务前，教师介绍主题和任务。学生以小组的形式来准备任务，小组成员间互相学习，互帮互助，合作完成小组展示。小组展示结束后，教师进行评价，指出需要改进和完善的地方。

以《新标准大学英语（第二版）》第四册 Unit1 为例，单元主题是大学生活之毕业生生活、毕业生遇到的问题及毕业生求职等。小组任务的布置包含英文简历的制作、英语招聘广告的发布和具体的英文工作面试。学生在准备小组任务时需要了解和熟悉英文简历的格式及相关表达，知道英文简历中需要凸显的方面。关于招聘广告，招聘具体条件有哪些，小组成员在准备时需要详细列出来。每个小组需要创设一个毕业生找工作的情境，小组成员中有招聘方、求职方，共同完成工作求职的面试。所有这些都需要用英文来完成。小组成员之间需要密切配合，充分发挥创造力和想象力，设计好不同的角色以及求职和招聘的情况，模拟真实工作面试的场景，各个角色之间还需要进行有效的互动交流。

这次小组活动既紧扣单元主题，又充分发挥了学生的想象力、创造力和主观能动性，也锻炼了学生独立思考、合作学习解决问题的能力，对于学生的语言输出能力也有一定的推动作用。部分学生小组的小组活动展示非常有创意，得到了良好的反馈。

小组展示内容与教材内容相关，是对教材内容的进一步拓展和延伸，用英语来展示小组任务，需要学生发挥其主观能动性，完成自主学习和合作学习。

3 结语

大学英语教学中小组活动很有必要，要注意实施中的一些问题并积极解决这些问题。教师设计小组活动时，需注重教材知识和小组活动任务的有机结合，让学生能够在教材学习的基础上运用英语并有效输出。小组活动内容要与学生的实际生活相关，激发学生参与小组活动的热情和兴趣。教师可适当变换小组活动的形式，提高学生的创新性和积极性。

小组活动完成后，教师应注重对小组的评价。教师对小组活动完成度较高的小组要积极地肯定和鼓励，对于小组活动还需要改进的小组应该在肯定其努力的基础上客观地指出问题所在，帮助其分析原因，激发其进行小组活动的热情，使其在之后的小组活动中表现得更好。

小组活动是很重要的一种教学活动，它能够基于教材学习内容创设接近真实环境的语境，深挖教材内容，拓展教材的深度和广度。对于学生来说，小组活动是极具挑战性的，同时也激发了学生的学习兴趣。学生关注教材的输入和小组展示的输出，能够主动去探究、解决问题，提高自主学习能力、合作学习能力及英语运用能力。

参考文献

［1］教育部高等学校大学外语教学指导委员会.大学英语教学指南（2020版）［M］.北京：高等教育出版社，2020.

［2］庞继贤，吴薇薇.英语课堂小组活动实证研究［J］.外语教学与研究，2000（6）：424-430.

浅析大学阶段如何高效学习英文词汇

陈秀珍 [①]

摘　要：大学生在学习英语的过程中，不可避免地要记忆很多英文词汇。无论是英语专业的学生还是非英语专业的学生，都需要在大学阶段花费大量时间、通过各种方式来背诵英文词汇。但是，仅仅记住这些词汇的含义，对于大学生而言是远远不能满足他们在大学阶段学习大学英语课程的需要的。本文旨在通过多年英语教学的实践经验，分析总结大学阶段非英语专业的学生如何高效地学习英文词汇。

关键词：大学阶段；高效学习；英文词汇

1　引言

大学阶段，学校安排的必修课程中基本都包括通用英语课程（即非英语专业的大学英语课程），为了满足课程需要，完成学习目标，大学生在学习英语的过程中需要记忆很多英文词汇，既包括单词也包括相关的短语。无论是英语专业的学生还是非英语专业的学生，都需要在大学阶段花费大量时

① 陈秀珍，女，北京工商大学语言与传播学院讲师，主要研究方向为应用语言学、跨文化交际。

104

间、通过各种方式来背诵英文词汇。但是，仅仅记住这些词汇的含义，对于大学生而言是远远不能满足他们在大学阶段学习大学英语课程的需要的。只有明白如何有效地学习词汇，才能够达到通用英语课程的学习目标和要求。

2　大学阶段需要掌握的词汇量

众所周知，想要提高英语整体水平，最基础的就是掌握足够的词汇。在熟练掌握足够词汇的基础上，才能通过大量练习，提高听、说、读、写、译的水平。《大学英语教学指南（2020版）》要求，非英语专业大学生的通用英语课程"提高目标"为"高中英语学业质量水平二应掌握的词汇基础上增加约3 000个单词，其中600个单词为与专业学习或未来工作相关的词汇"。总体来说，就是需要掌握大约5 500个生词，其中能够熟练运用的词汇要达到2 500个左右。笔者在教学过程中发现，仅词汇量这一点，就有不少学生不能达到要求，不仅需要熟练运用的词汇量不足，而且掌握的整体词汇量也没有达到5 500词左右，有的学生词汇量甚至更低。造成以上结果的原因各种各样：有的学生主观上不爱记单词，不能主动背记达标所需要的词汇；有的学生没有对所记忆的词汇进行复习巩固，没有反复复习所记词汇，对所背诵的词汇生疏。背单词需要长期积累，有的学生试图"走捷径"，期待通过短时间内突击背诵单词来达成目标，结果未能如愿。

3　积极词汇和消极词汇

英文词汇根据其使用频率，常常被分为两大类：积极词汇（active vocabulary）和消极词汇（passive vocabulary）。所谓积极词汇，就是在日常的工作、生活中被经常使用的词汇，常见于人们平时的对话交流、书信往来和各种文件中。对于大学生而言，就是那些想说能说出来、想写能写出来、听到后能理解其含义、能够熟练掌握并能在口语表达和写作中实际运用的词汇。而消极词汇，通常是指经过短时间思考或者根据上下文能够推断出它的含义的词汇，常见于阅读资料当中。对于大学生来说，就是看见后经过思考能辨别出它的意思，但是不管在口语交流还是书面语中都想不起来主动使用的词汇。这两类词汇是可能互换的，有的消极词汇被使用的频率高了就加入积极词汇的行列，而有的积极词汇长期不使用就变成了消极词汇。

4 积累消极词汇，掌握积极词汇

大学生需要不断增加背诵的生词，反复巩固已经记住的新增词汇，积累更多的消极词汇，然后逐步学习使用其中的一些词汇，把一部分消极词汇变成自己能够熟练掌握并应用的积极词汇。记忆词汇的方法有多种，常用的有联想记忆法、分类或归纳记忆法、语音记忆法等。记忆新的单词时，要学会多感官"协同作战"，边看边读，与此同时用笔或手指拼写所记忆的单词，这样眼、耳、口、手并用，可以更加高效地记忆词汇。还需要制订周计划和日计划，坚持每天复习之前已经背下来的词汇，加强记忆。想要高效地学习英文词汇，把更多消极词汇变成积极词汇，还需要通过大量实践——阅读英文书籍、文章，听英文广播，看英文影视剧和各类英文的节目，与同学朋友或者外国友人进行英语口语的交流，坚持每天都通过不同的方式使用英语，增加英语的"曝光率"。

5 使用合适的英文词典来辅助学习词汇

笔者在教学实践过程中发现，不少大学生在遇到生词时不会正确使用英文词典来学习该词汇。由于智能手机多具有扫描英文单词就可以迅速给出汉语词义的功能，学生在学习该单词时往往并未搞清楚该词汇的用法。而大学生们常用的词典 App 中以"网易有道词典"居多，他们常常只看简明词典里的词汇释义，而不去使用更有利于学习词汇的牛津词典。实际上，选择合适的英文词典来辅助学习词汇非常重要。在合适的英文词典中不仅可以查到词汇的英文释义，还可以看到词汇的不同释义在例句中的正确运用，以及该词

汇的派生词、同义词、近义词、反义词等信息，是扩大词汇量的一种有效的
方式。

参考文献

［1］教育部高等学校大学外语教学指导委员会．大学英语教学指南（2020版）［M］．
  北京：高等教育出版社，2020.

浅析影响英语阅读理解能力的因素

王劲松 [①]

摘　要：英语阅读理解能力是英语学习中重点培养的能力之一，也是各级各类英语考试中重点考查的一项内容。在大学英语教学中，笔者发现有些学生对于提高阅读理解能力的方法存在较大误解。本文以自下而上和自上而下阅读理论为主要依据分析影响学生阅读理解能力提高的主要因素。

关键词：阅读理解能力；阅读教学；自下而上；自上而下

1　引语

在大学英语教学中，提升学生的阅读理解能力一直是主要的教学目标之一。虽然大多数学生从学英语之初就接触了阅读，但是经过多年学习直到进入大学，阅读理解方面仍然存在较大困难。想要找到这些问题的症结所在并运用正确方法进行练习，从而有效提高阅读效果，增强阅读理解能力显得尤为重要。

---

① 王劲松，女，北京工商大学语言与传播学院讲师，主要研究方向为语言学、教学法。

2 影响因素及应对策略

很多学生把自己的阅读理解能力弱归咎于词汇量小，认为只要扩大词汇量，阅读理解能力自然就会提高。于是他们会把全部注意力放在背单词上。虽然词汇量小势必会影响阅读能力，但是只增加词汇量未必能带来阅读理解能力的提升。

在英语学习初期，词汇量的大小对阅读理解能力的影响是非常大的。因为这时候的阅读是采取"自下而上"（the bottom-up approach）的模式进行的。美国语言学家高夫在 20 世纪 70 年代提出了"自下而上"阅读理论，指出人们在阅读时是按照从单词到句子再到段落和语篇的顺序，即按照从较小的语言单位到较大的语言单位这一顺序来理解文章的。有的教师受到"自下而上"理论的影响，在英语教学中会格外注重对单词和语法的讲解。在分析文章的时候也从单词讲起，再分析句子和段落。这对于英语初学者而言是必要的，因为他们需要理解和掌握这些基本的语言知识。但是有些学生可能因此产生误解，认为只要理解了单词和语法，就能读懂文章。这种认识是片面的，因为人们阅读的模式不仅仅是"自下而上"的。另外一种阅读模式——"自上而下"（top-down approach）的阅读模式能够帮助人们理解阅读材料。

语言学家古德曼在 1976 年提出了"自上而下"阅读理论，指出阅读的过程就像进行一个心理语言学游戏。读者在这个过程中会对文章内容进行预测、选择、检验、证实等一系列认知活动。有效的阅读不依赖于对所有语言成分的精确辨认，而在于能否利用文章中的信息做出准确判断。读者已有的知识对判断是否准确起着重要作用。所以文章的难易不仅仅取决于词汇的难易或句子的长短。如果读者对文章涉及的某方面知识缺乏了解，即使语言本身很简单，读者依然觉得不知所云[1]。很多学生虽然不了解这一阅读理论，但对这个现象是深有体会的：即使把所有生词都查出来了，句子结构也理清了，但是仍然读不懂文章。如果学生不了解"自上而下"阅读理论，就可能因此产生强烈的挫败感。那些把阅读理解能力弱完全归咎于词汇量小的学生尤其如此。他们本以为在增加了词汇量之后自己的阅读能力就会显著提高，但结果与预期相差甚远。这无疑会严重打击学生学好英语的信心。当然，忽视词汇量的积累会使提高阅读理解能力完全成为空谈。但是片面强调"自下而上"或者"自上而下"阅读模式都会失之偏颇。根据鲁美哈特提出的"交互模式"（interactive approach）理论，阅读是一个自下而上和自上而下相互作用的认知过程。这种相互作用在单词、句子、段落、篇章的各个阅读层次同时发生[2]。如果将两者分割开而只对其中一种模式所涉及的能力进行培养，是无法有效提高阅读理解能力的。因此，教师在教学中应引导学生认识到影响阅读理解能力提高的因素是多方面的，既有语言知识方面的也有非语言方面的（例如文化背景知识、浅显的科学知识等）。教师应该引导学生阅读各种题材的文章以增加非语言知识的储备。

3　结语

英语阅读理解能力的提高依赖于多方面知识的增长和积累。只有当学生对此有了正确的认识，才会更加主动地博览群书，拓宽知识面。教师在教学中要注意灵活地把阅读理论运用和体现在阅读教学中，从而形成对学生的正确引导并使之有效提高阅读理解能力，增强学习英语的信心。

参考文献

［1］GOODMAN K S.Psycholinguistics and reading［M］.New York：Holt，Rinehart & Winston，1973.

［2］张必隐.阅读心理学（修订版）［M］.北京：北京师范大学出版社，2004.

浅析专门英语与大学英语教学改革思路

彭　淳①

摘　要：当前，随着全球化的深入发展和科技创新的突飞猛进，传统的大学英语教学模式已难以满足社会对专门英语人才的需求。因此，本文旨在探讨基于专门英语导向的大学英语教学改革的必要性、课程融合方式及其实施策略，以期为我国高等教育英语教学提供新的思路和方法。

关键词：专门英语；大学英语教学；教学改革；课程设计

1　大学英语教学改革的必要性

1.1　社会需求的变化

在全球化浪潮和科技创新日新月异的背景下，作为国际交流的主要语言和最新科技成果的载体，英语日益成为国家现代化建设人才必不可少的技能。然而，传统的大学英语教学往往注重语言基础知识的传授，忽视了学生专业领域内英语应用能力的培养。鉴于此，本文提出专门英语导向的大学英

---

① 彭淳，女，北京工商大学语言与传播学院讲师，主要研究方向为教学法、应用语言学。

语教学改革思路，以期培养能够适应专业领域国际交流需求的复合型人才。

1.2 教育目标的更新[1]

《大学英语教学指南（2020版）》（以下简称《指南》）中区分了基础、发展、提高三个级别的教学目标，所有级别的教学目标都对专门用途英语能力的培养做出了相应的规定。《指南》指出大学英语课程兼具人文性和工具性，并认为专门用途英语课程凸显了其工具性的特征。这为大学英语课程改革提供了新思路：通过专门英语课程设置来加强英语教学专业相关性和实用性，改善教学内容千篇一律、课时紧张和学生动机不足等现象。

2 专门英语与通用英语的融合方式

2.1 递进融合

许多高校实行以通用英语课程为基础，再通过不同方法导入专门英语内容，遵循从通用英语到通用学术英语再到专门学术英语的顺序。在医药、商务、艺术、军事等专业领域都有许多成功的专门英语实践探索案例，为专门英语课程的设置实施提供了大量可供借鉴的成果[2]。

2.2 取代融合

也有专家认为不需要遵循从通用到专门的次序，通用英语和跨文化交际课程不必设为必修课，可以用专门英语直接取代通用英语和跨文化交际课程，并且专门英语在凸显工具性的同时也完全可以体现人文性。跨文化交际和通用英语的内容能够很好地融入专门英语的课程中[3]。

3 专门英语课程实施策略

3.1 课程设计

结合学生的专业特点，设计涵盖专业词汇、文献阅读、学术交流等内容的专门英语课程。

3.2 教学方法

采用任务驱动法、案例教学法等现代教学方法，提高学生的参与度和实践能力。

3.3 师资建设

加强教师的专业培训，特别是提升教师的专业英语水平和教学方法的现代化。

3.4 评价体系

建立以能力为导向的评价体系，重视对学生专业英语应用能力的考核。

4 结论

基于专门英语导向的大学英语教学改革是应对新时代教育需求的重要举措，也呼应了《指南》培养全面发展人才的教学目标。根据实际情况选择不同的方式，把通用英语和专门英语有机融合，通过课程设计的创新、教学方法的改进、师资队伍的建设以及评价体系的完善，有效提升学生的专业英语能力，为其未来的学术研究和职业发展奠定坚实的基础。同时，这一改革也将推动我国高等教育英语教学向更加专业化、国际化的方向发展。

参考文献

［1］教育部高等学校大学外语教学指导委员会 . 大学英语教学指南（2020 版）［M］. 北京：高等教育出版社，2020.

［2］杜清媛 . 基于 ESP 框架的 PBL 教学模式在大学英语教学中的应用［J］. 海外英语，2023（24）：138–140.

［3］蔡基刚 . 中国高校校本大学英语教学大纲制定依据：兼论大学英语教学中通用英语与专门英语的定位［J］. 外语研究，2023（5）：58–62.

人工智能在线评阅系统辅助
英语写作反馈探究

史 云①

摘 要：以批改网和 ChatGPT 为代表的人工智能在线评阅系统应用于大学英语作文反馈，既能大大提高教师的批改效率，又能激发学生的写作兴趣，提升自主学习能力和写作水平，然而其由于自身存在的不足，还不能取代教师的人工反馈。本文探讨如何利用两种反馈方式的优势，助力大学英语作文反馈实践和研究。

关键词：人工智能在线评阅系统；大学英语写作反馈

1 引言

反馈是二语写作教学中的重要环节，能够帮助学生提高写作水平和语言产品质量。学生写作能力的提高不仅需要大量练习，在获得及时反馈后还要进行有针对性的修改。然而传统写作教学中，教师作为反馈主体，因课时减少、班级人数多等，其反馈存在质量不高、针对性不强等问题[1]。随着信息

---

① 史云，女，北京工商大学语言与传播学院讲师，主要研究方向为应用语言学、英语教育。

技术的发展，一些利用网络技术以及大量语料开发研制的在线作文自动评分系统应运而生，不但在教学中广受师生欢迎，还在一些大规模标准化考试评分中得到应用。更重要的是，信息技术能够帮助"发挥评价和测试对大学英语教学的诊断、导向、激励、决策等多重作用"。通过"监测学生的学习行为等基本信息数据，构建学生个人学习档案，分析学生的学习行为特征，为不同类型的学生提供个性化的评价反馈"[2]。本文以批改网和 ChatGPT 为例，探讨如何结合在线自动评阅平台反馈和教师反馈的优势，将其更好地服务大学英语写作教学改革。

2　批改网

批改网是一款基于语料库和云计算的英语作文自动批改在线服务，通过比较学生作文和标准语料库之间的距离，即时生成作文得分、评语和句评，能大批量实时批改作文，解决了传统人工批改滞后、周期长的问题，极大地提高了教师的批改效率。按句点评能指出句中的拼写、语法、搭配等类别错误，提供相关的搭配建议、参考例句等，有利于学生的拓展学习。生成的统计数据和薄弱点分析报告可以帮助教师进行写作共性问题的梳理、总结、分析、研究和解决。依托丰富的本族语语料库，批改网为学生搭建了自主学习平台，写前学生既可以检索常用的词语搭配，也可以在即时反馈中改正搭配错误，学习更地道的搭配表达。清华大学关于使用批改网经验交流总结报告指出：批改网提供的不同改进意见，培养了学生积极探究、自主学习的意识和能力，提高了学生的语言应用能力[3]。此外，个性化的反复批改以分数量化的形式让学生直观地看到每一次的进步，能有效激发学生的写作热情，并促进其习作水平的提高。

然而，批改网也存在明显的不足。按句子点评，使得机器无法精准识别文章内容是否切题、思想是否明确、段落间是否富有连贯性和逻辑性。吴丹认为，批改网多以微观句子为单位，从词汇和语法两个标准设定参数进行批改，较少涉及语篇衔接与连贯等深层次宏观问题，而文章的衔接与连贯是有效写作的评分标准之一[4]。其次，机器反馈无法识别深层次的句法和词汇结构问题，影响表达的地道性。而且，机器对内容相关性的判别能力弱，无法识别跑题作文，评分准确度有待提高。

3　ChatGPT

作为一款聊天机器人程序，ChatGPT 是人工智能技术驱动的自然语言处理工具，能够基于在预训练阶段所见的模式和统计规律生成回答，并能根据聊天的上下文进行互动，可用于总结文本、回答问题和提供写作反馈，一经问世，迅速火爆全球。在写作反馈方面，其强大的算力和海量的语料革新了传统的人工批阅反馈模式。魏爽等以大学英语作文实例为语料，对比分析 ChatGPT 反馈和教师书面反馈，发现 ChatGPT 既提供内容与结构的整体反馈，又针对语言层面给予局部反馈，其反馈多以直接反馈形式呈现，帮助不同水平的学生快速发现问题并及时改正，而人机交互性又可以突破时空限制为学生提供多样即时反馈[5]。该技术的限制性主要在于 ChatGPT 需要学生给出明确的指令才能提供多次反馈，对英语水平不高的学生无疑是巨大挑战。另外，ChatGPT 的高阶输出能力也给写作教学带来巨大威胁。

4　教师反馈

反馈研究一般包括三大主题：反馈焦点、反馈范围和反馈策略。反馈焦点分为针对内容与架构的整体反馈和侧重语言形式的局部反馈。反馈范围分为非聚集型和聚焦型，前者有错必究，后者选定一类或几类错误纠正。反馈策略分为直接反馈和间接反馈，前者指教师直接指出作文错误并提供修改意见，后者指教师仅标出错误并留待学生改正。

研究发现，英语为非母语的教师更注重语言细节和规则的正确与否，而较少关注语篇、结构和思想内容。有了人工智能技术辅助，教师可以利用技术在语法、词汇修改、标点修正等初阶修改上的优势，减轻语言形式问题的修改负担，反馈可以聚焦语篇衔接与连贯、深层次的句法和词汇结构等问题，提升学生谋篇布局能力和表达的地道性。

对于统计数据分析出来的错误类型，除了针对性点评，教师可以构建小型数据库，生成错误类型集，掌握学生写作特点与规律，调整教学计划，指导写作教学，还可以利用系统自带的语料库构建语法知识点复习，引导后期学生习作的互评互改。

计算机技术和人工智能的发展革新了以教师为主体的反馈方式，需要注意的是教师首先要了解各种自动评分工具的工作方式、内容与机制，以便更好地满足教学需要，同时为学生提供必要的准备或培训。教学实践中，教师要分析测评工具能否与教学有机融合，提供实时、智能化反馈，发挥诊断性、形成性评价作用。

5　结语

网络自动反馈和教师人工反馈相结合，能最大限度地弥补两种反馈模式各自的不足，并将优势最大化，提高学生英语写作的热情，帮助他们循序渐进地提高英语写作水平。如何利用网络平台反馈是写作反馈领域未来要解决的问题，教师要不断更新理念，进行更多的教学实践和研究来指导写作教学。

参考文献

［1］张雪梅. 大学英语写作教学现状之调查［J］. 外语界，2006（5）：28–32.

［2］教育部高等学校大学外语教学指导委员会. 大学英语教学指南（2020版）［M］. 北京：高等教育出版社，2020.

［3］清华大学外国语言文学系. 清华大学关于使用批改网经验交流总结报告［EB/OL］.（2012–08–29）［2016–04–30］. http：//bbs.pigai.org/t13858–1–1.html.

［4］吴丹. 在线写作平台在大学英语写作教学中的应用研究：以批改网为例［J］. 黄冈师范学院学报，2017（1）：23–28.

［5］魏爽，李璐瑶. 人工智能辅助二语写作反馈研究：以ChatGPT为例［J］. 中国外语，2023（3）：33–40.

试论视译教学的意义与方法

王致虹[①]

摘　要：视译训练是同声传译教学中的基础性模块，科学的视译教学方法能为学生学习同声传译打好基础。本文结合二语习得理论和笔者教学实践，试梳理视译教学的意义与具体方法，为同声传译教学工作者提供参考。

关键词：视译；同声传译；翻译教学

1　视译教学的重要意义

视译（sight interpreting）指的是译员一边目视原语文本，一边口头输出译文的过程。视译源于国际会议中"带稿同声传译"的同声传译模式，对于同声传译教学而言具有重要意义[1]。

根据巴黎释义学派的观点，译员在进行同声传译过程中，在收听到原语后，需要首先在大脑中对原语进行"脱壳"，即剥离原语的语言形式（deverbalization），以获得原语的内在含义。随后，译员选择最能传递原语内在含义的目的语作为译文口头输出[2]。

---

① 王致虹，女，北京工商大学语言与传播学院讲师，主要研究方向为口译理论与实践。

而视译的过程则是译员看到原语语句后，在大脑中进行"脱壳"、获得原语内在含义，选择最能传递原语内在含义的目的语作为译文口头输出。

通过上述对同声传译和视译的大脑过程解构，我们不难发现，同声传译与视译的唯一区别在于输入形式：同声传译的输入形式是听，而视译的输入形式是看。

听具有瞬时性，一旦无法捕捉到瞬时声音信号，译员将无从追溯该声音信号。而目视的视角范围则广得多，译员可以利用目视余光来获取未能瞬时捕捉到的文本内容。

因此可以得出结论：视译是难度降阶版的同声传译。我们进而不难推论出：如果口译学习者希望提升同声传译水平但又对同声传译训练望而却步，可以选择从视译训练做起，先通过视译来夯实同声传译所涉及的关键技能，再进阶到同声传译训练。因此对于同声传译教学而言，视译教学是非常重要的基础性一环。

2 视译教学的难点与解决方案

对学生而言，视译的难点无疑在于如何实现"顺译"。对于视译教学而言，引导学生学会顺译就成为重中之重。

笔者在课堂实践中发现，运用二语习得中的任务拆解教学法[3]，将顺译拆解为以下两个步骤，再分步骤带领学生练习，可以获得较为理想的教学效果。

第一步，断句。在输入原语过程中，一旦获得了一个相对完整的意群，即进行断句。应尽量确保每个意群短小精悍，非必要不拉长意群长度。

第二步，断后译、重连。在断句位置将形成前后两个意群。为实现顺译，在翻译完前意群后，应将前意群与后意群的译文进行重新连接，以确保译文整体通顺流畅。这可能需要在断句处附近增加或删减或修改某些措辞，试看下例：

Tensions between Pyongyang and Washington // mount once again // following the latest North Korean ballistic missile test.

视译译文应为："美朝两国 // 紧张关系再度升级 // 因为不久前朝鲜进行了弹道导弹试验。"

原语中的"following"意思是"随着"，但在译文中被修改为"因为"，以实现前后意群的贯连。

以任务拆解的方式来进行视译教学，能最大限度地降低学生进行视译学习的难度，激发学生的信心，改善学习效果，为学生将来进阶到同声传译学习打下坚实基础。

参考文献

［1］MARJORIE A.Sight translation and interpreting：a comparative analysis of constraints and failures［J］.International journal of research and practice in interpreting，2004，6（1）：43-67.

［2］DANICA S，LEDERER M.Pédagogie raisonné e de l'interpré tation［M］.Paris：Didier é rudition，1989.

［3］OXFORD R L.Task-based language teaching and learning：an overview［J］.Asian EFL journal，2006，8（3）.

数字化背景下的大学英语听力
混合式教学模式

王秀珍①

摘　要：数字化已经成为时代标志，如何通过数字赋能人才培养，是每门课程都要认真思考并采取行动的重要问题。本文探讨了数字化背景下大学英语听力教学面临的问题、外语教学数字化研究的现状，提出了线上与线下相结合的混合式教学模式，以期为大学英语听力教学和听力学习提供启迪。

关键词：数字化；听力；混合式

1　研究背景

党的二十大报告指出："要推进教育数字化，建设全民终身学习的学习型社会、学习型大国。"数字化已经成为时代标志，如何运用现代信息技术，通过数字赋能人才培养，是每所高校、每门课程都要关注并采取措施解决的重要问题。

---

① 王秀珍，女，北京工商大学语言与传播学院讲师，主要研究方向为第二语言习得、教学法、语言学和翻译等。

外语教学具有工具性与人文性的双重特点，肩负着培养具备良好的外语能力、开阔的国际视野、卓越的对外交流能力的人才的重任。把数字技术与外语教学深度融合、推进教学改革与创新，是新时代外语教学面临的重要任务。

混合式教学是一种以互联网为基础、不受时间和地点约束的多维度教学策略，包含线上教学和面对面教学的混合、教育技术的混合和教学方法的混合等。混合式教学结合传统学习方式的优势和网络化学习的优势，既能够发挥教师引导、启发、监控教学过程的作用，又能提升学生学习的主动性和积极性。

听力被视为英语教学中最重要也最艰难的项目之一，越来越多的学生急切地想要提高他们的听力水平。大学英语听力课是提升听力水平的重要途径，但由于课时少、任务重，如何有效提高听力水平已经成为教师和学生的共同关注点之一。在教育数字化时代的大机遇下，如何利用海量信息资源，以线上＋线下相结合的混合式教学模式，充分发挥课前、课中和课后的作用，挖掘学生的学习主动性以及自主学习能力，提升听力课教学和学习效果，是非常值得探讨的问题。

2　研究现状

研究者探讨了教育数字化转型的内涵、数字化转型背景下外语教学的典型特征、外语教学数字化转型的路径建议，探索了外语教学环境下有效收集、存储和使用教学过程性数据的方法和途径，探究了如何有效运用数字资源助力高校外语教学与研究。胡春华、吴丽环开展了"教育数字化背景下的混合式大学综合英语智慧课堂创新转型"的研究，发现混合式大学综合英语智慧课堂模式将课前准备、课堂活动以及课后实践通过线上、线下资源整合起来，实现双效互动并构建了一个智慧循环体系，有助于提升学生的阅读能力、自主学习能力和合作能力[1]。张晓松、杨琪等开展了基于数字化教学平台的大学英语分课型教学研究，发现通过建立实时、开放、交互的在线沟通渠道，教师能够积极引导和监控学生的学习情况，注意激发学生的学习兴趣和学习动机，促进学生自主学习能力和个性化发展[2]。张旸探索了网络环境下英语视听说一体化的新型听力教学模式，通过大学英语听说数字化教学平台，有效整合了英语视听说材料，使大学英语听说教学过程实现了网络化、自主化，为大学英语听力教学改革摸索出了一条新途径[3]。

3 听力课程混合式教学模式探究

在教育数字化的背景下，大学英语听力课程混合式教学模式的建构要充分考虑学生的学习主体地位，以"实现大学生的有效学习"为中心，并且以此来开展教学设计。

3.1 明确教学对象、教学目标和教学内容

按照教学安排，教学对象为大学一年级两个班的 96 名学生。教学目标主要为提升学生的听力水平，使其更好地应对期末以及大学英语四、六级考试。教学内容为《新标准大学英语视听说》第一册和大学英语四级听力训练题。

3.2 确定线上教学平台

由于平台是实行线上教学方式的直接影响因素，根据现状，初步确定 Unipus 校园智慧教学云平台和每日交作业微信小程序为线上教学平台。Unipus 平台上可完成课堂签到、教程学习、课堂互动（答疑、讨论）、在线测试、课后作业、教程学习时长监控以及评分统计等学习任务安排及管理，具有高效、便捷的特点。每日交作业小程序可以在手机微信端随时使用，也可以完成在线测试自动评分统计、提交课后作业等任务。通过这些平台，教师可以上传与课程内容相关的音频、视频，建立题库，组织在线测试，收集统计学生学习的数据，让学生在线进行自主学习、提交作业、开展讨论，教师也可以给学生答疑解惑等。

3.3 开展混合式教学实践活动

3.3.1 线上自主学习环节

线上自主学习环节以课前和课后的自主学习为主。教师按照学期计划，要求学生每两周完成 Unipus 平台上的一个单元的自主学习，教师将根据平台所记录的学习时长以及得分情况监督学生认真完成任务，动态调整教学要求。

3.3.2 线下教学环节

在每周一节的听力课上，教师可以安排限时测试，根据提交到每日交作业小程序上的数据统计分析学生听力学习中存在的问题，进行重点讲解。在每三周一次的语音室教学中，教师可以根据 Unipus 平台上学生完成任务的数据反馈，针对学生出现的错误内容进行重点讲解，以提问或测验的方式检查学生的学习情况。

3.3.3 线上 + 线下混合式教学评价

大学生英语听力的提升需要经历一个循序渐进的过程，需要进行反复巩固练习。教师既可以引导学生在课下进行传统的训练，又可以通过线上学习模块的建设，引导学生借助网络自主平台、手机 App 等开展课后自主学习。教师将根据学生线上和线下学习的综合表现进行统计评价，督促学生更好地学习，把过程性评价计入期末总评的平时成绩部分。在线上、线下教学环节实施过程中，教师可以收集、分析后台形成的数据，根据这些分析和统计结果，及时了解学生的学习状况，发现学生学习的薄弱环节，形成有针对性的指导，及时调整教学任务和教学策略。

4 结语

在数字化时代，针对大学英语听力课教学开展混合式教学对提高教学效果和学生学习体验具有重要意义。首先，数字教育使大学英语听力课课堂的教学资源不再单一，除传统的英语教材外，教师还可以在线获取大量数字化教辅资源。其次，数字教育有助于改革大学英语听力课教学模式。传统的课堂以线下教师讲授为主，但教育数字化使线上线下混合式英语教学成为现实，打破了时空局限。最后，利用数字化技术，教师可以统计学生学习表现的相关数据，有的放矢地针对不同学生的学习状态，制定个性化的辅导方式，激发学习者的学习兴趣和动力。

参考文献

［1］胡春华，吴丽环 . 教育数字化背景下的混合式大学综合英语智慧课堂创新转型［J］. 外语电化教学，2023（4）：32-37.

［2］张晓松，杨琪，董思思，等 . 基于数字化教学平台的大学英语分课型教学研究［J］. 哈尔滨职业技术学院学报，2017（3）：139-141.

［3］张旸 . 英语视听说一体化在网络环境下的新型听力教学模式研究［J］. 邢台学院学报，2018（1）：155-156.

数字化赋能大学英语课程思政的
实践路径探索①

吴　濛②

　　摘　要：本文以北京工商大学公共外语教学为例，探索梳理了《习近平谈治国理政》多语种数据库综合平台在大学英语课程思政中的实践路径，证明了数字化赋能大学英语课程思政教学的有效性。

　　关键词：《习近平谈治国理政》数据库；数字化赋能；课程思政；智慧课堂

　　课程思政是落实立德树人根本任务的战略举措，其建构理念与实践路径业已成为近年来外语教育领域备受关注的研究话题。与此同时，新时代背景下数字化技术快速发展，也给外语教育带来了新的机遇与挑战。本文以北京工商大学公共外语教学为例，梳理了《习近平谈治国理政》多语种数据库综合平台在大学英语课程思政中的实践路径。

————————

① 本文系北京工商大学教改项目"'互联网+'背景下大学英语智慧课堂的构建与研究"（项目号：JG225116）阶段性成果；本文系教育部产学合作协同育人项目"《综合英语读写》课程线上授课模式探索"（项目号：220903270192031）的阶段性成果。

② 吴濛，北京工商大学语言与传播学院副教授，主要研究方向为英语教学、英美文学。

1　大学英语课程的思政内涵

《大学英语教学指南（2020 版）》明确提出：大学英语教学应主动融入学校课程思政教学体系，使之在高等学校落实立德树人根本任务中发挥重要作用。《北京工商大学推进课程思政建设实施方案》（2019）也要求在教学中厚植理想信念教育、社会主义核心价值观教育、中华优秀传统文化、人文精神等。事实上，自课程思政理念正式提出以来，外语教育研究者不断探索课程思政与外语学科的融合路径，外语教师"努力挖掘外语思政元素，探索如何在教学过程中实施课程思政"。

2　语料库在大学英语课程思政中的应用

《习近平谈治国理政》自 2014 年发行以来，累计发行四卷，收录了习近平总书记的报告、讲话、演讲、批示等，是全面反映习近平新时代中国特色社会主义思想的权威著作。在此基础上，上海外国语大学语料库研究院胡开宝教授团队运用技术赋能国际传播，以《习近平谈治国理政》多语种版本为核心，建设《习近平谈治国理政》多语种数据库综合平台。北京工商大学于 2022 年 9 月引入该平台，配合开展"三进"工作。《习近平谈治国理政》多语种数据库综合平台涵盖了丰富的思政素材，借助语料库检索、词簇、搭配、翻译等功能，可以促进学习者语言水平的提升。

通过对语料库高频词语的对比解析，学生能够更好地理解词语内涵，产出更符合语境的译文。比如"思想"一词在语料库里有三种常见译法，分别是"thought"、"thinking"和"minds"。通过对比例句可以清楚地发现，"thought"强调已成体系的思考结果，因此"三个代表"重要思想被译为"the important thought of the Three Represents"；"thinking"强调思考的过程，因此"全党全社会思想上的团结更加统一"被译为"There is greater unity in thinking both within the Party and throughout society ."；"minds"通常是抽象的概念，强调"思维定势"，因此"解放思想"被译为"free their minds"。

通过对知识库中典故的分析和翻译，学生能够更好地理解中华文化，传播中国智慧。比如"行百里者半九十"的译文是"The last one tenth of the journey demands half the effort."，"学而不思则罔，思而不学则殆"的译文是"Reading without thinking makes one muddled; thinking without reading makes one flighty."。通过对比阅读源语文本和相应的英文译本，学生不仅能更深刻地领悟原文的含义，也能通过诵读更好地完成文化传播的使命，真正成为具有中国站位、国际视野的复合型语言人才。

通过对文献库的关键词搜索，教师可以链接与思政要素相关的文本文献、图片文献和视频文献，丰富课堂内外的思政内容。比如，2024 年 4 月，马英九再度访问大陆。在平台文献库里，可以很方便地搜索到相关音视频内容，比如中文报道"习言道 | 没有什么势力能把我们分开"（来源为中国新闻网）和英文报道"Xi: The Strait cannot sever kinship"（来源为 *China Daily*）。当教师讲述两岸同胞血脉相连的思政内容时，就可以让学生阅读相关素材，紧跟时事热点，起到良好效果。

3 数字化赋能大学英语课程思政的展望

信息化时代为外语教学提供了全新的学习方式和前所未有的丰富资源。信息技术如何赋能外语教育，实现外语教育与语言智能的有机融合，从而构建智慧外语教育体系，是值得不断思考的问题。北京工商大学大学英语课程将继续大力推进信息技术与课程教学的融合，在具体的课堂教学设计与实施过程中融入并合理使用信息技术元素。目前《大学英语（三）》已上线北京工商大学的课程思政教学资源库平台，团队将继续着力建设和使用微课、慕课，实施翻转课堂等混合式教学模式，实现外语课程思政"课前"与"课后"贯通、"线上"与"线下"结合的全方位育人模式。

新时代和新背景意味着新起点与新征程，大学英语教学因其工具性和人文性被赋予课程思政的全新使命。作为落实外语课程思政的"主力军"，外语教师需要与时俱进，主动提升信息素养，善用综合数据平台，系统挖掘思政元素，以融盐入水、润物无声的方式将其融入教学全过程，从而实现价值塑造、知识传授和能力培养的目标。

参考文献

［1］胡开宝，王晓莉.语言智能视域下外语教育的发展：问题与路径［J］.中国外语，2021，18（6）：4-9.

［2］张敬源，王娜.外语"课程思政"建设：内涵、原则与路径探析［J］.中国外语，2020（5）：15-20，29.

数字时代大学英语课堂
中华文化传播能力的培养

杨雪莹 [①]

摘　要：培养大学生中华文化传播能力已成为新时代背景下外语教育的又一重要目标。本文将通过设计大学英语教学中"讲述中国故事"的内嵌模块，探讨大学英语课堂对中华文化传播能力的培养。

关键词：中华文化传播能力；大学英语

1　中华文化传播能力

党的二十大报告提出，要着力加强国际传播能力建设，促进文明交流互鉴，加快构建中国话语和中国叙事体系，讲好中国故事，传播中国声音，展现可信、可爱、可敬的中国形象。语言作为文化的桥梁，是文化交流的重要载体，而文化对语言教育也有着不容忽视的隐性影响。在互联网成为文化交流舞台的今天，如何将用外语讲述中国故事的能力融入英语教学中，使互联网运用娴熟的大学生群体积极参与中华文化展示与传播的实践，是近年来外语教育面临的新课题。

[①] 杨雪莹，北京工商大学语言与传播学院讲师，主要研究方向为英语教学、跨文化交际。

文化传播并非"语言+内容"的简单叠加。中华文化传播能力包含认知和实践能力，即在拥有充分的语言能力、中华文化知识和跨文化交际意识的基础上，有意愿、有能力写作、讲述和演绎中国故事，将中华文化精髓通过数字媒体传递给世界。从数字时代的大学生个体跨文化传播角度看，讲好中国故事所需具备的数字化叙事能力包含叙事结构能力、叙事话语能力、跨文化意识及数字媒体素养[1]。

2 大学英语"讲述中国"内嵌模块教学设计

杨华为外语讲述中国能力的培养设计了包含"讲述中国"内嵌模块、跨文化课外实践及多元评价体系[2]的实践框架，并提出在内嵌模块中，"讲述中国"可根据课程内容调整其作为产出任务的比重。本文以《新标准大学英语综合教程（第二版）》第二册第四单元 Crime Watch 为例，在单元主题"犯罪"的基础上，通过教师引导、语言学习、故事筹备、数字化展示及跨文化师生共评设计"讲述中国"的单元内嵌模块。

在本单元中，教师从探讨身份盗窃手段入手，通过视听活动引申至互联网时代使用"AI换脸"实施的高科技犯罪，进而引导学生探讨互联网时代如何辩证看待"人工智能"利弊，学习"利与弊"相关语言表达的同时，鼓励学生深入挖掘中国的人工智能发展及国家打击网络高科技犯罪政策，引发学生辩证思考。

在产出环节，学生需根据任务要求制作 2~3 分钟的中国故事讲述短视频，包含构思主题、撰写脚本、视频拍摄等。教师在布置任务前需从叙述技巧、语言运用、跨文化意识三方面引导学生思考。教师需引导学生思考产出任务的情境、语用及话语对象，并与学生探讨产出任务的结构设计，同时不能忽略交际对象的跨文化属性。

讲好中国故事，不仅要讲好传统的历史文化故事，更要传承中华文化价值内核，要书写国家发展故事。要将中华传统文化内核与具有时代意义和中国特色的话题相结合，讲好古今中国故事，将文化传播能力培养落实到教学设计与实践中。关于本单元的内容，有三个视角贯穿中国故事讲述的产出任务。视角一：设置情境为留学生讲述中国传统哲学中"福祸相依""塞翁失马，焉知非福"等阐述利弊的文化典故，并阐释其中蕴含的中华文化哲思。视角二：学生搜索中国的人工智能在各领域发展成就的相关信息，选择典型案例进行事迹讲述。视角三：学生收集整理数据，并通过模拟新闻播报表达国家打击网络犯罪的决心。

3 文化传播能力培养体系建设

在将文化传播能力落实到教学设计的同时，人才培养目标、课程体系建设、教师素养提升等方面也需要协同发展，结合课程思政、思辨能力与跨文化传播能力的综合培养。在体系建设的同时，应给大学生提供更多机会，如赛教协同、文化系列故事专题展示等，使文化传播能力得到充分实践。同时，在评价体系的建立上，应使文化传播的受众从模拟走进现实，使大学生的中国故事讲述通过自媒体、社交网络等平台进行真正传播，使文化传播成果走出课堂，产生的跨文化交流与评价将更加真实且具有参考价值。

4 结语

数字时代下，应培养大学生的中华文化传播能力。大学生在讲述中国故事的实践中积累语言表达，增强跨文化意识，树立正确的世界观、人生观和价值观，积极调动文化传播主动性和情感共鸣去寻找、思考及内化中华文化内核，增强文化认同和文化自信，不只从中国的角度去看世界的风景，还能用世界的语言传播中国的故事，成为中国故事的见证者、讲述者和书写者，不断提高中华文化的影响力，推动中华文化更好地走向世界。

参考文献

［1］杨华.大学生外语数字化叙事能力的理论与实践研究：课程思政的新探索［J］.
外语教育研究前沿，2021，4（4）：10–17，91.

［2］杨华.我国高校外语课程思政实践的探索研究：以大学生"外语讲述中国"为
例［J］.外语界，2021（2）：10–17.

图式理论视域下大学英语阅读教学实践研究
——以《新标准大学英语综合教程2》为例

范惠璇 [①]

摘　要：阅读是人类获取信息的主要途径，阅读教学更是外语教学的重要组成部分。图式理论应用于阅读过程，有利于激活已有概念、重组整合新知识。文章以《新标准大学英语综合教程2》（以下简称《综2》）为例，探讨了图式理论在大学英语阅读教学中的实践形式。

关键词：图式理论；大学英语；阅读教学

阅读是语言学习的基本技能之一，英语阅读教学多注重英语语言知识层面的输入。将图示理论引入阅读过程，能够使学生对文本的解读不再流于字面，为英语阅读教学提供新思路。

1　图式理论简述

图式（schema）一词源于哲学。德国哲学家康德指出，"图式"是人们分析和识别外界事物的一种认知结构，是具体事物的抽象化[1]。随后，英国心理学

---

① 范惠璇，女，北京工商大学语言与传播学院讲师，主要研究方向为外国语言学及应用语言学、英语教学。

家巴特莱特在分析人类记忆机制时进一步提出，过去的经验以图式形式储存于人脑，并在后期接触类似信息时被激活，促进对新信息的吸收贮存[2]。

图式理论在语言研究中的应用主要集中在阅读理解领域，强调读者先前的知识（即背景知识）和已有的认知模式（即图式）对理解当前文本的重要作用。阅读理解是读者结合自身背景知识、运用图式对文本信息主动思考的一种交互过程。在交互过程中，图式又细分为语言图式、内容图式和形式图式。语言图式指特定语言的基础知识和使用规则，如词汇、句法、语法和语音规则等语言知识；内容图式指文本涉及的主题、专业和文化等领域的背景知识，如社会生活、学科专业和民俗民风等方面；形式图式指文章体裁、修辞手法和篇章结构等方面的知识[3]。在阅读过程中，除了直接提取文本信息，读者通过调动不同图式还可以实现对文本的二次加工，知识迁移与转化由此产生。

2 基于图式理论的大学英语阅读教学

第一，加强完善词汇、语法知识，夯实扩容语言图式基础。作为语篇构成的基本要素，单词和句子的学习在阅读教学中应置于首要地位。在大学本科阶段，鉴于学生已具备一定英语基础知识，当以学生自主学习为主、教师点拨为辅，加大词汇、语法的输入。其中，词汇量的扩充可按主题分类、以语义地图的形式铺展。笔者在讲授《综2》第一单元 College Culture 时，以主题词 college 为线索，引导学生结合自身体验拓展词汇地图，从而唤醒有关 college life 的大量语言图式。同时，注重对词根词缀和构词法的讲解，为日后解构新信息、推测语义做好语言图式的储备。

第二，采用多模态教学模式，补全并丰富内容图式。受文化差异、社会阅历有限和受教育程度不同等现实因素的影响，学生关于阅读文本的主题、专业等背景知识仍存在不同程度的认知盲区。在阅读教学过程中，教师可利用图文、音视频等多模态形式，充分调动学生多重感官，激活其以往在生活中积累的内容图式，补充缺失的文化背景知识。笔者在讲授《综2》第三单元 Sporting Life 时，鼓励学生在课后进行体育锻炼并录制"一日运动 vlog"；由于该单元课文涉及足球比赛及其专业术语，邀请有比赛经验的同学担当解说员，以经典足球赛事片段为蓝本，设计创意解说词。通过多模态教学模式激活内容图式，学生不仅巩固了原有认知，也对新知识、新图式产生了好奇心和求知欲。

第三，鉴赏多类型阅读素材，强化形式图式积累。在阅读选材过程中，教师应合理安排不同文体的比较性学习，使学生对各类体裁的语篇结构形成系统化认识。笔者在设计《综 2》教学计划时，打破教材原始顺序，按照描写文、议论文、说明文、记叙文的次序交替讲解英语基本文体，尤其是文章结构和表述形式上的差异。此外，延伸学习经典著作 How to Read A Book，使学生对想象文学、戏剧与诗、历史著作、哲学书籍和社会科学文献的写作风格形成初步认识，为预测、推断同类型语篇逻辑构建形式图式[4]。

3　结语

图式理论指导下的阅读理解强调新旧信息之间的交互作用，激活已有图式加速了对文本信息的解码，而吸纳新知识则重构了认知模型。语言图式和内容图式从语言基础知识和文化背景角度帮助学生自下而上理解文章特定信息，形式图式则有利于自上而下预测行文逻辑和篇章结构。多角度、多层次图式相互作用、相辅相成，协同推进学生对文本构筑更全面、深刻的认识。

参考文献

［1］康德.纯粹理性批判［M］.韩林合，译.北京：商务印书馆，2022：176-182.

［2］李金鑫，齐聪.基于图式理论的英语阅读教学研究述评［J］.教育观察，2022（11）：75-78.

［3］王寅.认知语言学［M］.上海：上海外语教育出版社，2006：172-175.

［4］艾德勒，范多伦.如何阅读一本书［M］.郝明义，朱衣，译.北京：商务印书馆，2014：169-250.

外语课程思政理念下的
大学英语视听说思政教学设计

董　玥①

摘　要："大思政"背景下，外语课程思政有机融入大学英语课堂教学是应有之义。教师应具备较强的课程思政教学能力，善于挖掘思政元素，巧妙设计课堂活动，在传授英语知识和技能的同时引导学生树立正确的价值观。本文以英语视听说课程为例，选取教材单元中的一个教学模块，分析如何在外语课程思政理念指导下开展思政教学设计。

关键词：外语课程思政；英语视听说；思政教学设计；课堂教学

1　引言

"大思政"背景下，外语教学在高等学校落实立德树人根本任务中发挥着重要作用，将课程思政理念有机融入外语课堂教学是外语教师的责任与使命。外语课程思政的重点是"思政"育人[1]。从课堂教学角度来看，外语课程思政是指外语教师将立德树人的理念有机融入课堂教学，引导学生塑造正

---

① 董玥，女，北京工商大学语言与传播学院讲师，主要研究方向为外语教学、汉英口笔译。

确的世界观、人生观和价值观[2]。本文聚集外语课程思政理念下的教学设计，以《新目标大学英语系列教材（第二版）视听说教程2》Unit 8的一个模块为例，阐述教师如何在挖掘思政元素的基础上开展教学设计。

2 外语课程思政理念下的教学设计

教学设计是做好外语课程思政的实践抓手[3]。这要求外语教师具备较强的课程思政教学能力，主要体现在"挖掘"和"设计"两个方面[4]。首先，教师在正确理解教学目标的基础上，深入挖掘教材主题中蕴含的思政元素，可适当补充思政教学素材，更好地进行价值引领和升华。其次，教师围绕思政主题开展教学设计，通过有效提问和教学活动将价值观引导寓知识传授和能力培养之中。需要明确的是，教学目标中的知识目标和能力目标是显性目标，思政育人目标是隐性目标，因此教师不需要在讲授英语知识和技能时明确告诉学生隐性目标的内容，而要尽可能地将思政育人目标有机融入教学全过程，通过搭建脚手架，使学生在无形之中感受到价值引领的力量[5]。

3 外语课程思政理念下的大学英语视听说思政教学设计

大学英语视听说课程侧重培养学生的听力和口语能力，学生通过"听中国""看中国""听世界""看世界"，逐渐"更懂中国""更知世界"；为今后与外国友人进行跨文化交流、向世界传递中国声音、讲好中国故事打下扎实基础。然而，在"大思政"背景下，英语视听说课程思政改革仍存在以语言知识讲授和听力技能训练为主、未能有效将思政元素融入课堂教学的问题[6]。基于此，本文以《新目标大学英语系列教材（第二版）视听说教程2》Unit 8 "The beauty of cultural diversity"（文化多样性之美）中的模块 "Eastern painting and western painting"（东西方绘画）为例，分析如何在外语课程思政理念指导下开展思政教学设计。

3.1 教学素材与教学目标

本模块的教学素材是一则介绍东西方绘画风格特点的视频（时长 2 分钟）。笔者基于原视频内容将其分为两部分（见表 1），并确定了教学目标（见表 2）。

表 1　视频主题

Part 1	介绍并对比东西方绘画风格的特点与差异
Part 2	以西方画家 Toulouse-Lautrec 为例，介绍他受到日本绘画风格影响而创作的作品

表 2　教学目标

显性目标	知识目标	运用绘画主题词汇描述东西方绘画风格的特点与差异
	能力目标	通过信号词（signal words）捕捉重要信息
隐性目标	育人目标	尊重文化多样性，欣赏文化多样性之美； 热爱中华优秀传统文化，增强中华文化自信

3.2 思政元素挖掘

在视频 Part 2 中，说话人以 "However, this painting, also created by Toulouse-Lautrec, was inspired by Japanese prints." 引出西方画家 Toulouse-Lautrec，随后介绍他受到日本绘画风格影响而创作的作品。本句话中的信号词 "however" 属于能力目标，教师在实际教学过程中要引导学生关注该信号词传递的信息。同时，本句话还可作为教师挖掘思政元素的切入点，引导学生思考是否有西方画家曾受到中国绘画风格的影响；如果确有这样的西方画家，那么他是如何受到中国绘画影响的，是否有代表作可以体现这种影响。通过阅读文献和查阅资料，笔者发现 20 世纪著名画家毕加索曾深受中国水墨画的影响，其晚年的作品《戴帽子的男人》有着明显的中国水墨画特色[7]。基于此，笔者搜索英文视频，希望把毕加索的故事作为本模块的思政补充内容；最终找到一则相关视频，经过剪辑将视频素材命名为 "Pablo Picasso was inspired by

Qi Baishi"。该视频讲述了毕加索受到同时代中国著名画家齐白石绘画风格影响的故事，展现了毕加索对中国水墨工具的称赞与喜爱。在此基础上，笔者进一步开展思政教学设计。

3.3 思政教学设计

首先，笔者根据 Part 2 设计了课堂讨论问题："Is there any Western style painter who was influenced by Chinese painters or painting techniques?"。该问题将引导学生思考是否有西方画家曾受到中国绘画风格的影响，学生将围绕该问题进行课堂讨论。考虑到实际课堂中学生会给出不同反馈，为更好地推进授课进程，笔者设想了两种场景及应对策略。场景一：学生在讨论后仍无法给出答案，教师将以提供线索让学生猜测的方式引出西方画家毕加索。场景二：学生了解毕加索或其他受到中国绘画风格影响的西方画家，教师先请学生分享，然后介绍毕加索。

此环节后，笔者播放补充视频资源，帮助学生进一步了解毕加索受到齐白石绘画风格影响的故事；运用幻灯片展示毕加索晚年用中国水墨工具创作的《戴帽子的男人》，进一步引导学生感受毕加索对中国水墨画的欣赏和喜爱。

最后，笔者总结和升华主题：毕加索被齐白石的绘画风格深深吸引，由此爱上中国水墨画，甚至晚年创作了带有中国水墨风格的画作，这正是"西方遇见东方"的独特魅力，也是"各美其美，美人之美，美美与共，天下大同"的生动体现。这样的设计不仅最终落脚到单元主题"文化多样性之美"，而且非常自然地向学生展现了中华优秀传统文化之美，有利于学生增强中华文化自信。

4 结语

本文在外语课程思政理念指导下，阐释了对所选教材单元模块的思政元素挖掘过程和教学设计过程。外语课程思政建设要求外语教师具备较强的课程思政教学能力，善于挖掘教学素材中蕴含的思政元素，通过设计教学活动把知识传授、能力培养和价值塑造融为一体，能够对思政教学设计进行反复打磨和完善，不断提升思政教学素质与能力，为高等教育落实立德树人根本任务做出应有贡献。

参考文献

［1］张敬源，王娜.外语"课程思政"建设：内涵、原则与路径探析［J］.中国外语，2020，17（5）：15-20.

［2］文秋芳.大学外语课程思政的内涵和实施框架［J］.中国外语，2021，18（2）：47-52.

［3］胡杰辉.外语课程思政视角下的教学设计研究［J］.中国外语，2021，18（2）：53-59.

［4］何莲珍.从教材入手落实大学外语课程思政［J］.外语教育研究前沿，2022，5（2）：18-22.

［5］文秋芳.大学外语课程思政的内涵和实施框架［J］.中国外语，2021，18（2）：47-52.

［6］杜洪晴，潘冬.布鲁姆教育目标分类理论下英语视听说课程思政教学设计［J］.牡丹江教育学院学报，2021（10）：48-51.

［7］艾山.齐白石与毕加索的绘画艺术比较［J］.美与时代（中），2017（12）：29-30.

外语听力考试系统在实践中的应用
——以北京工商大学为例

王晓薇 [①]

摘　要：听力考试是大学英语四、六级考试中的一项重要内容，听力考试系统是大学英语四、六级考试的必要基础设施，对学校顺利组织考试有着十分重要的意义。本文论述了北京工商大学听力考试系统在实践中的应用，深入分析了各种听力考试系统的特点及实际使用的效果，为今后的改造工作提供借鉴。

关键词：大学英语；听力考试系统；应用

在当今大学英语四、六级考试中，听力部分所占分值已经达到总分值的35%，如果考生听力部分失分严重，对考试成绩影响巨大。因此，各高校对听力考试都高度重视。如何有效提高四、六级听力考试系统的方便性、实用性和易管理性，是教育信息化工作者需要面对的重要课题。

目前各高校用于听力考试的系统主要有以下几种：无线音频听力系统、无线调频听力系统、红外无线听力系统、有线广播听力系统。北京工商大学在不同时期采用过这四种系统，下面就逐一对比各系统的特点及实际使用

---

① 王晓薇，女，北京工商大学语言与传播学院，实验师，主要研究方向为外语电化教学。

效果。

1　无线听力音频系统

北京工商大学早期采取的无线听力音频系统由音频发射系统和音频接收系统组成，利用电磁感应原理，采用在多个教室环绕布线的方式[1]。

无线听力音频系统的优点：没有外部杂音干扰，延迟时间很短，使用操作简单。播放端放音员只要负责调整放音音源设备（如录音机、CD 机或电脑）的输出音量大小，使功放的输入和输出的信号不要过载失真即可。接收端学生只需打开无线耳机开关，在环线考场内将功能档位调至校台 AF 档即可收到听力考试内容。

无线听力音频系统的不足之处：由于要在各个教室布置完整闭环的音频线路，因此它只适用于独栋楼宇，线路不宜过长，否则施工难度大。系统信号容易受到强电设备低频信号及考场内外移动式电子产品干扰。实际应用中，在教室墙壁上配电箱周边区域和电梯周围考场的人都会在接收耳机里听到噪声。此外该系统对音频文件质量本身也有一定的要求，尤其是自行编辑制作的听力考题，要求比特率最低为 128K，这样才能保证播放音质清晰不失真。

2　无线调频听力系统

北京工商大学 2016 年在文体馆架设了无线调频听力系统用于全校千人大考。该系统由发射天线、发射机和播放音源（卡座、CD 及电脑）组成。发射天线架设在文体馆楼顶。设计采用调频 FM 频率为 81.2 MHz，有效半径为 2km，能够覆盖整个文体馆考场及周边区域。

无线调频听力系统的优点：播放端放音员只需根据输出指示调整音量大小，操作简单，便于维护。学生只要在有效的收听范围内打开无线耳机并调节频率到 81.2 MHz，就能很清晰地收听到考试内容。

无线调频听力系统的不足之处：无线调频听力系统受电信管控限制，必须经过相关部门获批方能架设。播放听力内容偶有串台现象。学生使用耳机需要调整到固定频点，偶有耳机发生频点不准、漂移造成无法收听的现象。由于天线覆盖区域都能收到信号，因此容易造成考试内容外泄，存在泄密风险。

3 红外无线听力系统

北京工商大学 2022 年在两校区多栋教学楼宇架设了红外无线听力系统。该系统主要通过安装在各个教室前面或者后面独立的红外辐射终端将信号以红外线方式发射出去，直线传播距离可达 30 米。红外辐射区域内都可以清晰地听到考试内容。学生用红外耳机来接收红外终端发射的信号。

红外无线听力系统的优点：红外传输保密性强，抗干扰性强，不存在频率干扰等问题。由于红外线不能穿透墙壁，因此信号辐射范围仅限于教室内，红外接收耳机也只在教室内才可接收，可以防止考场听力考题的泄密现象[1]。

红外无线听力系统的不足之处：传输距离短，要求通信设备的位置相对固定，红外指向性非常高。如果红外信号覆盖区域存在遮挡，接收耳机会产生严重的杂音。在北京工商大学考前试音时，个别阶梯教室两侧墙壁安装的大屏幕显示器遮挡了部分红外信号，使得该区域下方多个学生考位受到严重影响。针对上述情况，在布置考场的时候要避开上述区域，并且还针对性地制定了考场规则：在听力考试期间，严禁监考老师在考场中巡视以免遮挡红外信号。此外还要提醒考生，头带红外耳机不要戴在脑后，应戴在头顶，使红外接收端尽量朝向红外信号发射器方向，避免接收效果不佳。

4 有线广播听力系统

北京工商大学 2017 年在阜成路校区教三楼架设了有线广播听力系统，避免学生考试过程中无线耳机发生故障而无法正常收听考题。该系统与无线听力音频系统相配合，采用同一音源，在考试过程中若耳机出现故障，考生只需摘下耳机就可以无缝对接收听到广播系统播放的听力考题，实现了听力考试双重保障。

该系统根据教室大小和结构设计成三种架设方案，在教室内屋顶相应的位置安装不同功率的喇叭，使得房间内声场均匀，各个位置声音清晰，音量大小相同。教室后排不会因音量信号衰减和回声反射而导致声音不清晰。该系统唯一不足是如果音量过大，会干扰到其他考场。

5 结语

大学英语四、六级考试历经多年的改革和发展，随着社会对人才需求的不断变化，大学英语的教学内容、评价体系不断发生变革，听力考试系统是这个过程中不可或缺的组成部分。在这个改革过程中，北京工商大学充分利用新技术探索适合听力考试的新模式，提高听力考试的质量和效果，更好地服务于大学英语教学。

参考文献

［1］柯家海.基于红外线无线传输的大学英语四、六级听力考试系统构建和应用［J］.江苏科技信息.应用技术，2020（8）：57–60.

西班牙语教学中商务文化的
融入路径分析 ①

肖云逸 ②

摘　要：在全球经济一体化的背景下，西班牙语在国际商务交流中的重要性日益凸显。本文深入探讨商务文化在西班牙语教学中的现状，提出商务文化融入西班牙语教学的路径。通过课程体系构建、教学资料选择与实践环节设计以及文化氛围的塑造，学生能够更好地理解语言对象国的商务文化，提升其在国际商务工作中的竞争力。

关键词：西班牙语教学；商务文化；全球化

在全球化浪潮下，国际贸易活动日益频繁，西班牙语因其广泛的使用范围，在商务交流中的作用愈发重要。商务文化作为连接语言与商务实践的桥梁，在国际贸易中发挥着至关重要的作用。在竞争激烈的国际商务环境中，学生不仅要有扎实的语言基础，还需深入理解和把握商务礼仪、跨文化交流

---

① 本文系北京工商大学教改项目"新文科建设视阈下西班牙语专业校本特色课程体系化改革探究与实践"（项目号：jg225218）的阶段性成果。

② 肖云逸，女，北京工商大学语言与传播学院讲师，主要研究方向为西班牙语笔译、西班牙语教学、跨文化研究。

等商务文化要素。因此，在西班牙语教学中强化商务文化元素的融入具有深远的现实意义。

1 商务文化在西班牙语教学中的现状分析

当前，高校西班牙语教学主要分为基础语言技能训练和专业方向深化两个阶段。在第二阶段，学生开始接触商务、国情、文学等专业领域知识。这种模式在培养学生语言能力方面卓有成效，但在专业方向深化方面仍存在不足，在商务文化领域尤为突出。一方面，虽然商务类课程在内容上涵盖了语言对象国的经济发展情况和经贸文章阅读与撰写等方面，但商务文化的融入往往被忽视，导致学生缺乏必要的商务文化知识，难以深入理解商务活动的文化内涵。另一方面，部分教师对于商务文化的认识不够深入，缺乏相关的教学经验和资源，这也制约了商务文化在西班牙语教学中的有效融入。

2 西班牙语教学中商务文化的融入路径探索

2.1 课程体系构建

应构建完善的课程体系，将商务文化融入西班牙语教学的全过程。在课程设置上，除了商务类专业课程外，还应在大一、大二的基础语言技能课程中适当融入一些商务文化元素，同时增设国际商务礼仪、跨文化商务沟通等公共必修课程，以帮助学生系统地了解和学习商务文化知识。另外，还应注重课程之间的衔接和互补，形成有机的教学体系。

2.2 教学资料选择与实践环节设计

在教学资料选择方面，应选择包含一定商务文化知识的教材作为西班牙语商务类课程的教材。同时，通过商务情景对话学习、商务礼仪文章阅读等方式，将商务文化元素自然融入基础语言技能课程。还应结合实际情况，在授课过程中加入实践环节，组织学生模拟商务谈判、商务场景角色扮演等，融入真实案例，丰富教学内容，实现从理论到实践的转化。

2.3 文化氛围塑造

文化氛围塑造也是商务文化融入西班牙语教学的重要途径。可通过举办商务文化知识竞赛、商务谈判模拟比赛等活动，以赛促学，营造浓厚商务文化氛围，激发学生的学习兴趣和热情。也可邀请国内外专家学者来校举办讲座或指导，为学生提供更广阔的知识视野。还可以通过校企合作、课外实习等方式，为学生提供更多的实践机会，让他们在实践中深化对商务文化的理解和应用。

3 商务文化融入西班牙语教学的挑战与对策

针对教师商务文化知识缺乏的问题，应加强教师培训，提升教师的商务文化素养和教学能力。鼓励教师提升学历、参与国际交流项目，拓宽国际视野。同时可以建立教师交流机制，促进教师间的经验交流和资源共享。针对教学资料不足、相关教材缺乏等问题，应充分利用现代信息技术手段，整合优质教学资源，构建数字化教学平台。通过线上线下相结合的方式，为学生提供多样化的学习途径和资源支持。

4 结语

商务文化的融入对于提升西班牙语教学质量和培养国际化人才具有重要意义。通过构建完善的课程体系、选择适宜的教学资料、设计实践环节以及营造文化氛围等措施，可以有效实现商务文化在西班牙语教学中的融入，为学生的全面发展和国际商务交流能力的提升奠定坚实基础。

参考文献

［1］谭莉.商务英语教学与商务文化意识的培养路径研究［J］.吉林广播电视大学学报，2023（1）：149–151.

新闻篇章中涨跌用语探究

陆 敏[①] 王 淳[②]

摘 要：就有效理解和掌握新闻篇章来讲，词汇的重要性一向毋庸置疑。商务新闻在描述价格、市场等出现各种变化时，经常会使用丰富的专业词汇来形容涨跌程度。只有对相关词汇进行积累，才能精准把握和准确翻译。基于此，笔者拟结合新闻，对涨跌用语进行实例分析。

关键词：词汇；涨；跌；实例分析

词汇是语言的基石，是构成语言的基本单位。Wilkins 曾说过："Without grammar very little can be conveyed；without vocabulary nothing can be conveyed."[1]。涨跌用语表达一向是商务篇章理解的难点，怎样精准理解和把握是学习者非常关心的问题。基于此，笔者拟对商务文章在描述价格、市场等出现各种涨跌变化时所使用的词汇进行实例分析。

1 "涨"与"暴涨"

在表达价格上涨时，学习者多使用 rise in price、price increase 等常见的

---

① 陆敏，女，北京工商大学语言与传播学院讲师。

② 王淳，女，北京物资学院外国语言与文化学院商务英语2021级本科生。

表达，因为没有积累，用词匮乏。通过大量阅读和分类整理，我们会发现涨跌用词非常丰富。

例1：As Chinese NEV exports gain momentum, the industry is struggling with a shortage of vessels, which has resulted in *price hikes* for international shipping.

译文：由于中国的新能源车出口势头强劲，该行业正在努力解决船只短缺的问题，这导致了国际航运价格的上涨。

例2：As the price *climbed* from $68 to $85, China's economy would suffer a 0.9 percentage point loss.

译文：随着价格从68美元攀升至85美元，中国经济会遭受0.9个百分点的损失。

例3：With the economy growing, and with pay raises and *inflated prices*, large red envelopes are the trend.

译文：随着经济增长、薪酬提高和物价上涨，（包）大红包是个趋势。

以下用词则更好地反映了价格上涨的程度。

例4：The share initially *spurted* to a 12-month high of 128.5p.

译文：该股从一开始就飙升至12个月的高点，128.5便士。

例5：Range-extended vehicles saw their sales *skyrocket* from 30,000 units to 690,000 in the same period.

译文：同一时期增程式汽车的销量从3万辆跃升至69万辆。

例6：Alibaba's HK-listed shares *soared* 5.5 percent as trading commenced at 9:30 am Monday.

译文：从周一上午9:30开始交易后阿里巴巴香港上市的股价飙升了5.5%。

例7：On Aug 7 Musk announced on Twitter he wanted to take Tesla private at $420 a share, causing the stock price to *jump*.

译文：马斯克8月7日在推特宣布他想将特斯拉私有化，价格为420美金/股，这使得股价暴涨。

例 8：Driven by the average 7.08 percent *price spike* of A-share SOEs on Thursday，the A-share market rebounded strongly with the benchmark Shanghai Composite Index *surging* 3.03 percent to return to the 2,900-point level.

译文：周四在国企 A 股股价平均飙升 7.08% 的驱动下，A 股市场强势反弹，基准上证综指飙升 3.03%，重返 2 900 点。

2 "跌"与"暴跌"

同理，表达价格下跌的词也不只有 fall、decrease 等，而暴跌也不只限于用此类动词与 dramatically、largely 等副词的修饰来表现。

例 9：The factory-gate prices *declined* at a slower pace.

译文：出厂价下降速度较慢。

例 10：The Nasdaq Composite Index *pulled back* 344.94 points，or 4.70 percent，to 6，989.84.

译文：纳斯达克综合指数回落 344.94 点，跌幅 4.70%，收于 6 989.84 点。

例 11：West Texas Intermediate for May delivery *shed* $55.9 to settle at-$37.63 a barrel，a decline of nearly 306 percent.

译文：5 月交割的 WTI 原油下跌 55.9 美元，收于每桶 -37.63 美元，跌幅近 306%。

例 12：Wall Street *sank* in another volatile session on Wednesday with the Dow *falling to a three-year low*.

译文：华尔街股市周三再次上演过山车行情，暴跌收场，道琼斯工业指数跌至三年新低。

例 13：The country's CPI，a main gauge of inflation，*dropped* by 0.8 percent year-on-year in January.

译文：该国的消费者物价指数，即衡量通货膨胀的主要指标，一月份同比下降 0.8 %。

例 14：The S&P 500 *tumbled* 7 percent in the early afternoon，triggering a key circuit breaker that halted trading for 15 minutes.

译文：标普 500 指数午后早盘大跌 7%，触发一级熔断，导致交易停止 15 分钟。

例 15：The Nasdaq-listed Chinese coffee chain，Luckin Coffee Inc，saw its share price *crash* more than 75 percent to \$6.40 on Thursday.

译文：纳斯达克上市的中国咖啡连锁店——瑞幸咖啡，股价暴跌 75% 以上，至 6.40 美元。

例 16：The 30-stock index *cratered* more than 2,300 points at session lows.

译文：30 个股指在盘中低点下挫 2 300 多点。

例 17：He believes the value of US office buildings will *plunge* 40 percent by 2029.

译文：他认为美国写字楼的房价到 2029 年将暴跌 40%。

例 18：Palestine's GDP will *plummet* by 8.4 percent.

译文：巴勒斯坦的 GDP 将暴跌 8.4％。

受篇幅所限，本文稍列一二，好的涨跌用词远不止这些。只有不断地积累，才能达到精准理解与表达。

参考文献

［1］WILKINS D A.Linguistics in language teaching［M］.Cambridge，MA：MIT Press，1972.

综合英语课程的思辨育人

赖 花[①]

摘 要：在新时代外语类专业全人教育背景下，思辨育人是对外语类专业课程教学的要求，也是对课程教学的指导。综合英语课程以修订版布卢姆教育目标分类学的认知过程纬度分类为基础设计教学活动，启发学生探究，引导学生参与合作，搭建从低阶到高阶的思维能力训练养成路径，将思辨育人有机融入人文教育。

关键词：思辨；英语教学；认知；教育目标分类

1 引言

新时代的外语类专业教育强调能力、知识与人格塑造相结合的全人教育，思辨育人是其中重要的一环。教育部颁布的《普通高等学校本科专业类教学质量国家标准（上）》和《高等学校本科外国语言文学类专业教学指南（上）英语类专业教学指南》明确了外语类专业本科生培养的素质、知识和能力要求，指出思辨能力为"勤学好问，尊重事实，理性判断，公正评价，敏于探究，持之以恒地追求真理；能对证据、概念、方法、标准、背景等要

---

① 赖花，北京工商大学语言与传播学院讲师，主要研究方向为英语教学。

素进行阐述、分析、评价、推理与解释；能自觉反思和调节自己的思维过程"[1][2]。全人教育背景下的思辨育人既是对外语类专业课程教学的要求，也是对课程教学的指导。综合英语是北京工商大学商务英语专业一年级本科生的专业必修课程。为克服学生思辨能力发展不足和该课程人文教育性强但思辨育人相对弱等问题，课程教学实践中以修订版布卢姆教育目标分类学的认知过程纬度分类为基础，有机融入思辨育人，培养学生良好的思辨能力。

2　课程思辨育人的理论基础

布卢姆教育目标分类学最初由美国教育心理家本杰明·S.布卢姆（Benjamin S. Bloom）提出，将教学目标划分为认知、情感和动作技能三个领域，其中认知领域的教育目标包含知识、理解、运用、分析、综合和评价六类。之后洛林·W.安德森（Lorin W. Anderson）等人修订了该分类法，从认知过程纬度将教育目标修订为记忆、理解、运用、分析、评价和创造六类[3]。

修订版的布卢姆教育目标分类学的认知过程纬度分类法（以下简称"修订版布卢姆分类法"）为解决综合英语课程思政育人所面临的问题提供了理论依据和指导。首先，一年级本科生习惯于高考应考式英语学习，满足于记忆、理解和初级的运用，在分析、评价和创造方面发展不足。其次，综合英语课程传统上是侧重夯实学生语言能力的核心课程，存在思辨能力培养不够突出的问题。面对学生高阶思维能力发展不足和课程思辨育人不突出的问题，修订版布卢姆分类法构建了从低阶到高阶的思维能力结构模型，为科学培养和发展学生的思辨能力、实施思辨育人提供了理论支撑和教学设计的框架。

3　课程思辨育人的教学设计

以修订版布卢姆分类法为基础，综合英语课程依据每个单元的教学内容和主题，遵循从低阶到高阶的思维能力发展路径设计教学活动，将思辨育人贯穿于每个单元的教学。同时，以活动推动学生参与、探究为依托加强高阶思维能力的引导和训练，促成指向高阶思维的学习产出，实现思辨育人的目标。现阶段，课程指向高阶思维能力发展的思辨育人主要采取以下三种教学设计：

一是以大纲、思维导图或图表引导。如学习短篇间谍小说《午夜访客》（*The Midnight Visitor*）时，学生两人一组填写故事图表中的情节要点和故事主题。这要求学生在记忆、理解故事内容的基础上对故事内容进行分析、提炼、总结，深入思考。同时比较和反思课文中人物刻画的方法，结合故事的意外结局进行评价。最后要求学生续写包含反转的故事结局，并在课上表演。该单元的教学设计以图表大纲为依托，搭建起从记忆、理解到运用、分析、评价再到创造的思维发展路径，在课文人文教育中融合思辨育人。类似的设计也可以应用到议论文的结构分析、论证、论点讨论和个人分析评价中。

二是以相关理论引导探究。如学习美国文学教授在开学典礼上的演讲《又是一个新学年——为什么上大学？》（*Another School Year——What for？* ）时，介绍亚里士多德的修辞三角理论，要求学生借助该理论模型对演讲进行分析和评价，最后形成自己对于大学教育的作用的口头或书面表达。

三是以课堂口语活动促成。如学习美国空难新闻特写《水中人》（*The Man in the Water*）时，要求学生在熟悉课文和观看空难纪录片的基础上，以空难亲历者的身份参加新闻访谈节目。这个小组活动同样贯通了从记忆、理解到运用、分析、评价再到创造的思维发展路径。此外，常见的口语活动有演讲、辩论、换人称复述故事概要、课本剧表演、小组汇报单元学习总结与反思等。

4 结语

《中国教育现代化2035》要求教育创新人才培养方式，"推行启发式、探究式、参与式、合作式等教学方式"，以培养学生创新精神与实践能力[4]。

这同样反映出教育现代化对思辨育人的要求，特别是对高阶思维能力培养的要求。综合英语课程以修订版布卢姆分类法为框架设计课堂教学活动，启发学生探究，引导学生参与合作，将思辨育人有机融入人文教育。这在实际的课程教学中，既能较好地激发学生学习探索的兴趣，使其理解掌握课程教学内容，也较有效地搭建起从低阶到高阶的学生思辨能力训练养成路径，促进学生思辨能力的发展，解决以前课程教学思辨育人不突出和学生思辨能力培养不足的问题。

参考文献

［1］教育部高等学校教学指导委员会．普通高等学校本科专业类教学质量国家标准（上）［M］．北京：高等教育出版社，2018.

［2］教育部高等学校教学指导委员会，英语专业指导分委员会．普通高等学校本科外国语言文学类专业教学指南（上）英语类专业教学指南［M］．北京：外语教学与研究出版社，2020.

［3］安德森，等．布卢姆教育目标分类学：分类学视野下的学与教及其测评（修订版）［M］．北京：外语教学与研究出版社，2009.

［4］中共中央、国务院印发《中国教育现代化 2035》［EB/OL］．（2019-02-23）［2024-04-22］．https：//www.gov.cn/zhengce/2019-02/23/content_5367987.htm.

翻译和语言学类

《仲夏夜之梦》女主人公
语言文体风格简析

全凤霞[①]

摘　要：本文将提取出戏剧《仲夏夜之梦》中与女主人公有关的代表性戏剧场景，以原文呈现她的交际表现和交际语言，以细腻的笔触分析女主人公的话语，探讨其话语的文体特点。本文将重点关注女主人公在不同的场合所使用的语言在音韵、节奏、句法、重音、语气等文体风格要素方面的特点，从而捕捉和欣赏其语言细节变化所产生的戏剧效果，挖掘女主人公的语言所蕴含的独特的美学价值，即剧作者创造的语言变异美。

关键词：《仲夏夜之梦》；文体；节奏

1　引言

《仲夏夜之梦》是英国文艺复兴时期剧作家威廉·莎士比亚的代表作之一，是一部爱情喜剧，主要描写四个年轻人的爱情纠葛。故事的展开地点主

---

① 全凤霞，女，北京工商大学语言与传播学院副教授，主要研究方向为英美文学，主攻莎士比亚戏剧。

要是雅典郊外的绿色丛林。在剧中，美丽的姑娘赫米亚（Hermia）与青年拉山德（Lysander）倾心相爱。为抵抗包办婚姻，赫米亚和拉山德私奔到雅典郊外的森林之中。接着，追求赫米亚的年轻小伙狄米特律斯（Demetrius）以及追恋狄米特律斯的美丽姑娘海丽娜（Helina）也来到森林之中，在林中仙王仙后的拨弄下，一场爱情喜剧在森林之中展开了。

本文将提取出剧中与女主人公赫米亚有关的代表性戏剧场景，以原文呈现她的交际表现和交际语言，以细腻的笔触分析女主人公的话语，探讨其话语的文体特点。本文将重点关注女主人公在不同的场合所使用的语言在音韵、节奏、句法、重音、语气等文体风格要素方面的特点，从而捕捉和欣赏其语言细节变化所产生的戏剧效果，挖掘女主人公的语言蕴含的独特的美学价值，即剧作者创造的语言变异美。

2 规范的语言显沉稳

在戏剧的开头部分，赫米亚与拉山德的爱情遇到了世俗的阻力。赫米亚的第一次亮相是在雅典公国的忒修斯公爵的宫廷里的断案桌前，戏剧的一开头就富有剧情的紧张性。赫米亚的父亲来到公爵府，请求公爵按雅典律条处理女儿，因为她不愿嫁给父亲给她选定的结婚对象狄米特律斯。按照当时的雅典律法，有违父命抗婚者当定死罪。在雅典公爵的宫廷里，面对残酷的法律和公爵的断案，赫米亚临危不惧；在公爵面前，在这种正式的场合下，赫米亚沉稳而又礼貌地说：

I do entreat your grace to pardon me.

I know not by what power I am made bold;

Nor how it may concern my modesty

In such a presence here to plead my thoughts;

But I beseech your grace that I may know

The worst that may befall me in this case

If I refuse to wed Demitrius.

请殿下宽恕我!

我不知道是什么一种力量使我如此大胆,

也不知道在这里披诉我的心思将会怎样影响我的美名,

但是我要敬问殿下,

要是我拒绝嫁给狄米特律斯,

就会有什么最恶的命运临到我的头上?

(《仲夏夜之梦》第1幕第1场)

赫米亚在剧中首次登场的这一段台词用的是五步抑扬格的诗歌节奏。五步抑扬格是英语诗歌的一种格律,即每句诗行包含十个音节,划分成五个音步,每个音步轻重相间两音节,一轻一重,即所谓"抑扬格"。赫米亚首次登场的每一句诗行都很完整,行内没有任何停顿,诗行节奏整齐有力,如行云流水。这段自然流畅和充满抑扬顿挫的语言既表现着少女赫米亚对雅典法律的深深疑虑和大胆的质问,也蕴含着她独有的成熟稳重、从容自信和礼貌优雅,更流露出她对追求纯真爱情的坚定决心。

3 引经据典显涵养

现实是残酷的,赫米亚和拉山德似乎逃不掉雅典法律对他们的惩罚,于是两位真心相爱的年轻人相约出走,远离残酷的法律。当拉山德约赫米亚"明晚"出走去找他居住在雅典公国以外的寡居伯母,在那边"和你结婚,雅典法律的利爪不能追及我们",赫米亚说:

My good Lysander,

I swear to thee by Cupid's strongest bow,

By his best arrow with the golden head,

By the simplicity of Venus' doves,

By that which knitteth souls and prospers loves,

And by that fire which burned the Carthage queen,

When the false Troyan under sail was seen,

By all the vows that ever men have broke,

In number more than ever women spoke,

In that same place thou hast appointed me,

Tomorrow truly will I meet with thee.

凭着丘匹德的最坚强的弓，凭着他的金镞的箭，

凭着维纳斯的鸽子的纯洁，凭着那结合灵魂、祜祐爱情的神力，

凭着古代迦太基女王焚身的烈火，

当她看见她那负心的特洛亚人扬帆而去的时候，

凭着一切男子所毁弃的约誓——那数目远超过于女子所曾说过的，

我向你发誓，

明天一定会到你所指定的那地方和你相会。

（仲夏夜之梦》第 1 幕第 1 场）

在这段信誓旦旦的言辞中，赫米亚侃侃而谈，思维活跃敏捷。她引经据典，将爱神丘匹德、纯洁女神维纳斯以及古代迦太基女王等传说人物作为情感意象，从而形象地表达了自己爱的神圣、爱的纯洁和爱的坚贞。在爱的表白中，赫米亚用词华丽，想象丰富，激情四射；介词短语 by 连续六次的排比使用不仅突出了赫米亚坚定的语气，而且使其语言显得铿锵有力，旋律激荡，就像瀑布一样一泻千里，冲击着读者的心灵。一气呵成的爱情誓言诗行整齐，音韵和谐，韵律整齐，恰似行云流水，流畅自然，潇洒自如，这充分显出她对爱情炽烈的追求，更体现了她优雅、富有学识涵养的风范。

在这个美丽的夜晚，他们相约来到了树林，准备经过这里奔向自己心驰神往的爱情的自由圣地。这对真心相爱的年轻人在黑夜的森林中奔走，他们要逃离雅典，奔向自由。

4　结语

总之，赫米亚在全剧中的语言或旖旎或华丽，句法或繁或简，丰富多样，令人惊叹。其语言是诗一般的语言，有着诗歌语言的各种特性，音韵优

美，节奏或有力或柔美，有着流水般的旋律，又如行云一般，流畅自然，潇洒自如。我们看到了一个温柔细腻、自信从容、积极主动、思维敏捷、勇敢坚定、沉稳有涵养的赫米亚。通过赫米亚这个人物形象，莎士比亚热情讴歌了人类最美丽的情感——爱情；他赞美爱的执着、爱的温柔、爱的浪漫，并在剧中祝天下有情人终成眷属。赫米亚是莎士比亚歌颂的爱的温柔和爱的坚贞的典范。

参考文献

［1］莎士比亚.莎士比亚全集［M］.朱生豪，译.北京：人民文学出版社，2010.

［2］景晓莺，王丹斌.英语诗歌常识与名作研读［M］.上海：上海交通大学出版社，2011.

［3］王湘云.英语诗歌文体学研究［M］.济南：山东大学出版社，2010.

ChatGPT 英译汉语无主句分析探微
——以 2024 年《政府工作报告》为例

张　渝① 　梁桂霞②

摘　要：本文以 2024 年《政府工作报告》中的汉语无主句为例，对照新华社发布的报告英译本，深入分析 ChatGPT 在此类翻译中的应用情况、效果和局限性，以及如何使用 ChatGPT 进行译后编辑，从而为提高翻译质量和效率提供一定的理论和实践支持。

关键词：ChatGPT；译后编辑；《政府工作报告》

1　引言

ChatGPT 是人工智能技术驱动的自然语言处理工具，拥有语言理解和文本生成能力，翻译速度快、成本低，这项技术正在不断进步以提供更精准、高效的翻译。由于语言之间的巨大差异和人工智能本身的局限，机器翻译仍存在着不规范、不准确等弊端，因此人工译后编辑仍为翻译过程的最后

① 张渝，北京工商大学语言与传播学院翻译专业 2023 级硕士研究生。

② 梁桂霞，女，南阳人，北京工商大学语言与传播学院副教授，研究方向为语言文化与翻译。

一环。特别地，在处理极具语言特色的文本（如《政府工作报告》等政论文本）时，机器翻译略显逊色，仍需进行译后编辑来完成翻译过程。当前所采用的最广泛的形式是人工译后编辑，译后编辑要求译者具有一定的基础知识以及信息获取、文字处理等能力，对于译者而言有相当大的压力；如果译者水平不足，会影响译文最终的呈现效果。但 ChatGPT 连接了大量的语料库且能够在理解语言的基础上进行对话，无疑能够成为人工译后编辑的好帮手。

2 ChatGPT 英译汉语无主句的分析

根据《政府工作报告》的语言特点，从汉英两种语言间的巨大差异出发，可得出在英译汉语无主句时，常使用"补充主语"和"改变句式"两种翻译方法，如"we""China"等作为主语的补充，以及将汉语句式译为英语被动语态、"there be"句型和其他句式等。下文三个例句摘自 2024 年《政府工作报告》，以此分析 ChatGPT 翻译及译后编辑能否达到理想效果以及克服其局限性的方法。

原文 1：加大义务教育、基本养老、基本医疗等财政补助力度，扩大救助保障对象范围。

新华社译文：We increased subsidies for compulsory education, basic old-age insurance, and basic medical insurance and expanded the coverage of assistance and support.

ChatGPT 译文 1：Increase fiscal subsidies for compulsory education, basic pension, basic medical care, and expand the scope of assistance and support beneficiaries.

对照新华社译文，ChatGPT 的译文能够做到忠实原文、无信息遗漏且句式比较通顺。但是明显丢失了主语，使得译文成为不完整的句子，不能体现出《政府工作报告》的语言特色，没有挖掘出汉语的内涵。在此基础上输入指令如"能否为其加上合适的主语"及"加上一个更贴切、有中文特色、符合政府工作报告表达的主语"后，ChatGPT 生成了以下译文：

ChatGPT 译文 2：We will increase fiscal subsidies for compulsory education, basic pension, basic medical care, and expand the scope of assistance and support beneficiaries.

仅从汉语无主句的英译角度看，此次译后编辑确实能够"补充主语"，使得句子结构完整，甚至能够根据指令生成令人满意的效果。

原文 2：拟安排地方政府专项债券 3.9 万亿元，比上年增加 1 000 亿元。

新华社译文：This year, 3.9 trillion yuan of special-purpose bonds for local governments will be issued, an increase of 100 billion yuan over last year.

ChatGPT 译文 1：The plan is to allocate 3.9 trillion yuan in special bonds for local governments, an increase of 100 billion yuan compared to the previous year.

从以上译文可以看出，ChatGPT 采取了直译方式将原文信息全部罗列出来，甚至填充了主语使英文句子通顺、完整。但在选词方面没有达到政论类文本所要求的简洁、正式的风格要求。因此再次输入指令"能否使用客观、简洁、正式的句式翻译"，ChatGPT 生成了以下内容：

ChatGPT 译文 2：Proposed allocation of 3.9 trillion yuan in special bonds for local governments, marking a 100 billion yuan increase compared to the previous year.

ChatGPT 本次编辑的译文再次达到了指令所要求的结果，使用了"改变句式"这一方法将"拟"字译为被动语态。仅从英译汉语无主句的视角而言，译后编辑的译文相比第一次的翻译结果更为客观；但实施指令之后，ChatGPT 译文不能契合原文上下文语境，更没有深入理解政论类文本的隐性语言特色，仍需后续的译后编辑来修改、润色使其达到更佳效果，如：将 compared to 替换为 over，使用介词表达更简洁；将 previous 替换为 last，在文中的指向性更准确。

原文 3：预计今年财政收入继续恢复增长，加上调入资金等，……

新华社译文：It is projected that fiscal revenue will continue to grow in 2024 and we will also have funds transferred from other sources.

ChatGPT 译文 1：The fiscal revenue is expected to continue recovering and growing this year, supplemented by additional funds transferred in.

新华社译文将本句英文处理为 it is...that 结构，且在后文增译主语 we，能够在客观表达的基础上点明施事主体，是对汉语隐性特点的精准处理。在本次翻译中，ChatGPT 能够在翻译中文无主语句时采取"改变句式"这一方法，使得英文句子结构完整、表达客观；但是仍缺少对原文精神的反映，可再从选词等方面完善，以传达原文蕴含的真正的文风和精神。

仅从英译汉语无主句的视角而言，以上三句原文汉语都属于明显的无主句，ChatGPT 在第一次翻译原文 1 时，完全没有提出主语；第一次翻译原文 2 时，没有结合上下文语境却为句子补充了主语，还需译后编辑对其进行一定程度的修改、润色；第一次翻译原文 3 时，能够改变句式使得英文句子结构完整。不过三句翻译无一例外地都需要再次编辑或翻译。综合以上的原文及其译文对比分析，我们不难看出，即便是具有一定情景化生成能力的通用人工智能，在很大程度上也是仿拟人类认知心理和思维习惯的结果，而非自由意志下的价值理性使然[1]。ChatGPT 缺乏常识、文化知识且表达比较固化，单纯翻译并不能达到理想效果。在译后编辑的应用场景中，ChatGPT 有潜力作为一个高效的预处理工具，提供更高质量的初始译文，提升整体翻译效率和质量[2]。

3　结语

利用 ChatGPT 进行"机器翻译 + 译后编辑"的实践表明，它的译文只能表达出文本的意思，却不能深入文本的语境层面来分析。但我们可以使用指令，更好地利用这个丰富的知识储备库进行译后编辑，来提高翻译内容和意义的准确性。需要注意的是，译员仍需提高自身对语言的敏感度以及对文化、意识形态等方面的足够理解，来用好这个知识库，达到"机器 + 人工"的完美结合，提高翻译水平和效率，减少机器的不合理使用。

参考文献

［1］杜安 .ChatGPT 时代人工翻译的价值空间与翻译教育转型［J］. 外国语言与文化，2023，7（4）：90–103.

［2］文旭，田亚灵 .ChatGPT 应用于中国特色话语翻译的有效性研究［J］. 上海翻译，2024（2）：27–34，94–95.

ChatGPT 在对外旅游中的实践探索

孙彩霞[①]　　梁桂霞[②]

摘　要：随着后疫情时代的到来，中国的对外旅游业呈现出蓬勃的发展态势。语言不通、表达不畅等问题亟待解决。人工智能技术的应用成为解决这一问题的有效途径之一。ChatGPT 作为自然语言处理领域的先进技术的代表，正在对各行各业掀起"狂飙式"影响的浪潮。本文以我国的对外旅游业为例，探讨 ChatGPT 在对外旅游中的具体实践，分析目前亟待改善的问题，为中国对外旅游业的发展提供新的思路和方向。

关键词：ChatGPT；对外旅游；人机共舞

1　引言

随着后疫情时代的到来，人们对跨文化交流的需求增加，中国的对外旅游业呈现出了前所未有的繁荣景象。但语言障碍和文化差异是游客海外旅行中面临的主要挑战之一。这不仅限制了游客与当地居民之间的交流，也影响到了他们在旅途中的体验。人工智能技术的成熟应用成为解决跨语言沟

---

① 孙彩霞，女，北京工商大学语言与传播学院2023级研究生。

② 梁桂霞，女，北京工商大学语言与传播学院副教授，研究方向为语言文化与翻译。

通障碍的有效手段之一。ChatGPT 作为自然语言处理领域的先进技术代表，以其出色的文本生成和理解能力，正在逐渐成为对外旅游领域的热门选择。ChatGPT 能够快速准确地理解并生成多种语言的文本，为游客提供即时翻译和沟通支持。本文旨在通过探讨 ChatGPT 在中国对外旅游业中的具体实践，深入分析其在解决语言障碍和促进文化交流方面的作用和影响。

2 ChatGPT 的本质与影响

ChatGPT，即"Chat Generative Pre-trained"，是一种基于深度学习的自然语言处理模型，是由 OpenAI 于 2022 年 11 月推出的一款交互式对话模型。ChatGPT 在生成式预训练转换器"Generative Pre-trained Transformer 3.5"（GPT-3.5）的基础上进行了多次迭代升级，从文本的语法、句法处理到逻辑、语义和情感处理，从语言形式运算到语言内容、思想实质的选择与判断，具有强大的学习与信息整合能力[1]。

作为人工智能的新样式，ChatGPT 表现出明显的优越性[2]。第一，使用形式上的亲民性。使用者无须拥有专业的使用技能便可实现与计算机的深度交互。ChatGPT 通过对话的形式，为使用者提供专业且具有逻辑性的知识，实现人机共舞。第二，功能多样性。ChatGPT 在被使用的过程中，可扮演不同的角色来实现功能的转变。例如：翻译员，ChatGPT 支持并可转换所有常见的语言输入和输出；写作助手，通过使用者提供的信息，为使用者提供不同类型文本的大纲；生活助手，ChatGPT 可为使用者制订日常计划，提供药物建议，担任健康顾问等。第三，回复的即时性。对于使用者的提问或者要求，ChatGPT 可以在自身海量的储备信息中进行筛选和整合，在极短的时间内提供尽量完整的信息。

同时，ChatGPT 本质上仍是一个人工智能工具，在使用过程中存在一些与其他人工智能工具相同的局限和弊端。首先，信息的被动筛选。ChatGPT 本质上只是根据使用者的要求在其庞大的信息库中进行资源整合，对于一些明显带有文化特征的字眼只能被动筛选，仅仅做到"言传"而无法"意会"。

其次，信息的安全性。使用者在接收信息的同时也在输出信息，而这些信息同时也在被 ChatGPT 所接收，因此在使用过程中会存在信息泄露、身份盗用的风险。

3　ChatGPT 在对外旅游中的具体实践

在后疫情时代的大背景下，我国的对外旅游业蓬勃发展，但随之而来的是一些难以快速解决的问题，如语言不通、旅游目的地不易做攻略等。自 2022 年 ChatGPT 问世以来，这一问题得到了很好的解决。ChatGPT 不但可以充当翻译的角色，还可根据游客的要求制定个性化的旅游攻略等。

3.1　ChatGPT 在旅游咨询与规划中的应用

首先，ChatGPT 可根据游客的需求和偏好，为其提供个性化的旅游建议。通过与 ChatGPT 进行对话，游客描述自己的旅游偏好、预算以及出行时间等，ChatGPT 通过对以上信息进行整合，推荐当地合适的目的地、景点、行程安排等，从而获得个性化的旅行计划。

其次，游客可实时进行咨询并快速获得有效回答。ChatGPT 可以实时回答游客的各种与旅游相关的问题，如交通是否拥堵、今日天气是否适宜出行、当地热门餐厅推荐等。同时，ChatGPT 可以提供 24 小时在线服务，无时间、地点限制，在经过大量信息的积累和筛选下，ChatGPT 提供的信息基本可靠。

3.2　ChatGPT 在语言翻译与文化交流中的作用

首先，ChatGPT 支持多种语言同时在线翻译，其语言覆盖范围众多，以其庞大的数据库作支撑，从而提供准确而可靠的翻译结果。同时，ChatGPT 支持个性化的翻译风格，使用者可根据自己的需求选择书面化或口语化的翻译风格，从而提升用户的使用体验。

例 1：

原文：站在这里，仿佛置身于仙境。

书面化译文：Standing here feels like being in a fairyland.

口头化译文：Being here is like stepping into a fairy tale world.

例 2：

原文：在这座古庙里流传着无数的故事和传说。

书面化译文：This ancient temple holds countless stories and legends.

口头话译文：There are so many stories and legends circulating in this ancient temple.

其次，ChatGPT 具有实时更新性。ChatGPT 本质上基于机器学习和人工智能技术，其算法和数据库仍在不断地更新和升级，从而使得一些地方术语或带有当地旅游风格的特色词汇可以及时得到更新，帮助使用者快速准确地获得信息，消除沟通障碍，提高旅行的效率和便利性。

3.3 ChatGPT 在对外旅游中存在的问题

首先，当 ChatGPT 需要处理一些具有中国文化特色的词汇时，翻译会有出现误差的可能性。例如："打卡"一词，在汉语中表达的是对某一著名景点进行拍照从而表明已来过此地，但当使用 ChatGPT 进行翻译时，则会存在语义理解不正确、文化误解等问题。事实上，ChatGPT 并不能够准确捕捉到词汇在特定文化背景下的隐含含义或情感色彩，进而导致翻译结果不够精准或产生一些文化误解等情况。

其次，ChatGPT 存在泄露个人信息的安全隐患。随着 ChatGPT 在旅游行业中的广泛应用，隐私与安全问题也日益受到关注，使用者在向 ChatGPT 寻求帮助的同时也在无意识地泄露自己的个人信息，如：在向 ChatGPT 询问某地的旅游攻略时，也在无意识地泄露自己的地理位置和个人习惯。此外，用户的个人信息和交流内容可能被存储或传输至第三方服务器，存在被攻击或滥用的可能性。

4 结语

本文主要探讨了 ChatGPT 的本质以及对整个社会所产生的"狂飙式"影

响，指出了其作为生成式人工智能领域的代表在旅游业中的潜在价值，以及其在对外旅游业中仍存在的问题，如对一些特色文化词汇处理不当、存在泄露个人信息的安全隐患等。因此，提升 ChatGPT 的跨文化翻译能力、增强对不同文化背景的理解和适应性，将是未来 ChatGPT 发展的重要方向。同时，建立健全的数据保护和隐私政策，以及采取有效的安全措施，将成为ChatGPT 在旅游行业中持续发展的关键因素之一。

参考文献

［1］胡加圣，戚亚娟 . ChatGPT 时代的中国外语教育：求变与应变［J］. 外语电化教学，2023（1）：3-6，105.

［2］李森，郑岚 . 生成式人工智能对课堂教学的挑战与应对［J］. 课程·教材·教法，2024，44（1）：39-46.

Research on the Development of English and Chinese Network Buzzwords in the Past Ten Years

He Xu[①]

Abstract：Network buzzword has gradually become one of the most commonly used language variants，which calls for us to delve into its development. By collecting network buzzword in recent years from different background as main research object，the author aims at analyzing it in depth so as to shed light on its developing features and its influences on cyberspace and society.In the end，practical proposals will be given to tackle with those bad influences.

Key words：network buzzwords；basic developing laws；comparative analysis

1 Introduction

In history，a rush of brand-new words coupled with numerous variants come

---

① 何旭，男，北京工商大学语言与传播学院国际法商英语专业2023级研究生。

into being every year while a mass of hit words being laid aside and neglected. This law, irrefutably, can be applied to the network buzzwords despite its short span of existence [1].Therefore, it is worth our while to delve into the development characteristics of network buzzwords and analyze their effects.

2　Development of network buzzwords

2.1　Characteristics of the development of network buzzwords

2.1.1　Language genetics

Language genetics imply how languages mutate on the basis of heredity.It preserves certain basic features of network buzzwords while prevents them from excessive deformation through development.For example, the acronym OMG（oh my god）first became popular online in 2011.Later on, other acronyms, such as AFK（away from keyboard）started to widely spread online.

2.1.2　Linguistic variation

Language variation is a deviation from the actual use of language conventions. Network buzzwords are not static, and their variations are reflected in different aspects.

（1）New forms of expression. ① Graphic symbols.Graphic symbols such as "：）" （smile）, "：（" （sad）, "：D" （open and laugh）have gradually enjoyed millions of fans after the millennium. ② Onomatopoeia.Onomatopoeia is irreplaceable when it comes to describing sounds in the nature. ③ Emojis.Emojis serve as the most fashionable forms in cyberspace.Surprisingly, Oxford Dictionary concluded the Emoji：face with tears of joy 😂 as its "Word of the Year 2015".

（2）Globalization of vocabulary use.As Internet connects the world as a whole, the network buzzwords are no longer limited to English words only.The buzzword "kimchi", summarized by Google on November 2, 2014, is Korean; the buzzword "chicknoir", summarized on August 6, 2014, is French; the buzzword "diabolica", summarized on June 11, 2014, is Italian.Meanwhile, a soaring number of Chinese network buzzwords, for example, "gelivable" (something is cool or cooperative), "no zuo no die", "MM", "BT", goes viral online quickly.

（3）Bad language.According to the Sapir-Wolf hypothesis, all higher-level thinking depends on language, and language structure determines people's behavior and thinking habits [2] . The surge of network buzzwords leads to the increase of undesirable buzzwords.Those words will by all means pollute the cyberspace and do great harm to our spiritual civilization.

2.2　Status in quo of network buzzwords

2.2.1　Diversity

（1）Genetic diversity.Network buzzword as a specific language variant carry a wealth of linguistic genes.Nowadays, a myriad of English network buzzwords can be found in the history of their genetic mothers.For example, the phrase "gate" originated from the term "Watergate affair", which was a political scandal involving abuse of power and obstruction of justice in 1974.Now it is used to express some negative social events such as "sex photogate", "moon cakes gate" .

（2）Species diversity.It refers to the richness of biological species on the earth.Similarly, network buzzwords can also be characterized by species diversity, including political buzzwords such as "Brexit" and "youth quake"; cultural buzzwords "hope-punk", "slacktivism" (slack+ activism); economic buzzwords "over-tourism", "bedroom tax", "sharing economy" and so on.

2.2.2　External disturbance

Every ecosystem has a certain tolerance limit for any external disturbance, if exceeded, the ecosystem will be disintegrated and left in chaos.So it is with English network buzzwords and the cyberspace.The vulgarization turns out to be the major external disturbances.

2.3 Social problems and proposals

（1）Keyboard man.As the source of online violence， keyboard men feel free to dump bad languages into the cyberspace in the name of freedom of speech.They will blindly follow trends， make irresponsible remarks， and make moral attacks on other netizens， which will adversely affect cyberspace and further hinder the construction of spiritual civilization.Thus， the relevant departments should formulate corresponding laws and regulations to curb keyboard men.Meanwhile， the netizens ought to follow civil code and moral code for a harmonious cyberspace.

（2）Character amnesia.Clinging to network buzzwords too much will cause us dependence on such convenience and estrangement from handwriting， namely， the character amnesia.As the world's illiteracy rate lowers， character amnesia seemingly turns back the clock.Worse still， now that people are reluctant to write in hand or spell complex words， they are more likely to use aforementioned bad language.Therefore， it's necessary to nip such phenomenon in bud.

3 Conclusion

Network buzzwords represents specific developing characteristics， such as changing through heredity， splitting several variations， and so on.As a result， the network buzzwords in cyberspace diverse in a wide range.However， misuse of the network buzzwords may affect us in return and further cause serious social problems. The author， thus， calls for the relevant departments and netizens to take actions to purify the cyberspace.In addition， the author emphasizes the significance of spelling and writing and the significance of practicing them， especially in the era of Internet， where every citizen has a risk of suffering from character amnesia.

References

［1］姜娟娟.从生态语言学视角看网络流行语［D］.西安：陕西师范大学，2012.

［2］SAPIR E.Language：an introduction to the study of speech［M］.New York：Harcourt Brace Jovanovich，Inc：1921.

重新语境化视角下数字贸易规则的翻译

宝勒尔[①] 刘 婧[②]

摘 要：随着世界经济全球化的不断发展和信息数据流动速度的加快，数字贸易规则谈判成为全球经贸治理体系中的重要议题。由于东西方语境差异，在翻译文本时需要进行重新语境化改适转换。本文将从重新语境化的视角分析在翻译数字贸易规则时运用的方法，总结翻译规律。

关键词：重新语境化；数字贸易规则；翻译

1 引言

目前，数字贸易成为促进世界经济增长的新动能，数字贸易规则谈判成为全球经贸治理体系的重要议题，其作用是通过制定数字贸易谈判规则，促进数字贸易的发展和规范化，推动全球经济的繁荣和发展。翻译数字贸易规则可以帮助各国更好地了解和掌握国际市场动态、技术发展趋势和竞争对手情况，从而制定更加精准的商业策略，增强国际竞争力，减少贸易壁垒和摩

---

① 宝勒尔，北京工商大学语言与传播学院翻译专业2023级硕士研究生。

② 刘婧，北京工商大学语言与传播学院副教授，主要研究方向为翻译理论与实践、翻译教学、大学英语教学。

擦，推动国际贸易的自由化和便利化。

2　文献综述

Bernstein 于 1990 年提出的重新语境化，指将一种社会实践的要素转变为另一种社会实践的过程，通常伴随着话语含义的转变。当信息要素从一种语言翻译为另一种语言时，必然要使其脱离源语境的束缚并接受新语境的制约，这种语境的瓦解与重构即重新语境[1]。

在进行译文的情景语境重构时，译者应采用要素增减、要素转换、要素替代和要素重组的策略行译文的文化语境重构，宜运用异化与归化的翻译策略[2]。

重新语境化在企业文化外宣过程中产生着潜移默化的影响。企业应具有体现自身特色的文化宣传形式，而要实现企业文化的对外传播，首先需要进行话语的去语境化。去语境化就是从语言数据中剔除语言使用的特色。因此在国际传播中，需要去除源语境的文化特色，仅提取其中的有效要素，再根据目的语境重组要素，以适应目标国既有的商业模式和人文习俗[3]。与企业翻译不同，商务文本主要是指在国际商务交易和交流活动中，商业主体为实现商业目的而使用的一种文体。这种文体在国际商务领域内渐渐形成自己独特的语言特征和文体风格[4]。它有着较强的实用性、专业性和明确的目的性，包括跨国交流和跨文化意识语言知识、交际技能、专业知识等核心内容。在文化语境重新语境化与翻译方面，武建国与李昕蒙研究了重新语境化，分析了对外传播过程中存在的重新语境化现象，总结了在翻译过程中要遵循的忠实取意、完整传达、自我创新、有效传递和及时反馈五大原则。

3　重新语境化与翻译

重新语境化在对外宣介自身文化中起着重要作用。情景语境重构，是指在非语言语境下，译文语境由于介于源语和译入语情景语境之间，受到两种语言的制约与影响，因此，在情景语境层面需要采用要素增减、要素转换、要素替代和要素重组的方法进行重构，从而使译文读者清楚方便地获取原文意思，借此真实地传递信息[5]。

4 重新语境化在商务文本中的翻译——以数字贸易规则为例

4.1 要素重组

例 1：从谈判议题来看，日本一方面聚焦于发展中国家广泛关注的电子签名和认证、无纸化贸易等"浅"层次的规制融合议题，以最大限度地保留发展中国家的国内政策空间。

译文：From the perspective of negotiation topics, on the one hand, Japan focuses on superficial regulatory integration issues such as electronic signatures and authentication, paperless trade, which are widely concerned by developing countries, so as to preserve the domestic policy space of developing countries to the greatest extent.

中文中的"浅"直接翻译为 shallow，而目的语读者可能理解不了这个意思。这里的"浅"就是指表面浅显。为了符合译语表达习惯，译者没有完全按照中文的顺序翻译，而是对内容要素进行重组，将电子签名和认证、无纸化贸易这些主题放到了前面，让外国读者清楚地看到谈判的主题重点是什么。在翻译时简化复合句，将其拆分为多个简单句，并调整句子的语序，能够使其更符合英语的习惯。

4.2 要素增添

例 2：云计算可探索在自贸试验区内开放互联网数据中心业务、内容分发网络业务、在线数据处理与交易处理业务，逐步取消外资股比（50%）等限制，允许外商独资设立运营。

译文：Regarding cloud computing, we can consider expanding access to services such as Internet data centers, content distribution networks, and online data and transaction processing in the Pilot Free Trade Zone.We can gradually eliminate constraints，such as the 50% limit on foreign ownership，and permit wholly foreign-owned companies to establish and operate these businesses.

译文增加了"we"这个主语，并使用连接词使句子更完整；增加了 such as，体现英文先总后分的结构，也体现了英文重形合、中文重意合的特点。

此外，翻译时还可以合并重复的词汇或短语。例如，"最大限度地保留发展中国家的国内政策空间"可以翻译为"maximize the policy space for developing countries"。在翻译时，还可以使用更简洁的词汇表达含义。例如，"信息和数据的跨境转移"可以翻译为"cross-border data transfer"。

4.3 情景语境重构

对于"对核心经济体主导的电子商务和数字贸易规则进行实时跟踪研究和评估，充分把握电子商务和数字贸易规则的前沿和发展趋势"这句话翻译，译者使用了"carry out real-time research and evaluation on"和"grasp"这两个动词短语，这样的表达方式更加符合英语的习惯，能够让读者更容易理解。

5 结语

对于商务文本而言，译者的首要任务是忠于原文内容，在充分理解原文的基础上进行翻译，使译文准确传达原文主旨；同时还要全面考虑目的语境及读者需求，译文应适应目的语语境，方便读者接受。只有这样，才能完成重新语境化过程，传递有效信息，达到商务谈判的目的。

参考文献

［1］BERNSTEIN B.The structure of pedagogic discourse：class，codes and control［M］. London：Routledge，1990.

［2］武建国，张赢月，郝美丽.功能语境重构与商业读物的翻译：以 The Four：The Hidden DNA of Amazon，Apple，Facebook，and Google 为例［J］.中国出版，2020（2）.

［3］武建国，李昕蒙.重新语境化与企业文化的传播：以世界五百强企业的网页翻译为例［J］.外国语，2017，40（2）：90-96.

［4］颜娟.不同文化语境下的商务英语翻译策略分析［J］.现代商贸工业，2021，42（32）：32-33.

［5］陈平，林昊，周静海.言外之意翻译的语境视角［M］.沈阳：东北大学出版社，2018.

对等理论视域下的法律翻译策略研究
——以《中华人民共和国民法典》部分词句英译为例

史雨蓬[①] 史岩林[②]

摘　要：本文在梳理法律翻译研究现状的基础上，从功能对等理论视角出发，探讨《中华人民共和国民法典》部分词句译文，总结出"连词加被动"和"补充增译"的翻译方法，为我国法律翻译研究提供新策略。

关键词：法律翻译；对等理论；策略研究

1　引言

翻译重在思想交流与沟通。法律语言的严谨、客观等特点在许多法律文本中充分体现，而对等理论恰好与法律语言的特征契合。本文在梳理法律翻译研究现状的基础上，运用对等理论，并结合《中华人民共和国民法典》中

---

① 史雨蓬，北京工商大学语言与传播学院2023级硕士研究生。
② 史岩林，男，北京工商大学语言与传播学院副教授，主要研究方向为西方文学与文化批评、比较文学、翻译等。

文更清晰，交流更便利。

参考文献

［1］NIDA E A，TABER C A.The theory and practice of translation［M］.Shanghai：Shanghai Foreign Language and Education Press，2004.

［2］赵军峰，薛杰.法律翻译的概念移植与对等阐释:《中华人民共和国民法典》物权编术语英译探究［J］.上海翻译，2022（1）：28-32.

［3］张法连，蒋毓婧.国内外法律语言研究现状对比分析（1998—2021）:基于可视化技术和文献计量分析方法［J］.当代修辞学，2023（2）：31-33.

［4］蒋开召.《法律英语翻译教程》若干法律术语翻译商榷.［J］.中国翻译，2021（1）：133，135-137.

法国地名及地名学研究现状综述

吉　山[①]

　　摘　要：本文基于中国知网以及 PQDT Global 两个国内外知名期刊论文数据库，对比分析国内外法国地名及地名学研究现状，通过对研究领域及内容、文章数量、发表时间等数据的分析，尝试为法国地名学在我国研究的发展提供相关建议。

　　关键词：地名学；法国；研究现状

1　引言

　　地名学近些年在我国发展迅速，近几年央视主办的《中国地名大会》更让地名文化走向大众，唤起了根植于国人心中对于中华大地深厚历史和文化底蕴的热情。

　　语言是文化的载体，文化的传播与发展已经成为国家发展战略中的重要内容。提升国家软实力的关键在于提高文化影响力，而文化影响力中，语言处于最核心的地位。语言的国际传播力可以直接构建国家的文化软实力。法国著名汉学家白乐桑曾说："中国语言文化走出去的关键在于引进

---

① 吉山，北京工商大学语言与传播学院讲师，主要研究方向为法语语言文学及文化。

来，接受对方，拓宽视野，形成镜子效应。"中、法两国地名命名的语言文化对比研究可使异质文化互为语境，互为参照，互相照亮。中、法地名的命名渗透着两个国家与民族的独特文化色彩，体现了各自民族的思维模式，对比研究将有助于加强两个民族间的交流与沟通，可从"他者"的角度让"他者"接受，从而开拓国际交流的视野与深度，增进文化间的宽容与理解。

2 法国地名及地名学研究现状

截至 2024 年 4 月，以"地名"为关键词在中国知网中搜索，可以得到 1.78 万余条期刊搜索结果，其中 3 170 篇学位论文（包括博士论文 420 篇）。如果将范围限制在 CSSCI 内也可得到 1 825 条结果。近十年平均每年增长 85 篇左右。研究领域也涉及多门学科，如中国语言文字学、地理学、中国民族与地方志、民族学等。通过以上数据可以看出中国地名及地名学研究在我国具有广泛的研究基础及相对持久的稳定性。

然而，以"法国地名"为关键词在中国知网进行检索得到的结果却不令人满意。在不附带任何时间、期刊限制的情况下只有 4 篇文章，其中 3 篇为 20 世纪 90 年代的文章，最近的一篇发表于 2011 年。从内容来说，严格意义上而言 2011 年发表在《中国地名》上的《法国巴黎大都会地区的市镇枫丹白露张扬地名个性美韵》不应算作论文，文章主要介绍了枫丹白露市镇的历史文化，全文仅有 400 余字。此外，王骅的两篇文章均从地理学视角分析了法国自然地理和人文地理景观的地名。庄乐群于 1991 年发表在《法国研究》的《法国地名起源与演变》是目前为止可搜索到的最早的关于法国地名研究的文章。该文章将法国地名演变所经历的历史时期分为古凯尔特时期、高卢时期、高卢－罗马时期、法兰克时期、封建时期和近代。文章剖析了不同时期形成的法语地名的词源。以上对于法国地名的研究可以看出，从研究领域及内容、发表数量及时间来看，国内对于法国地名及地名学的研究关注尚少，且缺乏一定的系统性和理论性。

ProQuest 公司是美国国会图书馆（U.S.Library of Congress）指定的收藏全美博硕士论文的馆外机构。PQDT Global 是目前世界上规模最大、使用最广泛的博硕士论文及期刊数据库。该库收录 1743 年至今全球超过 3 000 所高校、科研机构逾 448 万篇博硕士论文信息。且该库每周更新，年增论文逾 20 万篇。

截至 2024 年 4 月，在该库以"French toponymy"进行检索，可得到 5 570 条结果，其中英语文章 5 058 篇、法语文章 230 篇、德语文章 131 篇、西班牙语文章 37 篇，篇数较少的语种在此不再列举。从研究时间来看，2010—2019 年为该领域的研究高峰期，共有 2 411 条结果。自 2020 年至 2024 年 4 月共计 835 个筛选结果，包括 89 篇期刊文章和 746 本书籍。按照主题分类，论文涉及研究领域丰富，主要包括历史 1 552 篇（其中欧洲历史 523 篇）、社会科学 890 篇、语言学 523 篇、人类学 394 篇、地理学 327 篇、宗教 348 篇以及地名学 233 篇。由此可见，在国际视野中，对于法国地名学的研究涉及学科领域广泛，具有交叉性和融合性，且研究基数较大。

3 结语

通过对知网、PQDT Global 两个数据库进行关键词检索得到的数据分析后发现，我国对于法国地名及地名学的研究成果基数小，学者更关注对国内地名及地名学的研究。对于法国地名的研究，领域涉及较少，主要集中于地名的地理学研究视角。在时间上，我国近 20 年无相关领域研究。国际视野中关于法国地名及地名学的研究中涉及领域较为广泛，数量较多，且近十年为研究的高峰期。在国家发展的大时代背景下，在国际中文教育与传播的研究中，国别化研究，即根据不同国家和地区的实际情况展开具有针对性的研究，被认为是至关重要的。综合对比两个数据库的检索结果后本文认为，尚需针对法国地名及地名学开展进一步深入且全面的研究。

参考文献

［1］庄乐群.法国地名的起源与演变［J］.法国研究，1991（2）.

［2］王骅.法国地名探源［J］.世界地理研究，1997（6）.

［3］王骅.法国地名的语源及其地理知识透视［J］南京高师学报，1995（10）.

翻译转换理论视角下外宣文本翻译研究
——以外交部讲话选段为例

贾卓华① 刘 影②

摘 要：外宣文本翻译具有传播中国声音、搭建世界桥梁的关键作用。本文选取外交部发言人讲话内容，以翻译转换理论为指导，通过案例分析探讨翻译转换理论在外宣文本翻译中的应用，以期为外宣文本英译提供一些思路借鉴。

关键词：翻译转换理论；外宣翻译；层次转换；范畴转换

1 引言

准确、通俗易懂、注重政治立场的外宣翻译，不仅能客观地传达信息、传播观点、表达立场、澄清事实、消除疑虑、避免猜忌，还能让外国受众知之、好之、乐之[1]。由于外交部讲话的翻译直接影响到目标读者对中国外

---

① 贾卓华，北京工商大学语言与传播学院2023级翻译硕士研究生，研究方向为英语笔译（法商特色）。

② 刘影，女，北京工商大学语言与传播学院副教授，研究方向为语言教学、翻译研究和高等教育国际化。

交思想方针的解读，译者必须用词准确，才能更好地传播中国的外交政策方针，使得国内外人士准确了解我国的外交新局面。

2 文献综述

外交部讲话属于外宣文本，这类文本通常用词精练，措辞需反复斟酌，具有真实性、准确性。这也对外宣文本的翻译提出了更高要求。英国著名的翻译理论家约翰·卡特福德于 1965 年在其所著的《翻译的语言学理论》中提出"翻译转换"的理论，并在"论翻译转换"一文中进行了详细阐述。卡特福德将"转换"定义为"在从源语到目的语的过程中偏离了形式上的对等"，将转换分为层次转换和范畴转换，其中范畴转换又包括结构转换、词类转换、单位转换、系统内转换[2]。翻译转换理论强调文本内容的传递而非形式上的对等，以功能语法系统为基础，从词性、语法单位、句子结构等方面指导翻译实践，这也为翻译外宣文本提供了一个新视角。

在知网上搜索关键词"外宣翻译"和"翻译转换理论"，搜索到的文献多是翻译转换理论指导下的社科文本的翻译研究，有关外宣翻译的很少。外交部讲话作为国家对外交流沟通的重要渠道，其重要性也进一步凸显。有鉴于此，本文以翻译转换理论为指导，从层次转换和范畴转换两方面对外交部发言人讲话（选段）进行研究。

3 翻译转换理论下的外宣文本翻译

3.1 层次转换

层次转换实际上只能发生在语法层次和词汇层次之间，指源语中的某个语法现象转换为目标语中的词汇，层次转换多表现于时态的转换和单复数转换。

3.1.1 时态转换

中文时态没有严格的语法要求，而英文时态需要用严格的语法形式来表示。因此，译者在翻译时需注意时态的转换。

原文：这次会议明确了推动构建人类命运共同体这一外交工作主线，确立了中国特色大国外交追求的崇高目标，形成了新征程上中国外交战略的顶层设计。

译文：The conference identified the theme of China's external work as building a community with a shared future for mankind, set the noble goal pursued by China in conducting major-country diplomacy with Chinese characteristics, and laid out the top-level plan for China's diplomatic strategies on the new journey ahead.

原文的"明确了""确立了""形成了"表明该句为过去时态，中文通常用明确的表示时间的词语或字来表示时态，过去时态用"……了""已经""曾……"等来表示，所以将该句翻译为英文时需要使用过去时态，此处用"identified""set""laid out"三个过去式来表示时态。这样从词汇到语法层次的转换是必要的，以此来实现源语与译入语的等值效果。

3.1.2 单复数转换

中文与英文的内隐性和外显性差异也体现在名词的单复数上，英文通常在可数名词的结尾处增加"s"或者"es"体现复数，而在中文中，"词没有严格意义的形态变化，用词注重功能、意义"[3]。因此，译者在翻译时需注意名词单复数的转换。

原文：中央外事工作会议概括了对外工作"六个必须"的新经验、新认识，即必须做到坚持原则、必须体现大国担当、必须树立系统观念、必须坚持守正创新、必须发扬斗争精神、必须发挥制度优势。

译文："Six imperatives" has been identified at the Conference as new experience and understanding of the external work, i.e.it is imperative to uphold principles, shoulder China's responsibility as a major country, apply systems thinking, uphold fundamental principles and break new ground, carry forward our fighting spirit, and leverage our institutional strengths.

原文中没有表示复数意义的词汇，但根据语义我们可以推断，对外工作中所坚持的原则、树立的系统观念、发挥的制度优势肯定不止一个，因此，译文在"principle"、"system"和"strength"结尾都增加"s"来体现复数含义，通过单复数转换，准确传达原文语义。

3.2 范畴转换

正如上文所说，范畴转换包括四部分内容，此处只对结构转换和词类转换进行分析。

3.2.1 结构转换

中文注重主体思维，常用主动句；英文注重客体思维，所以叙述客观事物时常用被动句。因此，在翻译外宣文本时，需要灵活进行主被动的转换。

原文：坚定不移用习近平外交思想武装头脑、指导实践、推动工作。

译文：Our work must always be guided by Xi Jinping Thought on Diplomacy.

原文虽然缺少主语，但是根据上下文语境，我们不难判断出，动作的发出者是主语，该句为主动句。而译文将其译为"be guided by"，表被动，这样转换不再拘泥于追求语言形式上的对等。译文通过对主动句进行恰当转换，凸显其内容客观性，增加其流畅性。

3.2.2 词类转换

中文是动态语言，侧重动词化表达；英文是静态语言，侧重名词化表达。因此，在翻译外宣文本时，需要灵活改变源语词性。

原文：深刻领悟习近平外交思想的精神实质、核心要义和最新发展，着力在融会贯通、运用转化上下功夫。

译文：We must have a deep understanding of the spiritual essence, core tenets and latest enrichment of Xi Jinping Thought on Diplomacy, and make efforts to translate them into concrete actions.

原文中的"深刻领悟"和"着力"均为动词，而译文将其转换为名词短语"a deep understanding"和"make efforts to"，充分考虑到了中英两种语言的差异。通过这样源语词性的转换，目标语更加符合本身的语言表达规范，源语的信息传达也更加准确。

4　结语

通过以上分析，我们可以发现，翻译转换理论可以适用于外宣文本的英译。经过层次转换与范畴转换，能够达到较好的翻译效果，增加译文的可读性。译者需根据中英两种语言的差异和原文上下文语境，对译文的词汇和语法进行灵活转换，以便更好地传播好中国声音。

参考文献

［1］余秋平.国家形象视阈下外宣翻译策略刍议［J］.西安外国语大学学报，2016，24（1）.

［2］谢天振.当代国外翻译理论导读［M］.2版.天津：南开大学出版社，2018.

［3］连淑能.中西思维方式：悟性与理性：兼论汉英语言常用的表达方式［J］.外语与外语教学，2006（7）.

［4］CATFORD J C.A linguistic theory of translation［M］.London：Oxford University Press，1965.

［5］刘亚峰.译者的适应与选择：外宣翻译过程研究［D］.上海：上海外国语大学，2009.

［6］段陈虹.卡特福德翻译转换理论在信息科技文本汉译中的应用［J］.英语广场，2023（27）.

功能对等理论视角下的跨境电商语言特征探究①

陈　艺②　蒋思妤③　朱可欣④　江涵静⑤　孔海龙⑥

摘　要：本文以功能对等理论为指导，围绕词汇对等、句法对等、篇章对等和文体对等四个原则，对跨境电商语言本体进行探讨，旨在为进一步理解和优化跨境电商领域的语言应用提供重要的理论依据和实践指导。

关键词：跨境电商；功能对等理论；语言特征

随着跨境电商行业的兴起，跨境电商语言广泛而生。本文拟采用功能

---

① 本文为2024年北京工商大学"大学生科学研究与创业行动计划"的阶段性成果；本文受基金项目"跨境电商语境下语言与文化本土化关系研究"（项目号：S202410011037）资助。

② 陈艺，北京工商大学语言与传播学院商务英语专业2021级本科生。

③ 蒋思妤，北京工商大学语言与传播学院商务英语专业2021级本科生。

④ 朱可欣，北京工商大学语言与传播学院商务英语专业2021级本科生。

⑤ 江涵静，北京工商大学语言与传播学院英语专业2021级本科生。

⑥ 孔海龙，北京工商大学语言与传播学院副教授，硕士研究生导师，研究方向为英美文学、叙事理论、商务英语。

对等理论对跨境电商语言本体特征进行分析，旨在掌握跨境电商语言使用规律，促进跨国商务合作，优化消费者体验。

1 功能对等理论

本文采用尤金·奈达的功能对等理论分析跨境电商语言本体特征，解决跨境电商中的交流问题。该理论认为，翻译不仅要传递原文的形式意义，更要传递其功能意义。功能对等理论涉及词汇、句法、篇章、文体四个层次的对等原则[1]。功能对等理论视角下的跨境电商语言本体分析对跨国商务沟通与交流具有重要的揭示意义。

2 案例分析

跨境电商语言作为专业性强、涉及领域广泛的语言形式，在促进不同国家和文化间的交易理解中扮演着至关重要的角色。其专业术语涵盖了金融、国际贸易、法律等多个维度，语言风格上则追求简洁精确，适应网络跨境交易的高效沟通需求。本文拟从词汇、句法、篇章以及文体四个层面对跨境电商语言特征进行探析。

2.1 词汇对等

从词汇对等方面来看，在跨境电商平台上，首先，中文商品名称往往采用名词堆叠的形式，以名词替代形容词来描述商品特性，如"男式常规版型短袖口袋牛津衬衫"等。为实现词性对等，翻译时需按意群划分，形成名词短语，确保目标语的表达准确简洁。其次，高端商品命名常使用专业术语和正式化表达，以凸显专业性与品牌价值，如高端手表通常使用"精密机械""瑞士工艺"等术语强调其工艺与独特性。最后，面向新兴、日常消费市场的商品命名简洁、直观，例如"快捷洗衣""一键烹饪"等[2]。这种词汇的动态对等不仅促进了跨文化沟通，还准确地展现了商品的定位，强化了消费者的瞬时记忆，优化了购物体验，增加购买意愿。因此，在跨境电商的背景下，商品名称的选择和翻译不仅是语言层面的挑战，更是市场营销策略的关键组成部分。

2.2 句法对等

句法对等原则强调在翻译过程中保持句子结构的相对一致性，以便更好地传达原文的信息和功能。在跨境电商领域，商家需依据目标市场的语言特性与语法结构调整产品描述等信息的翻译内容，以实现译文的流畅性和地道性，从而优化目标市场消费者的消费体验[3]。以亚马逊 Kindle 电子书阅读器商品描述为例，英文描述中"Its high-resolution display delivers crisp, laser-quality text"是一个主谓宾结构，用以陈述产品的特性。中文译文为"高清显示屏，展现清晰、如激光打印般的文字效果"，这种表达方式符合汉语描述事物特点的惯常用法。通过调整译文，亚马逊确保了商品在使用不同语言的市场中都能够以自然、清晰的方式展现给消费者，调整后的译文不仅传达了产品的技术特性，也体现出亚马逊对当地顾客的重视。

2.3 篇章对等

篇章对等是指在翻译过程中维持原语的逻辑关系和篇章结构，以确保目的语读者能够获得与原语读者相似的整体理解和阅读体验。以亚马逊购物流程的翻译为例，原文"Add to Cart – View Cart – Checkout – Payment – Order Confirmation"被译为"加入购物车—购物车详情—结算—付款—订单确认"。译文按照原文的顺序精确传达了从添加商品到购物车到完成购买的整个流程，使得中国消费者能够理解并遵循这些步骤来购买商品，从而完整地传达了原文的语义。此外，在语篇风格上，原文和译文都采用了简洁明了的语言风格，这符合购物流程指导的语言特点，确保了信息能够清晰地传递给中国消费者。中文译文还采用了中国消费者更为熟悉的语言表达方式，如"加入购物车"和"购物车详情"，这体现了对目标语言文化习惯的适应[4]。

2.4　文体对等

从文体对等的角度分析，跨境电商平台的语言风格主要归属于说明文文体，其核心功能在于阐释和说明。为了在跨境电商平台中实现语言文体的对等，需遵循两个基本原则。

首先，语言应高效传达信息，确保对商品的描述真实准确，突出其特点，以便消费者迅速理解并决定购买。例如，英文的"Buy now for a limited time offer!"与中文的"限时抢购！"均体现了说明文文体的特点，实现了语体上的直接对等。

其次，语言应表达准确、条理清晰，以建立消费者信任并促进交易。术语的精确使用是确保信息准确传递的关键。例如，商品名称中包含的计量单位在翻译过程中需准确转换，如"500 克面粉"应翻译为"500g flour"。

实现文体对等是一个涉及多方面考虑的复杂过程，它不仅需要满足商业沟通的实际需求，还要兼顾心理和情感等因素。因此，跨境电商语言的特点在于其严密性、条理性和准确性，这些特点对于进行有效的跨文化商业交流至关重要[5]。

3　结语

本文从词汇、句法、篇章以及文体四个层面分析了跨境电商语言特征，指出跨境电商语言具有功能性、简洁性、一致性以及动态性的特征。这些特征为翻译实践提供了理论支撑，有助于提升翻译质量，优化消费者体验，促进跨境电商的繁荣发展。未来可进一步探讨文化差异和消费者行为对电商语言的影响，以深化我们对跨境电商语言特征的理解，并推动该领域的蓬勃发展。

参考文献

［1］NIDA E A.The components of translation［M］//Proceedings of the eighth world congress of the international federation of translators.Mainz：Intercom，1968：199-212.

［2］白雨珊.商务英语语言特征及语用失误分析［J］.作家天地，2023（26）：70-72.

［3］LIU Y，DONG L.Research on English translation based on functional equivalence theory and genetic algorithm［J］.Wireless communications & mobile computing，2021（1）.

［4］汪瑞琳.基于功能对等理论指导下的商务英语翻译分析［J］.海外英语，2023（20）：30-32.

［5］成新亮.功能对等视角下应用翻译技巧的研究［J］.江西电力职业技术学院学报，2023，36（1）：148-150.

归化、异化视角下的 2023 年引进英文电影片名翻译分析①

严以诺② 田 芳③

摘 要：电影译名是目的语观众接触外文电影的重要窗口，好的电影译名对目的语观众的观影意愿、目的语国家（地区）的电影票房均有积极影响。在电影片名翻译过程中，文化因素不可忽视，译者常常需要考虑以目的语文化还是源语文化为落脚点，即归化与异化策略选用的问题。本文从归化和异化的视角对 2023 年引进的英文电影的片名翻译进行分析，以期丰富归化、异化相关研究，为电影翻译策略选用提供参考。

关键词：英语电影片名翻译；归化；异化

电影是文化的重要载体，跨文化交流背景下，大量电影裹挟着源语文化进入目的语观众视野，影片译名成为大部分目的语观众接触外文电影的第一扇窗口。电影片名翻译本质上类似于商品名称翻译，虽包含美学思考，但更

---

① 本文系北京工商大学横向项目"外研社英语能力诊断测评"（项目号：190007309917）阶段性成果。

② 严以诺，女，北京工商大学语言与传播学院2021级英语专业本科生。

③ 田芳，女，北京工商大学语言与传播学院讲师，主要研究方向为英语翻译、英语教育。

多地涉及市场价值创造。好的电影译名可以提高目的语观众的观影意愿，甚至可能大幅提升目的语国家（地区）的电影票房。

本文旨在从归化、异化视角分析 2023 年引进的英文电影的片名翻译策略，丰富归化、异化研究在电影片名翻译领域的语料分析，以期为未来的电影片名翻译提供参考。

在翻译过程中，译者要在目的语和源语文化中选择其一，或至少倾向于以其一作为译文文化特征的归宿和落脚点。归化可理解为以目的语或译文读者，即以目的语文化为归宿的翻译策略；异化则指以源语或原文作者，即以源语文化为归宿的翻译策略[1]。

在归化与异化探讨的早期，美国翻译理论家尤金·奈达是主张归化的代表人物。他认为译文之于译文读者，应达到原文之于原文读者相同的效果，即所谓功能对等。在这一理论下，译文之于目的语读者应如目的语创作文本般自然流畅、基本无翻译痕迹。劳伦斯·韦努蒂提出了相左的意见，他主张异化翻译策略，倡导保存原文中的语言文化差异，甚至建议为此刻意舍弃译文的通顺性，以带给读者具有异域色彩的阅读体验，使其了解源语中的文化信息。

电影片名作为文化的载体，能够反映出文化的各方面，诸如思维方式、美学理念和文化意象[2]。这些方面正是目的语国家（地区）观众对电影译名语言文化接受过程中涉及的不同方面。因此，译者在进行电影片名翻译时，可将跨文化接受作为切入点，从上述方面着手进行思考，选择诸如归化或异化的翻译策略，从而提升片名翻译质量，促进目的语观众观影意愿的提升。

首先在思维方式上，中国文化倾向于从总体上把握事物，重视事物间的联系；西方文化倾向于从个体上理解事物，分析整体中的细节[3]。反映到电影命名上，这一差异体现为很多英文电影喜用影片描述的主要对象命名，如主人公名字、地名、事物名称等[2]。

为使中国观众更好地理解和接受片名，一些译者会选择归化的翻译策略。如电影 *Gran Turismo*，原片名展现了影片描述的主要对象——GT 赛车，一个个体化的细节概念。这一片名被翻译为《GT赛车：极速狂飙》，如此，呈现给中国观众的就不仅仅是赛车这一单一概念，更是一幅赛车驰骋与激情的整体图景，观众得以对影片内容有更加详尽的预期，继而产生观影期待。再如电影 *John Wick: Chapter 4*，以影片主人公的名字命名，突出了杀手 John Wick 这一个体形象。影片被译为《疾速追杀4》，侧重于故事中的整体事件，而淡化了主人公个体形象。

但随着文化交流愈加频繁，人们的文化接受能力有所提升，电影片名翻译出现了异化倾向。诸如 *Barbie*（《芭比》）、*Oppenheimer*（《奥本海默》）、*Napoleon*（《拿破仑》）、*Wonka*（《旺卡》）、*The Super Mario Bros.Movie*（《超级马里奥兄弟大电影》）等片名都采取了直译的方法，符合异化的策略。这类片名翻译主要出于两方面考虑：一方面，全球化背景下的中国观众已经有了相当的外国文化知识储备，对芭比、拿破仑、马里奥等形象已耳熟能详，对这类片名进行直译，既能为观众所接受，也保留了片名的原貌；另一方面，奥本海默、旺卡等人名或许尚未被大部分中国观众熟知，但奥本海默作为"原子弹之父"，旺卡作为《查理和巧克力工厂》的主角，一来并非无名之辈，二来是影片内容的关键核心，如果根据影片情节进行概括性意译，反而难以凸显传奇人物的重要形象，因此译者预设观众具备足够的文化接受能力，也认为观众需要了解这一信息，采取直译的异化策略，将片名的原貌展现给中国观众。

在语言的美学价值方面，四字格是中文常见的语言形式，在英译汉中合理使用，能利用译入语优势创造原文没有的美感[4]。如电影 *Missing* 被译为《网络谜踪2》，就采用了归化意译的策略。影片讲述了女儿通过网络技术寻找失踪母亲的故事，对源语读者而言，原片名巧妙之处在于 missing 一词既有"失踪"含义，又有"思念"的联想，能够侧面传达影片的情感特征，但对于中国观众，这一特征是难以理解的。译者采用归化策略，使用符合中文习惯的四字格形式，语言上更富有节奏音韵，也因其言简意赅，得以起到形象再现的美感[5]。

出于美学考虑的语言润色也见于电影片名的增译。电影片名翻译有一定的"模式化"增译语言，如许多动画电影都翻译为"……奇缘"，这些电影的原片名大多是单个单词，不够亮眼，出于归化策略进行增译后，中国观众才能感知到影片奇幻绮丽的美感。例如，2023 年的电影 *Elemental*（《疯狂元素城》）在原片名的基础上增译了"疯狂……城"，*The Holdovers*（《留校者联盟》）增译了"联盟"。鉴于 *Zootopia*（《疯狂动物城》）、*The Avengers*（《复仇者联盟》）、*The Bad Guys*（《坏蛋联盟》）的票房大卖，"疯狂……城""……联盟"也成为值得选择的"模式化"增译语言，使原片名更具有语言的美感，显得生动活泼，能增强对中国观众的吸引力，是归化策略灵活运用的体现。

从文化意象角度出发，在不同语言文化环境中，同样的事物可能有不同的引申象征含义。因此，面对同一意象，不同语言环境中的人们的感受可能不尽相同。2023 年引进的电影 *Dungeons & Dragons*：*Honor Among Thieves* 被译为《龙与地下城：侠盗荣耀》，原名中出现了 thieves，即"盗贼"这一文化意象，而译文将其转化为"侠盗"这一意象，增加了"侠"的文化信息。对于中国观众而言，盗贼在大部分语境下带有贬义色彩，而"侠"则是褒义概念，在翻译时对文化意象进行转换，有助于提高观众对主人公身份的预期与接受度。

电影片名翻译策略多种多样，采取归化策略还是异化策略，需要译者仔细分析两种语言及其背后深厚的文化，思考生活在不同文化中的读者的接受度问题，最终做出合适的选择。归化与异化策略也并非水火不容、相互对立的概念，而是可以合理结合、相辅相成的手段。根据每部影片的语境和特点，对两种翻译策略进行灵活使用、适当结合，方为电影片名翻译的上策。

参考文献

[1] 郭建中. 翻译中的文化因素：异化与归化 [J]. 外国语（上海外国语大学学报），1998（2）：13–20.

［2］邢金凤. 基于文化传播的英文电影片名翻译［J］. 电影文学，2014（16）：154–155.

［3］施栋琴. 中西民族整体性思维与个体性思维倾向之差异在汉英语言中的表现 ［J］. 上海海运学院学报，2002（1）：100–105.

［4］张蕾，李玉英. 美学视角下英汉翻译中四字格的运用［J］. 黑龙江教育学院学报， 2011，30（8）：148–149.

国内外宣文本翻译研究现状

耿菁菁①　　史岩林②

　　摘　要：本文以各类期刊收录的外宣翻译文献为数据源，梳理并分析了国内学者理论研究视角及翻译原则与策略的运用情况。通过对选取文献的综合分析，本文系统总结了我国外宣文本翻译研究现状，并指出目前国内研究存在的不足，以期推动外宣翻译深入发展。

　　关键词：外宣翻译；研究现状；翻译策略

1　引言

　　如今，中国对世界的影响之深远、世界对中国的关注之高前所未有。在进行对外交往的过程中，翻译更多地发挥着传播文化、传递信息的作用。随着更多外宣文本的发行，提高外宣翻译质量与传播效果逐渐成为当今译者研究、关注的话题。

---

① 耿菁菁，北京工商大学语言与传播学院翻译专业2023级硕士研究生。

② 史岩林，男，北京工商大学语言与传播学院副教授，主要研究方向为西方文学与文化批评、比较文学、翻译等。

2　研究动态分析

学术论文的数量变化是评价该领域所处阶段、预测未来发展趋势的重要指标[1]。

2.1　总发文量趋势

为直观概括国内外宣翻译研究领域的受关注程度和重要性，笔者绘制了知网收录的历年发文变化趋势图（见图1）。

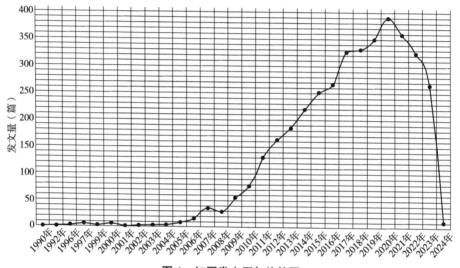

图 1　知网发文历年趋势图

如图1所示，我国关于外宣翻译的文献最早发表于1990年。随着中国加入世界贸易组织，对外交流进一步增加，外宣研究数量于2005年后出现小幅增长。2008年中国成功举办北京奥运会，国际话语权不断提升，外宣文献发表数量也呈现井喷式增长，但这一趋势在2020年到达顶峰后有所回落。

2.2　主要发文期刊分布

占据发文量前十位的期刊如图2所示。其中，大多数为英语类、对外传播类及文化类期刊，刊登数量最多的为《海外英语》，占总发行量的23.09%。但在本文选取的全部知网文献中，核心期刊刊登的有关外宣翻译研究文献数量较少。截至 2024 年 3 月 1 日，《中国翻译》刊登数量为 24 篇，占总发行量的 2.47%；《上海翻译》刊登数量为 20 篇，占总发行量的 2.06%。

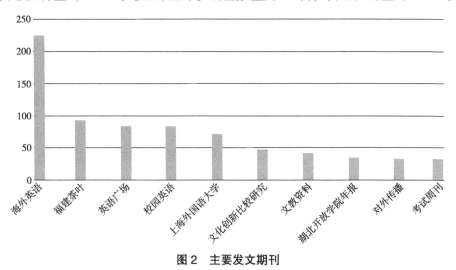

图 2　主要发文期刊

3　国内研究现状总结及展望

　　首先，从外宣翻译的综合性研究看，我国以学者黄友义为代表，率先提出外宣文本的"外宣三贴近"原则，即贴近中国发展的实际，贴近国外受众对中国信息的需求，贴近国外受众的思维习惯。该原则指出译者尤其要重视具有中国特色的话语翻译，用最自然、贴近的语言准确传递信息，以达到良好的对外宣传效果。这一原则的提出为我们进行外宣文本翻译提供了除"信、达、雅"以外的翻译思路[2]，让我们首次脱离国外研究内容的局限，拥有自己的指导原则。与国内研究相比，国外对外宣翻译的侧重点主要聚焦于两个理论：①尤金·奈达的功能对等理论。该理论提出需在词汇、句法、篇章三方面进行对等，以达到准确传递信息的目的[3]。②泰特勒的翻译三原则。该理论指出译文应完全复写出原作的思想，译文风格应与原文的性质相同且行文流畅。这与黄友义先生的"外宣三贴近"原则较一致。此外，学者陈小慰提出我们需要对外宣文本的翻译建立"认同"[4]，使读者产生共鸣；另外，祝元娜、哀晓宁等学者则以跨文化的视角提出外宣翻译需要注重语言的"归化与异化"[5]，需充分了解汉英文化差异，以更好地进行文化传播。

其次，大部分学者针对不同翻译理论进行了外宣翻译研究。学者杨晶以生态翻译为指导，从语言维、文化维和交际维三个方面探究常州景区旅游文本翻译；学者柯晓帆从接受美学视角出发，突出读者在翻译过程中的重要性，认为外宣翻译要实现文化信息传递和国际交流的目的；学者曾倩以目的论为视角，以湖湘红色旅游外宣文本为例，对红色词汇、文化负载词以及具有潇湘特色的革命诗词分别进行研究；赫妍、王树瑾等学者将顺应论与齐齐哈尔市"老字号"外宣翻译结合，认为外宣翻译须顺应目标群体的语言习惯、认知水平和理解水平，以实现外宣翻译的目的，同时也必须顺应目标群体的物理世界、心理世界和交际世界。此外，国内学者对外宣翻译实践中的不同特点进行了具体且深入的探讨。学者李小华、唐青叶结合我国发展实际研究扶贫特色词汇英译策略及方法；学者王慧莉以新闻外宣为重点，指出在准确传递源语真相的同时还需条分缕析，展示逻辑关系，并灵活适应语体特征。除了以上内容，不同学者还指出外宣翻译现存问题与应对策略。学者徐明强强调译者需准确区分内宣与外宣；学者袁晓宁和袁超提出我国的外宣翻译存在逻辑错误及术语使用错误现象，在翻译过程中译者需要逐词斟酌，做到准确翻译。

但目前我国外宣翻译的研究仍存在一些问题。如上文所说，我国每年大部分文献刊登在普通期刊上，核心期刊如《中国翻译》《上海翻译》等发布量远远低于普通期刊；其次，在运用新技术手段进行外宣翻译研究和教学等方面准备不足。因此，在下一步的研究中，国内学者应积极探索出更多适用于外宣文本且具有中国特色的翻译理论与策略；另外要加强跨学科合作，进一步推动语言学、传播学、跨文化交际学等领域的跨学科合作，共同探究外宣翻译中的复杂问题。

4　结语

本文梳理了国内外宣翻译的研究现状，着重探讨了国内学者对外宣翻译的研究视角与侧重点。我国学者对外宣翻译研究较为全面，但也存在一些问题，如指导理论较为笼统且老旧、缺乏创新、未能充分发挥译者的主体性。在未来的研究中，这仍是学者需要努力探索的方向，以进一步推动我国外宣翻译研究发展。

参考文献

[1] 姚克勤，汪学冰.国内外宣翻译研究 20 年：概况、热点及趋势 [J].技术与创新管理，2020，41（5）：502-510.

[2] 黄友义.坚持外宣三贴近原则，处理好外宣翻译中的难点问题 [J].中国翻译，2004（6）：29-30.

[3] NIDA E A，TABER C A.The theory and practice of translation [M].Shanghai：Shanghai Foreign Language and Education Press，2004.

[4] 陈小慰.外宣翻译中"认同"的建立 [J].中国翻译，2007，28（1）：60-65，96.

[5] 袁晓宁.论外宣英译策略的二元共存 [J].中国翻译，2013，34（1）：93-97.

汉英动词与文学翻译
——以《红楼梦》两译本第三回为例

李为迎① 关 涛②

摘 要：本文通过选取《红楼梦》杨译本和霍译本第三回"黛玉进贾府"中典型句子进行案例分析，对比其中英语谓语动词用词差异，为文学文本汉语动词翻译提供借鉴。笔者发现，英文谓语动词和汉语动词词性具有高度对应性，但二译者选词差异明显。为保证故事场景描绘和人物身份、性格、关系传达的准确性，英文谓语动词与汉语动词应保持词义和词性的高度一致，且词义符合人物身份及关系之意更佳。

关键词：汉英动词；杨译本；霍译本；动词翻译

1 引言

谓语的选择反映了焦点的选择，直接影响到文学翻译中意象的构建。英语谓语动词的选择需要引起译者的足够重视。王建国指出汉语动词更倾向于

---

① 李为迎，男，北京工商大学语言与传播学院2022级翻译硕士研究生。

② 关涛，女，北京工商大学语言与传播学院副教授，文学博士，硕士研究生导师，主要研究方向为比较文学与文学翻译。

过程性，汉语动词翻译可采用压缩法，即删除或隐含。不少动词被略译，或被翻译成名词、形容词。然而，文学文本翻译有其特殊性，词性转换应该慎用[1]。叶子南曾指出，虽然词性本身往往是翻译时的障碍，在实际翻译中，灵活的词性转换往往可救译者于"危难"中，但是从认知隐喻的角度来说，语义相同但词性不同很可能传达的信息并不完全一样[2]。

汉英动词差异明显，而文学文本翻译中鲜少探讨汉语动词翻译并提出针对性翻译方法。安然、王建国运用对比和量化分析的方法侧重分析《红楼梦》两译本第三回英语主句谓语动词来源，解释英语谓语来源现象的原因并总结了一定的翻译规律[3]，但忽视了英语谓语动词用词差异对人物形象和情感态度表现的不同，且汉语动词分类标准不一，对汉英动词差异及其对句式语法造成的影响阐释不足，有待更深入和有针对性的探讨研究。

笔者拟以《红楼梦》第三回"黛玉进贾府"的两个英译本为例，探讨文学文本汉语动词翻译方法。两个版本分别是杨宪益、戴乃迭合译本和霍克斯英译本（俗称杨译本和霍译本），它们在文学界和译学界有较大影响力。第三回的人物动作丰富，句中动词使用频繁且多连用、兼排，译文在动词翻译中具有代表性。

2 汉英动词对比

汉英动词差异明显。汉语句子注重使用动词，但无形态变化，往往连用而构成联动式或兼语式[4]。汉语的语法是虚的，语法结构往往寓于语义结构之中。汉语语法结构和功能整个处于隐含状态[5]。汉语以意统形，界限意识弱，词类和句法结构成分之间没有规律的对应关系，词性需要结合词序、语义综合判断。汉语不存在英语双轨制的语法规律。英语则不同，英语形态集中于动词，句子时态主要通过谓语动词的形态变化加以体现。英语重形合，英语句子要求将概念组织到以主谓为核心的句法结构中。英语的双轨制语法框架中词类和句法结构成分之间存在有规律的对应关系，英语通过二轨合一造出符合语法规则的句子[6]。

由于汉英动词及句式语法的差异，译者在汉译英时需要结合词序和整体语义准确区分出汉语动词，从汉语语义结构中提取语法结构，然后转化到英语句子主谓架构机制中。文学文本具有特殊性，英语谓语动词选择应忠于汉语动词词义及词性，合理划分谓语动词主次关系，用词应符合人物身份及关系，才能最大限度地保证故事场景描绘和人物身份、性格、关系传达的准确性。

3　汉英动词翻译与案例分析

基于上述汉英动词及句式语法差异分析，以下将通过杨译本[7]和霍译本[8]典型案例分析对比汉语动词与英文谓语动词对应关系及用词差异，进而总结可供学习借鉴的汉语动词翻译方法。

例1：有日到了都中，进了神京，雨村先整了衣冠，带了小童，拿着"宗侄"的名帖，至荣府的门前投了。

杨译：In due course they reached the capital and entered the city. Yucun spruced himself up and went with his pages to the gate of the Rong Mansion，where he handed in his visiting-card on which he had styled himself Jia Zheng's "nephew".

霍译：In due course they arrived in the capital，and Yu-cun，dressed in his best and with the two servant-boys at his heels，betook himself to the gate of the Rong mansion and handed in his visiting-card，on which he had been careful to prefix the word 'kinsman' to his own name.

汉语是动词性语言，一个句子中往往出现多个动词连用的情况；汉语动词也没有时态变化，往往通过添加"了"体现时态。结合两译文动词时态标记来看，两译者都准确地将时态处理成了一般过去时态，与原句时态一致。

汉语句子采用了并排式结构，英语句子采用了从属结构。两位译者采取了不同的处理方式，杨译将原文的一句话分成了两句话，而霍译将其译为一句话。从动词使用情况看，杨译第一句采用了并列句式，第二句采用了主从复合句式，将"整衣冠""拿着名帖"作为主句谓语动词，将其他动词放到了定语从句中。"带了小童"没有在译文中体现。译文中第一句将原句"到了"和"进了"两个动词都忠实地体现了出来，而霍译文仅用"arrived in the capital"来表达原句"进了""到了"两个动作含义，将原句"到了""整衣冠""至荣府""投了"等动作作为主句的并列谓语，而把其他动词放到了非限制性定语从句中，所选用的动词偏向意译。

从汉语动词和英语谓语动词的对应情况来看，杨译偏向直译，汉英动词词义和词性对应性强，忠实度更高；霍译偏向意译，英语谓语动词存在删除或合并，可读性更强。

例2：这熙凤<u>携着</u>黛玉的手，上下细细的<u>打谅</u>了一回，仍<u>送至</u>贾母的身边<u>坐下</u>，因笑道："……！"

杨 译：Xifeng <u>took her hand</u> and carefully <u>inspected</u> her from head to foot, then <u>led her back</u> to her seat by the Lady Dowager.

霍 译：Xi-feng <u>took</u> Dai-yu by the hand and for a few moments <u>scrutinized</u> her carefully from top to toe before <u>conducting</u> her back to her seat beside Grandmother Jia.

原句有"携着""打谅""送至""坐下""笑道"等人物动作。对于"打谅"这一动作，杨译选用的动词为"inspect"，柯林斯词典对它的解释是"If you inspect something, you look at every part of it carefully in order to find out about it or check that it is all right."。霍译选用的动词是"scrutinize"，柯林斯词典对它的解释是"If you scrutinize something, you examine it very carefully, often to find out some information from it or about it."。根据语境，王熙凤初次见林黛玉，细细打量黛玉是为了获得更多信息，增加对黛玉的了解，相比之下，"scrutinize"更加适切此动作意图。对"送至贾母身边坐下"这个动作场景，杨译使用"led her back"这一词组，与"took her hand"和"inspected"同为主句谓语动词，而霍译采用"conduct her back"这一词组，并将其放到before引导的时间状语从句中，表现出动作的先后顺序。动词"lead"通常意味着"引导"，含有一种较为自然、平等的引领关系；而"conduct"则强调被引导者对引导者的尊重。一方面王熙凤在贾府地位尊贵，另一方面黛玉初来乍到不免小心翼翼，因而从语境来看，"conduct"一词更能准确表达人物的心理。

例3：黛玉方<u>告了座</u>，<u>坐</u>了。

杨译：With a murmured apology，Daiyu <u>obeyed</u>.

霍译：Only then did she <u>ask permission</u> to <u>sit</u>，as etiquette <u>prescribed</u>.

原句有"告了座"和"坐了"两个人物动作。杨译主句谓语动词是"obeyed"，可见其侧重点在于表现黛玉对贾母安排的座位的服从；霍译主句谓语是"ask permission"，侧重表现黛玉寄人篱下的谨小慎微以及对尊卑秩序礼教的严格遵守，与上文"步步留心，时时在意，不肯轻易多说一句话，多行一步路，唯恐被人耻笑了他去"形象是一致的。

"告座"是上级或长辈让下级或晚辈坐，下级或晚辈谦让或道谢后坐下。结合语境，第一次晚饭时王熙凤拉黛玉在贾母左边第一张椅子上坐，黛玉推让，恐不合自己的身份和规矩，在贾母发话解释允许之后才坐下。杨译采用词性转换的翻译策略，体现出汉语重动词、英语重名词的差异，但是"murmured apology"表意有些不准确，黛玉没有道歉，而是一种谦让和小心谨慎。霍译通过"ask permission to sit"以及"as etiquette prescribed"生动形象地塑造了黛玉的谨小慎微以及旧社会礼教的森严。

通过以上案例分析，笔者发现汉语动词和英语谓语动词在词性和词义上具有高度对应性，两位译者都倾向于将汉语动词处理成英语谓语动词。结合译文动词时态标记，两译者选用时态与原句时态一致，即过去时态。由于英语SV（主+谓）核心句式架构，两个译本尤其霍译体现出更明显的将主要动作放到谓语部分、次要动作放到非谓语等修饰部分或省译的倾向。其次，英语谓语动词用词差异明显。杨译体现出更强的忠实性，用词完全根据人物动作含义。霍译多用逻辑连接词，对汉语句子逻辑和语义进行了调整，可读性上升；同时英语谓语动词词义更加精准，不仅准确表现出人物动作含义，更表现出动作背后蕴含的深层次人物尊卑关系和性格特点。两译文对比，能明显看到英语谓语动词用词的差异。

4 结语

汉英动词差异明显，英语句子重语法结构，汉语语法结构寓于语义结构之中。译者需要结合词序关系、语义准确区分出汉语动词后再转换到英语句子中。通过案例分析发现，霍译本和杨译本对于汉语动词判断准确，英语谓语动词和汉语动词在词性和词义上具有高度一致性，但用词差异明显。霍译本谓语动词词义上不仅准确表现出人物动作含义，更深层次暗含着人物尊卑关系。由于文学文本的特殊性，译者应结合人物形象、人物关系，既要遵循英语 SV 的核心句式架构，合理划分谓语主次关系，也要保证英语谓语动词与汉语动词词性和词义的高度一致性，在用词上多加比较斟酌，才能最大限度地保证故事场景描绘和人物身份、性格、关系传达的准确性。

参考文献

[1] 王建国.汉英对比与翻译：理论与实践[M].北京：中译出版社，2019.

[2] 叶子南.对翻译中"词性转换"的新认识[J].中国翻译，2007（6）：52-53.

[3] 安然，王建国.汉译英中英语谓语的选择：以《红楼梦》第三回的两个译本为例[J].外文研究，2014，2（2）：95-103，108.

[4] 刘宓庆.汉英对比研究的理论问题（下）[J].外国语（上海外国语学院学报），1991（5）：46-50.

[5] 刘宓庆.汉英对比研究的理论问题（上）[J].外国语（上海外国语学院学报），1991（4）：10-14，20.

[6] 徐通锵.对比和汉语语法研究的方法论[J].语言研究，2001（4）：1-7.

[7] YANG X，YANG G.A dream of red mansions[M].Beijing：Peking Foreign Languages Press，2019.

[8] HAWKES D.The story of the stone[M].London：Penguin Books Limited London，1973-1986.

汉英翻译中从动态到静态的词性转换
——以《习近平谈治国理政》英译本为例①

陈佳滢② 关 涛③

摘 要：汉语和英语源自不同语系，汉语多用动态，英语多用静态，所以在汉英翻译过程中要注重动态和静态之间的转换。本文以《习近平谈治国理政》英译本为例，结合实例分析总结汉英翻译中从动态向静态转变的方法，使译文更加符合目的语表达习惯，从而取得良好的翻译效果。

关键词：英汉对比；汉英翻译；动态；静态；词性转换

1 引言

《习近平谈治国理政》这部著作体现了中国的治国理念和对外政策，涉及内政外交等多个领域，堪称中国形象的百科全书[1]，是世界了解当代中国

---

① 本文系上海外国语大学语料库研究院项目"《习近平谈治国理政》语料库在北京工商大学外语教学中的推广与应用研究"的成果之一。
② 陈佳滢，女，北京工商大学语言与传播学院2023级翻译硕士研究生。
③ 关涛，女，北京工商大学语言与传播学院副教授，文学博士，硕士研究生导师，主要研究方向为比较文学与文学翻译。

的一个窗口。其翻译目的是使中外读者更好地理解中国特色话语，全面真实地展现中国形象，从而提升我国的国际影响力。本文以汉英动静态差异为出发点，通过对《习近平谈治国理政》英译本中词性转换现象的实例分析，探讨其中的汉英翻译方法，以便更好地将其应用于翻译实践。

2 动态和静态

汉语与英语分别属于汉藏语系和印欧语系，在语言结构上存在诸多差异，这些差异不仅体现在词汇语义的不完全对应上，更在于词性方面难以实现完全对等。英语倾向于使用名词，其叙述往往呈现出静态特征；而汉语则更倾向于使用动词，使叙述更具有动态性[2]。因此，在汉英翻译过程中，不能机械地遵循汉语的表面语言形式，而应在确保原文信息准确传达的基础上，充分利用这两种语言在动静差异上的特点，灵活进行词性转换，例如可将汉语中的动词转译为英语中的名词、形容词、介词，有时甚至可以省略多余的动词，这样不仅有助于避免"中式英语"，而且可以使译文自然流畅，更符合目的语的表达习惯。

3 案例分析

本文使用《习近平谈治国理政》多语种平行语料库为检索工具，选择"翻译策略与技巧查询"模块，以词性转换为检索项，查找并分析具体实例。利用该语料库，可以比较分析汉英两种翻译语言特征，帮助我们了解汉英语言之间的动静态转换规律，加深我们对翻译本质的认识。

3.1 汉语动词转译为英语名词

在汉译英过程中，既要尊重原文的语义，又要符合译文的语言习惯。相较于汉语，英语中名词的使用频率较高。因此，汉语中的动词往往会转换为英语的名词。

例1：党坚强有力，党同人民保持血肉联系，国家就繁荣稳定，人民就幸福安康。

译文：The Party's <u>strength</u> and its <u>close ties</u> with the people have ensured China prosperity and stability, and the Chinese people <u>peace and happiness</u>.

例 1 中的"坚强有力"和"保持血肉联系"在译文中均转化为名词，即"strength"和"close ties"；"繁荣稳定"和"幸福安康"也被译成两个名词短语"prosperity and stability"和"peace and happiness"。这种从动态到静态的词性转换，使译文在语法结构和表达习惯上更符合英语的特点，也更易于使英语读者理解和接受。

例 2：形势越<u>变化</u>、党和人民事业越<u>发展</u>，越要重视干部培养。

译文：We need to focus more on the training of officials along with the <u>changes</u> of the circumstances and the <u>development</u> of the cause of the Party and the people.

例 2 中的动词"变化"与"发展"在译文中被转换为名词"changes"和"development"。在当代英语中，名词的使用频率尤为突出，尤其是那些由动词词根构成的名词。因此，汉语中的某些动词在翻译成英文时，可能会转化为由动词派生而来或隐含动作意义的名词。这种词性转换不仅展现了英语更倾向于使用名词来表达概念和关系的特点，还使得译文更加符合英语的语言习惯。

3.2　汉语动词转译为英语介词

因为英语中的介词使用范围广、频度高，所以当汉语句子出现多个动词或者多个并列结构时，可将汉语中的动词翻译为英语中的介词。

例 3：机会总是<u>留给</u>有准备的人的，也总是<u>留给</u>有思路、有志向、有韧劲的人们的。

译文：Opportunities are always <u>for</u> those who are fully prepared, and <u>for</u> those who are independent-minded, aspiring and persevering.

例 3 中的动词"留给"翻译为英语中的介词"for"。该词在英语中通常用来表示某物或某事是"为了"或"属于"某人或某物，这与原文中"留给"的含义相吻合。译文通过使用"for",反映了英语更倾向于使用介词来表达目的、用途或关系的特点,更贴近英语语言习惯,同时准确地传达了原文信息。

例4:不能一个国家安全而其他国家不安全,一部分国家安全而另一部分国家不安全,更不能牺牲别国安全谋求自身所谓绝对安全。

译文:We cannot have the security of just one or a few countries while leaving the rest insecure, in no way can we accept the so-called absolute security of one at the expense of the security of others.

例4中"牺牲"这个动词转译为介词短语"at the expense of",表达牺牲一方来换取另一方的意思,表达更加简洁明了,既保留了原文意思,又使英文表达更加地道和流畅。

3.3 汉语动词译为英语形容词

汉语中表达人的情感、意识、观点或者观念的动词如果表示一种状态而非一时的动作,则一般要转译为英语的形容词。

例5:第三,希望大家奋力创新创造。

译文:Third, I hope you will be more innovative and creative.

例5中的"创新创造"翻译为英语中的形容词"innovative and creative"。根据汉英动静差异,译者通常使用英语中的形容词来替代汉语中状态性很强的动词,或者使用形容词来表达品质或特征,在保持准确传达原文信息的同时,使译文更贴近英语语言习惯。

例6:我们清醒地认识到,随着改革不断深入和对外开放不断扩大,党必将面临前所未有的风险和挑战。

译文:We must be cognizant that the Party will be exposed to unprecedented risks and challenges as China drives reform and opening up to a deeper level.

例6中动词"认识到"译为英语的形容词"cognizant",该词在英语中表示"认知的,意识到的",准确传达了原文中"清醒地认识到"的含义。

此外，译文还保留了原文的语态和逻辑顺序，使得译文在表达上既准确又流畅。

3.4　汉译英时省译动词

由于汉语的动态性，汉语动词有重叠、连动、兼语现象，但英语的静态性使得汉语的一些动词在翻译中省译了[3]。

例7：人的身体有了毛病，就要看医生，就要<u>打针吃药</u>，重了还要动手术。

译文：When a person is ill，he must visit the doctor for <u>treatment</u>，perhaps even have an operation if the case is serious.

例7描述了一个人生病后需要经历的一系列行为，但在翻译时，译者并没有将每一个动词都直译出来，而是省译了"打针吃药"，并将这一系列动作概括为名词"treatment"，这样既遵循了英语多静态的语言特点，又简洁地表达了原文意图。

例8：要<u>跟</u>上时代前进的步伐，就不能身体已进入21世纪，而脑袋还<u>停留</u>在冷战思维、零和博弈的旧时代。

译文：One cannot live in the 21st century with the outdated thinking of the era of the Cold War and zero-sum game.

在例8译文中，"跟上"和"停留"这两个动词在翻译时都被省译了。相比于汉语，英文表达更追求简洁，并且可以通过上下文来理解其含义。总体来说，省译动词的技巧在于理解原文的逻辑和意图，找出可以概括或省略的动词，以使译文更加简洁、流畅和地道。

4　结语

《习近平谈治国理政》多语种译本是国际社会理解当代中国最直接有效的途径。为了确保汉译英的翻译质量，需要充分考虑汉语和英语之间动态倾向与静态倾向的差异。经过以上案例分析，笔者发现，译者多处采用词性转换策略，将汉语中的动词转换为英语中的名词、形容词、介词等，或者省译多余的动词。这有助于确保译文的准确性和流畅性，从而更好地实现翻译目的，使习近平治国理政的理念得以更广泛地传播和更充分地被理解。

参考文献

［1］黄友义.译好鸿篇巨著 讲好中国故事：通过翻译《习近平谈治国理政》英文版体会中国国际话语体系构建［J］.中国政协，2018（14）.

［2］连淑能.英汉对比研究［M］.北京：高等教育出版社，2010：133-134.

［3］彭萍.实用英汉对比与翻译［M］.北京：中译出版社，2015：149-150.

基于语料库的中国国家"自塑"形象研究
——以《习近平谈治国理政》英译为例①

彭 辉② 关 涛③

摘 要：本文利用《习近平谈治国理政》汉英语料库中的词频、索引行、KWIC和词簇等功能，对英文中的静态词汇进行分析。研究发现，《习近平谈治国理政》为世界展现了以人为本、神州崛起、开拓进取、立党为公的光辉中国形象。

关键词：《习近平谈治国理政》；语料库；国家形象

1 引言

国家形象是一个国家的性质、实力、地位和影响的外在展现，是国内外民众对一个国家历史底蕴、现实行为和政策的总体性评价和综合性印象[1]。

---

① 本文系上海外国语大学语料库研究院项目"《习近平谈治国理政》语料库在北京工商大学外语教学中的推广与应用研究"的成果之一。

② 彭辉，男，北京工商大学语言与传播学院2023级翻译硕士研究生。

③ 关涛，女，北京工商大学语言与传播学院副教授，文学博士，硕士生导师，主要研究方向为比较文学与翻译。

新中国成立之初，毛主席就曾为中国勾画出一个独立、自由、民主、统一和富强的国家形象，但受制于当时的经济社会发展条件，中国在国际社会上留下了积贫积弱却不屈向前的国家形象。今天，中国特色社会主义步入新时代，中国经济总量跃居世界第二，人民生活从贫困走到小康，科技创新成果不断涌现，这些成就成为塑造东方大国新形象的动力。

《习近平谈治国理政》全面系统地回答了新时代条件下中国发展的重大理论和现实问题，是国际社会了解当代中国的重要窗口和寻找中国问题答案的一把钥匙。它不仅是扩大中国影响力的方式，也是塑造中国形象的重要途径。

2　研究综述

近年来国内从翻译学角度对《习近平谈治国理政》的研究屡见不鲜，例如：李晓倩、胡开宝研究了该文本多语平行语料库的建设与应用[2]，朱伊革研究了文本英译与中国形象在海外的传播[3]，黄友义通过翻译《习近平谈治国理政》英文版体会中国国际话语体系构建等[4]。语料库是目前翻译学科的一个热门话题，陈洁玮的中国共产党"自塑"形象[5]、梁艺的中国外宣翻译特色词语研究[6]以及胡伟华的政治类文本显化与隐化研究[7]等均以语料库为研究方法。但基于《习近平谈治国理政》一至四卷汉英双语语料库对中国形象的研究却鲜有人做。本文利用《习近平谈治国理政》多语种数据库，通过词频、索引行、KWIC和词簇等功能对英文语料中的静态词汇进行分析，对中国国家形象的"自塑"进行研究。

3　研究设计

3.1　语料库介绍

《习近平谈治国理政》多语种数据库综合平台由上海外国语大学语料库研究院研发，共收录习近平总书记 2012 年 11 月至 2022 年 7 月的重要论述300 多篇，是国内外学者学习习近平总书记有关治国理政系列重要讲话精神以及理解当代中国的重要平台。该平台包含语料库、知识库和文献库三大模块，提供了"基础信息"、"KWIC"（Key Word in Context）、"索引行"、"词频"、"词簇"、"搭配"等功能，满足使用者对不同数据的需求。

3.2 研究方法与步骤

词频分析是一种基于词汇出现频率的研究方式，词频不断增加，词汇的重要性也随之增加。词频分析能够展示语篇中词汇的频次、占比和标准化频率，因此在政治、计算机科技、教育学等领域得到广泛应用。

英汉两种语言在形合与意合、物称与人称、繁复与简短等方面存在差异，最明显的差异是动态与静态。汉语倾向于多使用动词，因而叙述呈动态；而英语倾向于多使用名词，因而叙述呈静态[8]。因此根据两种语言的"动静"差异，笔者选择名词作为英译文本中词频分析的对象。

在《习近平谈治国理政》语料库中，进入提供基础信息、词频、索引行功能的科研模块，选择词频选项卡，选择中文简体/英文语对，在"语言"栏选择英语，词性选择 noun，章节选中第一、二、三、四卷，之后我们截取前十个高频词（如图 1 所示）。

单词	频次	占比
people	3 358	0.65%
development	2 778	0.54%
Party	1 643	0.65%
reform	1 245	0.26%
country	1 114	0.22%
system	1 107	0.21%
law	973	0.19%
countries	913	0.18%
world	912	0.18%
cooperation	783	0.15%

图 1　前十个高频词

将图 1 中的前三个高频词分别在索引行和 KWIC 选项卡进行检索，检索后的结果如图 2、图 3、图 4 所示。

We will do our utmost to be trustworthy and fulfill our mission . We are deeply encouraged by both the trust from the Party members and the great expectations from the people of all ethnic groups in China , and we are keenly aware that this is also our important responsibility .

全党 同志 的 重托 ， 全国 各族 人民 的 期望 ， 是 对 我们 做好 工作 的 巨大 鼓舞 ， 也 是 我们 肩上 的 重大 责任 。

Countless people with lofty ideals rose up for the rejuvenation of the Chinese nation , but each time they failed .

自 那时 以来 ， 为了 实现 中华民族 伟大 复兴 ， 无数 仁人志士 奋起 抗争 ， 但 一 次 又 一 次 地 失败 了 。

After it was founded in 1921 the CPC rallied and led the Chinese people in making great sacrifices , forging ahead against all odds , and transforming poor and backward China into an increasingly prosperous and strong nation , thus opening completely new horizons for national rejuvenation .

中国共产党 成立 后 ， 团结 带领 人民 前仆后继 、 顽强 奋斗 ， 把 贫穷 落后 的 旧 中国 变成 日益 走向 繁荣富强 的 新 中国 ， 中华民族 伟大 复兴 展现 出 前所未有 的 光明 前景 。

Our responsibility is to rally and lead the entire Party and the people of all China 's ethnic groups in taking on this task and continuing to pursue the goal of the rejuvenation of the Chinese nation , so that China can stand firmer and stronger among the world 's nations , and make new and greater contributions to mankind .

我们 的 责任 ， 就是 要 团结 带领 全党 全国 各族 人民 ， 接 过 历史 的 接力棒 ， 继续 为 实现 中华民族 伟大 复兴 而 努力 奋斗 ， 使 中华民族 更加 坚强 有力 地 自立 于 世界 民族之林 ， 为 人类 作出 新 的 更大 的 贡献 。

We are taking on this important responsibility for the people .

图 2　people 索引行索引结果示例

图 3　development KWIC 索引结果示例

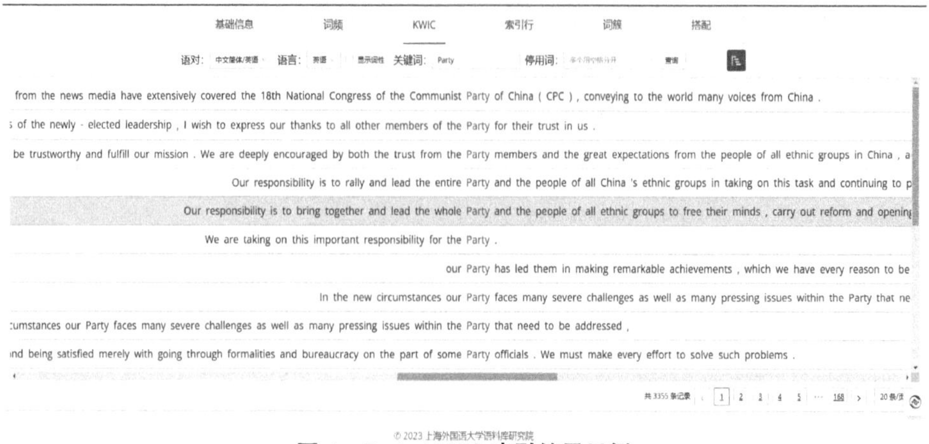

图 4　Party KWIC 索引结果示例

3.3　研究结果与讨论

统计结果显示，前三个高频关键词分别为 people、development 和 Party。可以发现，在对外传播中，中国形象主要围绕着人民与发展以及党的建设。其余高频词如 reform、world、cooperation 虽然频次不如前三者，但也与中国的国家发展和形象建构密不可分。

所谓词簇，也指词丛，指由两个或两个以上词形构筑的连续序列，是具有共同形式特征的一组词语聚合体，具有独特的语言学特征。四词词簇相比于三词词簇和五词词簇而言，不仅使用频繁，而且在结构和功能上更加丰富多变。因此，笔者对前两个关键高频词 people（见图 5）和 development（见图 6）分别检索，词簇长度设置为 4，得到的检索结果有助于我们对中国国家形象自塑的研究。

词簇	频次	占比
Party and the people	108	0.90%
of the Chinese people	68	0.57%
people of all ethnic	51	0.43%
of the people and	51	0.43%
interests of the people	43	0.36%

图 5　people 词簇索引结果示例

词簇	频次	占比
economic and social development	72	0.75%
the development of the	71	0.74%
social and economic development	39	0.41%
reform development and stability	34	0.36%
security and development interests	28	0.29%

图 6　development 词簇索引结果示例

3.3.1　以人为本的国家形象

结合词频和词簇的数据来看，图 1 显示 people 的频次高居榜首，凸显了人民对中国的重要性。图 5 的词簇数据显示中国共产党与人民共同出现的频次最高，彰显了人民利益与中国共产党的领导息息相关。中国共产党始终将人民立场作为核心价值立场，努力做到权为民所用、情为民所系、利为民所谋。江山就是人民，人民就是江山。

3.3.2　神州崛起的中国形象

实现中华民族伟大复兴是中国人民近代以来最伟大的梦想。图 2 提到无数仁人志士为中华民族伟大复兴奋起抗争。这一伟大复兴凝聚着几代中国人的夙愿，体现了中华民族和中国人民的整体利益，是每一个中华儿女的期盼。在历史长河中，中国人民勤劳勇敢、自强不息、奋发图强，为中华民族伟大复兴铸就坚强后盾，也让世界看到神州崛起的中国形象。

3.3.3　开拓进取的国家形象

图 1 词频显示 development 是谈到中国无法回避的话题。图 6 关于 development 的词簇则显示中国的发展涉及经济、社会、生态和文化等方面，这印证着中国的发展是多方面的，也是多领域的。改革开放以来，中国人民积极探索、勇于创新，中国经济总量如今已跃居世界第二，综合国力和国际影响力实现历史性提升。中国积极参与国际合作，推动了"一带一路"倡议，在国际上展现出革故鼎新、一往无前的国家形象。

图 3 提到了中国特色社会主义和党的领导，虽然在发展的过程中遇到

许多困难和挑战，但中国人民始终坚持党的领导，坚持发展中国特色社会主义，不断克服困难，化解难题。中国的发展让世界看到的同时也展现了中国未来的光明前景。

3.3.4 立党为公的国家形象

中国国家形象与党的形象内在融通，党的形象也集中反映了国家形象。图4展现了中国共产党的使命和责任，即实现民族伟大复兴、为人类做出贡献。

同时，以解放全人类、实现共产主义为己任的中国共产党，始终以世界眼光关注人类的前途命运。在习近平总书记亲自部署和推动下，中国为解决人类重大问题，建设持久和平、普遍安全、共同繁荣、开放包容、清洁美丽的世界贡献中国智慧、中国方案、中国力量，成为推动人类发展进步的重要力量，为党赢得了党心民心，也赢得了国际社会的普遍赞誉，为中国树立起立党为公的国家形象。

4 总结

《习近平谈治国理政》是传播中国声音、讲好中国故事、构建负责任大国国家形象的典范。通过对《习近平谈治国理政》前四卷语料库的高频关键词进行检索，发现 people、development 和 Party 位居前三位，同时通过对其进行词频、索引行、KWIC 和词簇分析，我们得出结论——中国构建了以人为本、神州崛起、开拓进取和立党为公的国家形象。

参考文献

［1］国家形象［EB/OL］.［2024-01-22］.https：//baike.baidu.com/item/ 国家形象 /6917108.

［2］李晓倩，胡开宝.《习近平谈治国理政》多语平行语料库的建设与应用［J］.外语电化教学，2021（3）.

［3］朱伊革.《习近平谈治国理政》英译与中国形象在海外的传播［J］.西安外国语大学学报，2018，26（2）：89-93.

［4］黄友义.译好鸿篇巨著 讲好中国故事：通过翻译《习近平谈治国理政》英文版体会中国国际话语体系构建［J］.中国政协，2018（14）.

［5］陈洁玮.基于语料库的中国共产党"自塑"形象研究：以《中共中央关于党的百年奋斗重大成就和历史经验的决议》翻译为例［J］.华北理工大学学报（社会科学版），22（4）：131-137.

［6］梁艺，佟玉平.基于语料库的中国外宣翻译特色词语研究［J］.现代商贸工业，2022，43（4）：26-28.

［7］胡伟华，赵子鑫.基于语料库的政治类文本英译中显化与隐化研究：以《习近平谈治国理政》官方英译本为例［J］.山东外语教学，2023，44（1）.

［8］连淑能.英汉对比研究［M］.北京：高等教育出版社，2010：139.

金融类文本英译汉翻译策略研究
——以《加强亚太区域金融合作》为例

王 瀛[①] 史岩林[②]

摘 要：本文在梳理金融类文本英译汉研究现状的基础上，从文本类型差异视角出发，以信息型文本《加强亚太区域金融合作》为例进行英译汉案例分析，指出信息型文本翻译需要重点关注逻辑表达，这能够为信息型文本翻译提供新策略。

关键词：金融翻译；文本类型理论；信息型文本；翻译策略

1 引言

文本类型差异对译者翻译策略选择会产生一定影响，也会因此产生表达方式各异的译文，为译文读者传递不同信息。在翻译过程中，译者选择合适的翻译策略十分重要，而且翻译策略的选择会对译文产生一定影响。译者在选择翻译策略时既需要考虑译文读者感受，也需要考虑原文的类型特征。

[①] 王瀛，北京工商大学语言与传播学院翻译专业2023级硕士研究生。

[②] 史岩林，男，北京工商大学语言与传播学院副教授，主要研究方向为西方文学与文化批评、比较文学、翻译等。

2 国内外研究现状

将英语翻译为汉语的过程，不仅仅是一个语言转换的过程，更是一个文化交流、沟通的过程。世界各地学者对翻译的研究比较多。学者蔡力坚在研究学生翻译的金融类文本过程中发现，金融类文本翻译会受到译者对金融术语理解的影响，也会受到汉英语言差异影响[1]。由此可见，仅仅理解金融术语不足以做好金融类文本翻译，翻译理论研究与应用在金融类文本翻译过程中也是不可缺少的。

学者连淑能在《汉英对比研究》中提出英语倾向于多用名词，因而叙述呈静态（static）；汉语倾向于多用动词，因而叙述呈动态（dynamic）。动词是有动作的，动作往往伴随着变化，可以更多地展现动态画面感；而名词说明性更强，往往伴随着介词，所传递的信息可能更加给人以客观之感[2]。学者方梦之在《翻译的元策略、总策略和分策略》中提出翻译的元策略、总策略和分策略的概念，讨论翻译策略的渊源与功能，并阐述三者的作用及关系[3]。学者周红民探讨文本类型与隐喻翻译之间的关系，在《文本的功能类型与隐喻翻译》中借用莱斯的文本类型理论，并在其基础上以纽马克提出的陈词性隐喻和创新隐喻来关照各类文本，以文本功能为导向，来分析处理或翻译这些隐喻的理据[4]。学者张美芳在《文本类型理论及其对翻译研究的启示》中详细阐述莱斯的文本类型理论、追溯其理论根源，简述其他学者提出的相关观点，并结合英汉译例讨论文本类型理论对翻译研究，尤其是对英汉翻译研究的启示[5]。

翻译家、翻译理论家、语言学家彼得·纽马克（Peter Newmark）提出语义翻译和交际翻译两种翻译策略，侧重点分别在于原文含义和沟通效率[6]。学者卡塔琳娜·莱斯（Katharina Reiss）依据文本表达目的对文本进行分类，类别包括信息型文本（informative text）、表情型文本（expressive text）和感染型文本（operative text），形成文本类型理论[7]。基于莱斯（Reiss）的分类，信息型文本、表情型文本和感染型文本在表达方式、表达语气上都有所不同，因此译者在翻译过程中需要根据不同文本类型选择不同翻译策略，呈现出更能传达原文含义的译文。信息型文本重点在于内容，需要通过文本内容传递信息、知识等；表情型文本通常表达感情，具有一定语言美学特征；感染型文本的主要目的在于建议、说服读者采取相应行动，具有部分对话特征。

3　金融类文本英译汉案例分析

本文节选了部分联合国经济及社会理事会亚太经济与社会委员会2017年报告《加强亚太区域金融合作》[8]。该报告包含大量数据，根据莱斯（Reiss）提出的文本类型理论进行分类，该报告属于信息型文本。译文保留了原文客观的表达方式，既呈现完整的信息，又使得文字通顺。笔者对于译文进行以下分析。

案例分析一：

原文：The financial landscape in the Asia-Pacific region is characterized by a significant degree of diversity.

译文：亚太区域金融格局是以明显的多样性为特点的。

译者将"be characterized by"翻译为"以……为特点"，将英语形容词转化为汉语动词，形象地说明亚太区域金融格局特点，既传达原文含义，又符合汉语用词习惯。

案例分析二：

原文：National financial systems range from a few large and diversified financial hubs that are thriving, well-regulated and globally integrated to a larger number of middle-sized emerging markets.

译文：国家金融体系的范围从若干大型、多元化、蓬勃发展和监管完善并且全球一体化的金融中心到更多数量的中等规模的新兴市场。

英语中更常用定语从句，并将定语从句后置用于修饰先行词，而汉语中更经常将定语前置，即便在定语较长的情况下，也会尽量将定语进行并列连接并置于被修饰名词之前。译者在本句翻译过程中将原文定语从句翻译为译文定语前置句，采用直译翻译策略，虽然对语序进行了调整，但是符合学者方梦之阐述的直译通过概念对应模仿文化信息，使得译文顺利表达原文含义。

案例分析三：

原文：However, financial markets in most economies are relatively underdeveloped in terms of size, liquidity and maturity, which impedes the channelling of long-term savings to long-term investments.

译文：然而，多数经济体的金融市场在规模、流动性和成熟度方面都是相对不发达的，这阻碍了将长期储蓄用于长期投资。

在本句中，译者将原文"in terms of"直译为"在……方面"，同时在定语从句处添加"这"使得译文指代清晰。

4　结语

信息型文本通常内容充实，逻辑清晰，表达语气相对客观。在翻译信息型文本过程中需要注意将内容翻译完整，词意表达准确，对于专有名词、数字等内容，需要表达其确切含义，符合原文表达内容。关于翻译策略的选择，由于信息型文本重点陈述客观信息，修饰较少，因此更多情况下译者倾向于采用直译翻译策略，而只在少数情况下采用意译翻译策略以求译文通顺、流畅。

参考文献

[1] 蔡力坚.金融翻译要点探析 [J].中国翻译，2023，44（1）：180-185.

[2] 连淑能.汉英对比研究 [M].北京：高等教育出版社，2010.

[3] 方梦之.翻译的元策略、总策略和分策略 [J].上海翻译，2021（3）：1-6.

[4] 周红民.文本的功能类型与隐喻翻译 [J].上海翻译，2020（4）：24-29.

[5] 张美芳.文本类型理论及其对翻译研究的启示 [J].中国翻译，2009（5）：53-60.

［6］NEWMARK P.A textbook of translation［M］.Shanghai：Shanghai Foreign Language Education Press，2001.

［7］REISS K.Translation criticism：the potentials & limitations［M］.Shanghai：Shanghai Foreign Language Education Press，2004.

［8］贺莺.英语笔译实务教材（2级）［M］.北京：新世界出版社，2020.

生态翻译视角下科技公司外宣文本英译策略探析
——以《2023 小米集团气候行动白皮书》为例①

牛　童②　王怡心③　田　莉④

　　摘　要：生态翻译学是中国本土翻译理论，经二十余年的发展完善，其基本框架已经形成，但理论应用多集中在文学和政治宣传文本方面。本文将生态翻译学的应用范围拓展至科技公司外宣文本，以《2023 小米集团气候行动白皮书》为例，从语言维、文化维、交际维三个维度分析其英译策略，意在探析生态翻译视角下科技公司外宣文本英译策略，为译者在翻译类似文本时提供生态翻译理论指导。

　　关键词：生态翻译学；外宣文本；科技翻译；三维转换

---

① 本文受到北京工商大学2024年研究生科研能力提升计划项目资助，项目名称为"知识翻译学视角下非物质文化遗产外宣翻译研究——以琉璃渠村琉璃博物馆介绍为例"。
② 牛童，女，北京工商大学语言与传播学院翻译专业2023级研究生。
③ 王怡心，女，北京工商大学语言与传播学院翻译专业2023级研究生。
④ 田莉，女，北京工商大学语言与传播学院副教授，研究方向为话语分析、二语习得。

1　引言

在中国与全球市场联系日益密切、国际竞争日趋激烈的背景下，中国科技公司要想在国际上取得成功，就必须提高自身的知名度和形象。本文旨在研究小米集团对外宣传材料中英文翻译的准确性和流畅性，并评估其在提升小米在国际市场上的形象和知名度方面的效果。具体而言，本文将以生态翻译学三维转换为理论基础，研究科技公司外宣文本对目标语生态环境的适应与选择过程，探讨如何提高外宣材料翻译质量，增强科技公司对外宣传效果。

2　生态翻译学三维转换框架下《2023 小米集团气候行动白皮书》英译实例分析

2.1　案例与理论

《2023 小米集团气候行动白皮书》是小米集团首份气候行动报告，代表小米集团在全球零碳转型期的努力与承诺。该报告聚焦科技公司社会责任，回答了科技企业在产品研发和应用中如何实现减排目标这个议题，具有创新性和对外翻译价值。其语言客观平实，多使用科技术语，属于典型科技类文本，针对该报告的研究普遍适用于其他科技类文本。

生态翻译学由中国学者胡庚申于 2001 年提出。胡庚申阐述了该理论的三大理论基础：相关性序列链、相似性和适应性[1]。生态翻译学视角下的生态翻译的翻译方法是"三维转换"，即在多维适应和选择的原则下，注重语言维、文化维和交际维。生态翻译学认为，译文是译者适应性选择和选择性适应的结果。本文结合《2023 小米集团气候行动白皮书》英译实例，探析译者在翻译科技公司外宣材料时为适应目的语生态环境而进行的适应性转换。

2.2　语言维

语言维的选择性顺应要求译者在翻译过程中顺应目标文本的语言[1]。汉英两种语言词汇、句型和结构都有各自的特点。译者需要考虑不同语言的风格，以源语言为基础，以目标语言为导向进行翻译。

例 1：驱动原料工业零碳转型。

译文：Driving the raw material sector towards zero-carbon transformation.

介词在英语中出现的频率远高于汉语，介词可以产生与动词类似的效果。原句中，"驱动"和"转型"是两个动词短语，它们之间隐含一个方向性的关系，即"驱动"是向着"转型"这个方向进行的。翻译时为了表达这种方向性，需要使用介词来连接这两个动作。使用"towards"能够清晰地表达"驱动原料工业"是朝着"零碳转型"这个方向进行的，符合原文的语义。此处增译"towards"准确传达了原文的含义，并且使译文更加流畅自然。

2.3 文化维

胡庚申提出，译者必须查阅相关资料，准确传达源文本所传递的文化信息[2]。在外宣材料翻译过程中，译者应了解目的语的文化背景。中文文本英译应考虑中国文化、汉字词汇和成语，从而准确传达意思，提升中国企业形象，提高企业知名度。总之，翻译不仅是语言的转换过程，更是对原文背后文化的诠释。

例 2：2020 年，基于生态文明与新发展理念，中国政府提出了"双碳"目标。

译文：In 2020, the Chinese government announced the monumental goals of peaking carbon emissions by 2030 and achieving carbon neutrality by 2060（the "dual carbon goals"）.

作为一家中国科技公司，小米集团的报告更侧重于其在中国履行的责任，这就涉及中国特色术语的翻译。目标语读者对于这些概念并不熟悉，因此译者必须熟悉国家政策，并对术语进行解释，以便外国读者了解文化背景。此处"双碳"是一个具有中国特色的术语，其完整表述是"到 2030 年实现碳达峰"和"到 2060 年实现碳中和"。译文对该术语进行解释，适应英文生态，以便目标语读者理解"双碳"概念。

2.4　交际维

胡庚申认为，交际维是指译者需要考虑源文本的内在交际意图是否在目标文本中得到了表达[3]。换言之，译者的作用是促进使用不同语言、拥有不同文化背景的人之间进行有效交际。只有目标读者与原文读者具有相同的反应，才能实现交际意图。

例3：为未来百亿设备、百亿连接做好"万物互联的公有底座"。

译文：This innovation lays the groundwork for creating a universal "connected system", enabling the interconnection of billions of devices in the future.

原文中的"公有底座"直译成"public base"或"shared foundation"，可能会让英文读者产生误解。它强调的是一种公共的、共享的基础架构或平台。在译文中，"universal"一词体现了"公有"，而"groundwork"传达了"底座""基础"的概念。这使得英文读者能够理解并接受这一概念，从而促进了中英文读者之间的有效交际。

3　结语

科技公司外宣文本是公司品牌传播的重要载体。持续发布高质量的外宣内容，有助于强化人们对品牌的认知和忠诚度，因而对译文的质量要求很高。生态翻译学"三维转换"翻译方法为译者在科技文本翻译时提供了新思路、新方法。译者在翻译实践中应遵循生态翻译学适应与选择原则，兼顾多种翻译策略，生成高质量译文。

参考文献

［1］胡庚申.生态翻译学：产生的背景与发展的基础［J］.外语研究，2010（4）：62-67.

［2］胡庚申.生态翻译学解读［J］.中国翻译，2008，29（6）：11-15.

［3］胡庚申.生态翻译学：建构与诠释［M］.北京：商务印书馆，2013.

生态翻译学视角下 2024 年《政府工作报告》英译翻译策略探究

刘盼盼① 孔海龙②

摘　要：政治文本翻译是向世界各国展示中国的一扇窗口，旨在对外树立良好的国家形象。本文以生态翻译学理论为指导，以 2024 年《政府工作报告》为翻译素材，从语言维、文化维和交际维三个维度对政治文本英译的翻译策略进行探析，以准确传递信息、实现有效交际为目的，以期构建中国文明大国、东方大国和社会主义大国的国家形象。

关键词：生态翻译学；三维转换；外宣翻译

《政府工作报告》具有鲜明的中国特色以及较强的政治性和权威性，这对其翻译工作的准确性有较高要求。本文基于生态翻译学三维转换理论，在语言维、文化维和交际维三个维度对《政府工作报告》进行探讨，以期实现不同文化背景读者间的有效交流，为政治文本的翻译提供一种翻译生态学视角。

---

① 刘盼盼，北京工商大学语言与传播学院2023级翻译硕士研究生。
② 孔海龙，北京工商大学语言与传播学院副教授，硕士研究生导师，主要研究方向为英美文学、叙事理论、商务英语。

1　生态翻译学概述

生态翻译学理论于 21 世纪初兴起于中国本土，由胡庚申首次提出。该理论充分吸纳了东方生态智慧，以生态整体主义为理念，并"以译者为中心"，强调进行"三维"（语言维、文化维、交际维）的适应性选择翻译转换[1]。

所谓"语言维的适应性选择转换"，即译者在翻译过程中对语言形式的适应性选择转换。这种语言维的适应性选择转换是在不同方面、不同层次上进行的。所谓"文化维的适应性选择转换"，即译者在翻译过程中关注双语文化内涵的传递与阐释。这种文化维的适应性选择转换关注源语文化和译语文化在性质和内容上存在的差异，避免从译语文化观点出发曲解原文。所谓"交际维的适应性选择转换"，即译者在翻译过程中关注双语交际意图的适应性选择转换[2]。

2　译例分析

生态翻译学要求译者在翻译实践中做到适应性选择，关注原文与译文在语言维、文化维、交际维三个维度之间的适应性选择和转换。下文将从语言维、文化维和交际维三个维度分别举例予以说明。

2.1　语言维

语言维的转化是译者准确表达语言信息，采用适当的语言形式进行适应性转换。实现语言维度的转换首先要了解中英两种语言的区别。东西文化诸多方面的差异构成了英汉语言在表达形式和内容方面的不同并造成交流障碍[3]。

例 1："山重水复疑无路，柳暗花明又一村。"路就在脚下，光明就在前方。

译文："After endless mountains and rivers that leave doubt whether there is a path out, suddenly one encounters the shade of a willow, bright flowers and a lovely village." As this ancient Chinese poem indicates, the path is unfolding before us, and a brighter future beckons beyond.

分析："山重水复疑无路，柳暗花明又一村"这句诗的意思是"山重峦叠，嶂水迂回曲折，正怀疑前面没有路，突然出现了一个柳绿花红的小山村"。译文做了具体的解释，并增译"As this ancient Chinese poem indicates"，解释了"路就在脚下，光明就在前方"来自这句诗。中文重意合，英文重形合。译文多用介词，比如"after""before"，关系词"that"，连词"whether"，体现了英语句式常用各种形式手段连接词、语、分句或从句，注重句子形式的特点。而汉语少用或不用关联词语，语法意义和逻辑联系常隐含在字里行间。此例的译文体现了忠实性原则，且很好地适应了目的语生态环境。

2.2 文化维

文化维的适应性选择转换具体指译者在翻译过程中关注双语文化内涵的传递与阐释。

例 2：中国发展必将长风破浪、未来可期！

译文：There is no doubt that in pursuing development，China will continue to surge ahead，cleave mighty waves，and advance toward a great future.

分析："长风破浪"借用了诗句"长风破浪会有时，直挂云帆济沧海"，出自唐代李白的《行路难·其一》，意思是坚信乘风破浪的时机定会到来，到那时，将扬起征帆远渡碧海青天。"长风破浪、未来可期"若按字面意思翻译，那目的语读者可能无法理解其蕴含的文化意义。译文为"continue to surge ahead，cleave mighty waves，and advance toward a great future"，结合了文化背景知识，准确传达出原文内涵，实现了原文与译文文化维的转换。译者在翻译过程中关注双语文化内涵的传递，需要充分关注源语文化与目标语文化之间的差距，最大可能地减少文化差异带来的误解[4]。

2.3 交际维

交际维的适应性选择转换要求译者在翻译过程中关注双语交际意图的适

应性选择转换。

例 3：坚持不懈抓好"三农"工作，扎实推进乡村全面振兴。

译文：Making sustained efforts to deliver in work relating to agriculture，rural areas，and rural residents and taking solid steps to advance rural revitalization.

分析："三农"属于《政府工作报告》中的特色词汇，译者需要将其含义翻译出来。译文将"三农"的含义具体化，准确传达出了原文的含义。此处的"三农"指的是农业、农村、农民（agriculture，rural areas，and rural residents）。译者在翻译此类词汇时要结合政策进行具体化处理，使目的语读者清楚地了解其真实含义。一般使用增译法，方便目的语读者理解，使文本达到和原文本一样的交际目的。

3 结语

本文从生态翻译学的视角分别探讨了《政府工作报告》英译中语言维、文化维和交际维三个维度的适应性选择转换。本文认为生态翻译学适用于《政府工作报告》的翻译研究。在生态翻译学理论的指导下，译者要在"翻译生态环境"中不断进行"三维"的动态转换，充分考虑文本的文化内涵并传达出来，达到其外宣目的。

参考文献

［1］胡庚申. 以"生"为本的向"生"译道：生态翻译学的哲学"三 问"审视［J］. 中国翻译，2021，42（6）：5–14，190.

［2］刘爱华. 生态视角翻译研究考辨："生态翻译学"与"翻译生态学"面对面［J］. 西安外国语大学学报，2010，18（1）：75–78.

［3］李静. 生态翻译学视域下会展外宣翻译多维度体系建构：以安徽省会展外宣翻译为例［J］. 成都大学学报（社会科学版），2020（5）：100–106.

［4］罗迪江. 胡庚申"生态翻译学"的方法论特征及其意义［J］. 重庆工商大学学报（社会科学版），2017，34（6）：109–114.

生态翻译学视角下 2024 年
《政府工作报告》英译探析

刘子滢^①　孔海龙^②

摘　要：本文从生态翻译学视角出发，对 2024 年《政府工作报告》英译本从生态翻译学视角下的语言维、文化维、交际维三个维度进行分析，旨在探究政治类文本英译的翻译策略与翻译技巧，为政治类文本翻译提供借鉴。

关键词：生态翻译学；政府工作报告；三维翻译理论

我国《政府工作报告》作为一种官方政治文件，涉及政治、经济、民生、国防等内容，是国际社会了解中国的重要窗口，其英译本的传播是我国对外宣传的重要途径之一。本文拟从生态翻译学的视角出发，从语言维、文化维、交际维三个维度对 2024 年《政府工作报告》进行分析，旨在为中国的外宣翻译提供一定的参考。

---

① 刘子滢，北京工商大学语言与传播学院 2023 级翻译硕士研究生。

② 孔海龙，北京工商大学语言与传播学院副教授，硕士研究生导师，主要研究方向为英美文学、叙事理论、商务英语。

1　生态翻译学理论概述

"生态翻译研究"这一概念由胡庚申于 2001 年首次提出。"生态翻译学"由于至少涉及"生态学"和"翻译学"，因此可以理解为一种生态学途径的翻译研究抑或生态学视角的翻译研究[1]。生态翻译学以生物进化论中的"自然选择""适者生存"等基本原理为基石，以中国古代哲学中的"天人合一""适中尚和"的经典智慧为依归，提出了"翻译即适应与选择"的翻译理论[2]。

2　生态翻译学视角下 2024 年《政府工作报告》案例分析

生态翻译学将原文所处环境和译文所处环境看作一个整体，注重译文在目的语环境中的适应与生存，要求译者在翻译实践中做到适应性选择，关注原文与译文在语言维、文化维、交际维三个维度之间的转换。语言维指译者在翻译过程中对语言形式的适应性选择转换；文化维指译者在翻译过程中关注双语文化内涵的传递与阐释，关注源语文化和译语文化在性质和内容上存在的差异，避免从译语文化观点出发曲解原文；交际维指译者在翻译过程中关注双语交际意图的适应性选择转换，要求译者除语言信息的转换和文化内涵的传递之外，把选择转换的侧重点放在交际层面上，关注原文中的交际意图是否在译文中得以体现[3]。

2.1　语言维

中英两种语言存在差异，中文句子之间很少使用关联词，而英文多使用关联词来连接句子。此外，中文经常使用"数字缩略语"。因此，在翻译时，需要充分了解缩略语词汇的深刻内涵，准确表达原文信息，避免直译。

例 1：污染防治攻坚战深入开展，主要污染物排放量继续下降，地表水和近岸海域水质持续好转。"三北"工程攻坚战全面启动。

译文：Thanks to further steps to prevent and control pollution, the discharge of major pollutants continued to fall and the quality of surface water and offshore water continued to improve.The shelterbelt program in northeast，north，and northwest China entered a crucial stage.

分析：例 1 中，原文"污染防治攻坚战深入开展"和"主要污染物排放量继续下降"之间没有关联词连接，而译文中增加了"Thanks to..."来揭示句间的逻辑关系。作为中国特有的词汇"三北"——三北防护林工程，是指在中国三北地区（西北、华北和东北）建设的大型人工林业生态工程。译者在翻译的时候将"三北"中的地区翻译出来，帮助为目的语的读者更好地理解。

2.2　文化维

在文化维翻译过程中，译者应贴近目的语文化，并传达文本中的文化内涵。

例 2：不搞"大水漫灌"和短期强刺激。

译文：We refrained from resorting to a deluge of stimulus policies or strong short-term stimulus measures.

分析："大水漫灌"原本是指农业灌溉的一种方式。放在经济调控这方面，意思就是往市场里"放水"，注入大量货币，刺激经济。而译者在翻译时舍弃了隐喻意象，取核心含义，准确传达原文文化内涵的同时实现了原文与译文文化维之间的转换。

2.3　交际维

交际维要求译者在翻译中除了准确地传递文化内涵以外，还要从双语交际的层面做出适应性选择转换。

例 3：深化科技评价、科技奖励、科研项目和经费管理制度改革，健全"揭榜挂帅"机制。

译文：We further reform the appraisal and reward systems for scientific and technological advances and the management system for research projects and funding，and improve the open competition mechanism for selecting the best candidates to lead research projects.

分析："揭榜挂帅"就是"把需要的关键核心技术项目张出榜来，英雄不论出处，谁有本事谁就揭榜"。因此，为了实现交际的目的，译者选择将"揭榜挂帅"这一词的深层含义翻译出来，消除了目的语读者的理解障碍，实现了原文与译文间交际维的适应性转换。

3 结语

本文从生态翻译学的视角出发，从语言维、文化维、交际维三个维度探讨了 2024 年《政府工作报告》的英译。当前，生态翻译学理论已被应用于各类翻译实践中，本文表明生态翻译学的理论方法也适用于政治类文本的翻译。在政治类文本的英译探究中，在语言维上，应注意中英文两种语言之间的差异，采用合适的翻译策略对文本信息进行取舍，从而使译文更好地融入目的语的语言环境中；在文化维上，应使译入语读者通过译文理解源语中所含有的特色文化；在交际维上，要做到使译入语读者更好地理解文本，更流畅地阅读文本。

参考文献

［1］胡庚申.生态翻译学解读［J］.中国翻译，2008（6）：11–15，92.

［2］胡庚申.生态翻译学：产生的背景与发展的基础［J］.外语研究，2010（4）：62–67，112.

［3］胡庚申.生态翻译学的研究焦点与理论视角［J］.中国翻译，2011（2）：5–9，95.

生态翻译学视角下的法律文本翻译

吴亚男[①]　刘　影[②]

摘　要：经济全球化深入发展，法律领域同样显现出了全球化的特征。为深入参与国际化进程，我国努力规范法律体系，提升法律翻译质量，进一步与国际法治建设接轨，建构法治方面的国际话语体系。本文选取了一些法律词汇与文本，从生态翻译学视角解读法律翻译，探索法律翻译范式。

关键词：生态翻译学；法律文本翻译；三维转换

1　引言

近年来，随着各个领域全球化的深入发展，中国与世界各国联系日益紧密。法律在国际交往中扮演着重要角色，因而法律翻译也是提高国际传播能力的关键。法律翻译能力的提升是国际传播能力建设的核心要义[1]。法律翻

---

① 吴亚男，北京工商大学语言与传播学院2023级翻译硕士研究生，研究方向为英语笔译（法商特色）。

② 刘影，北京工商大学语言与传播学院副教授，研究方向为语言教学、翻译研究和高等教育国际化。

译与一般文书翻译之间存在一定差异，法律文本的翻译有着更高的标准，对于准确度和严谨度的要求也更为严格。向世界展示中国力量离不开翻译，更离不开法律翻译，高质量的法律翻译既有利于中国学习借鉴他国法律思想，又有利于中国宣扬本国法律理念。

2　生态翻译学理论

生态翻译学这一概念是胡庚申教授于 2001 年提出的一种全新的翻译概念。生态翻译学这一理论将翻译生态系统与自然生态系统进行类比，同时研究译员与翻译生态系统中各部分之间的相互关系。生态翻译学着眼于翻译生态系统的整体性，从生态翻译学的视角，以生态翻译学的叙事方式，对翻译的本质、过程、标准、原则和方法以及翻译现象等做出新的描述和解释[2]。"适应与选择"理论不仅适用于自然科学领域，也被广泛应用于其他人文学科和社会科学领域等多方研究。而二者不同的点在于自然界中的优胜劣汰是绝对的，而翻译生态中译者是否合适则是一个相对的概念。

生态翻译学提出的"适应与选择"的主体是译者。生态翻译学认为，译者是翻译过程中一切"矛盾"的总和。"以译者为中心"的翻译理念把活生生的、感性的、富有创造性的译者推向译论的前台，使翻译理论建立在真实的、具体的译者基础之上[3]。如果细分翻译生态系统，其应当是包括原文作者、译者、译文读者以及源语和目的语的语言、文化、社会、历史和交际等元素在内的一个大的整体。而译者应当是这一系统运作的中心"元素"，在接收原文的过程中需要适应这一系列因素，同时在生成译文的过程中进行选择，以使译文在准确传达原文的基础上更易于为读者所接受。

3　法律文本的三维转换

3.1　语言维

众所周知，英语和汉语分属不同语言体系，二者之间音形意、字词句等各方面都存在着一定的差异。就词汇层面而言，要注意某一个词在目的语中可能翻译为不同意思的词语。比如在汉语中"律师"一词，在英语中可能有"lawyer""attorney""barrister""solicitor""counselor"等一系列对应的词汇，而具体选用哪一个词汇，则要求我们针对其细节性差别进行适应性选择，如barrister 指出庭律师，solicitor 则指事务律师，二者之间存在着一定差异。同时还要注意：英语是形合语言，汉语是意合语言；英语多用物称作主语，汉语多用人称作主语；英语偏静态，汉语偏动态；英语多长句，汉语多短句；等等。所以在翻译法律文本的时候要注意译文语句符合目的语的语言特点。

原文：庭审的时候，他提出了不在犯罪现场的抗辩事由，称犯罪发生的时候，他在另一个城市。

译文：At trial，he raises an alibi defense that he was in another city at the time of the crime.

这句话原文是由多个小分句组成的，符合汉语多用短句的语言特点，而在翻译的过程中，译者应当在适应汉语表达方式的同时考虑到英语爱用长句的特点，并在翻译时根据行文逻辑将短句处理为一个长句。

3.2 文化维

文化维的适应性选择与转换是指译者在翻译过程中注意源语和目的语之间文化内涵的传递与阐释。所谓文化内涵的传递，即基于两种语言间法律历史渊源及背景，对原文进行针对性适应及对译文进行选择性加工。译者在翻译过程中不能只看到词语表面的对应关系，还应关注源语文化和译语文化在性质和内容上存在的差异，根据中文的文化背景合理翻译[4]。译者应从源语和目的语各自的文化系统出发，并在两种不同语言及文化中自由切换，在读者和作者之间架起一道桥梁，消弭目标读者内心的陌生感。不同语言的法律文本中可能会涉及一些特定的文化负载词，这就要求译者恰当采取归化或异化策略，选择保留异质文化或者将其转化为目的语读者所熟知的文化意象[5]。

原文：The burden of proof ordinarily rests on the plaintiff to establish the relationship on a "balance of probabilities".

译文：举证责任通常由原告承担，来证明事实之间的"或然性权衡"关系。

在该例句中出现了"burden of proof"是西方常用的法律术语，且"balance of probabilities"是英美法中民事诉讼程序常用的一种证明标准，指事实存在的可能性高于其不可能性。

3.3 交际维

交际维的转换是指译者在翻译过程中注重原文的交际意图，并在译文中准确体现出这一交际意图。这就要求译者充分理解原文，透过字面意思抓住原文深层的交际目的，并且考虑到译文读者的认知域界，重视传达原文的交际意图[6]。法律翻译应当在准确传达法律信息的基础上保证法律文本的庄严性及严谨性特征。

原文：Each party hereto agrees to keep this Agreement and the provisions hereof confidential and shall not disclose any information in relation to this Agreement except with the prior consent of all the parties or save as otherwise required by law.

译文：协议各方同意，除非事先获得其他所有签约方同意或法律另有要求，应对本协议以及协议条款予以保密，有关本协议的信息亦不得向外披露。

本例句的原文用了 hereto、hereof、shall 和 save 等法律常用词汇来显示法律文本的严谨性特征。译文同样以"另有要求""予以保密""披露"等词以及简明精悍的句子传达出了法律文本的严谨性等特征。

4 结语

本文试结合几个例句，分别从字、词、句等方面剖析生态翻译学理论在法律文本翻译中的具体运用，其中主要结合生态翻译学的三维对译例进行阐明。生态翻译学作为一种基于传统翻译理论衍生出的全新范式，对于各个领域的翻译都具有重大研究价值和意义。鉴于各个国家和地区发展程度和背景不同，法律方面也存在明显差异。因此，法律文本翻译的质量很大程度上取决于译者能否发挥其作用。所以译者在法律翻译过程中应当结合语言、文化以及交际等方面进行适应性选择以恰当准确翻译。

参考文献

［1］张法连，孙贝 . 法律翻译：过去、现在和未来［J］. 北京第二外国语学院学报，2023，45（5）：17–32.

［2］胡庚申 . 生态翻译学解读［J］. 中国翻译，2008，29（6）：11–15，92.

［3］胡庚申 . 生态翻译学的研究焦点与理论视角［J］. 中国翻译，2011，32（2）：5–9，95.

［4］高璐 . 生态翻译学视角下地方性法规英译研究［J］. 湖北函授大学学报，2017，30（7）：130–131.

［5］张晓，杨占 . 从生态翻译学视角看科普文翻译的三维转换［J］. 采写编，2023，（9）：121–123.

［6］刘雪 . 生态翻译学视域下译者主体性探究［J］. 海外英语，2023（18）：43–45.

外贸英语的语域分析及其翻译

曹欣月 [①]　王晓庆 [②]

摘　要：本文基于系统功能语言学中的语域理论，以国际贸易实务中的各种单据内容为例，分析外贸英语的语场、语式和语旨三个变量及其翻译，进而探讨如何在翻译中实现语域对等，使外贸英语的翻译更为准确。

关键词：外贸英语；语域理论；翻译

1　引言

在世界经济全球化的今天，国际贸易活动日益频繁，外贸英语发挥了重要作用。在国际贸易实务中，各种单据的缮制十分重要，要保证在缮制各类单据时避免失误，就需要不断学习、理解外贸英语的语言特点，以做好这类应用文体的准确翻译。

---

① 曹欣月，女，北京工商大学语言与传播学院2023级翻译专业硕士研究生，研究方向为法商翻译。

② 王晓庆，女，北京工商大学语言与传播学院讲师，主要研究方向为英语翻译、理论语言学。

2 语域理论

语言的使用通常因时、因地、因人而异，形成各种"变体"，这种具有特定使用范围的语言"变体"被称为"语域"[1]。

语域理论认为，决定语言特征的三大变量是语场、语旨和语式。其中，语场是指话语范围，包括语言发生时周围的环境、当时的话题以及语言参与者。语旨指谈话人之间的关系，包括语言中讲话者之间的角色关系、对应的身份地位、讲话者的态度以及语言要实现的意图。语式指谈话的方式，即语篇构成的载体形式（使用语言的途径或媒介），例如书面体或口语体、正式语言或非正式语言。这三个变量相互影响，共同作用，构成了语域。其中的某一变量发生改变都会使得语域发生变化，从而产生不同类型的语域。

3 外贸英语的语域

3.1 外贸英语的语场

外贸英语的语域在很大程度上是由语场来决定的[2]。语场决定了谈话的领域和沟通的内容，外贸英语涉及的事件或沟通的内容涉及进出口双方合同的签订、货物的运输与保险、提货、结算等。翻译时应当选用符合外贸英语语场的词义。

单据中会用到很多的专业术语，其中最为常见的是缩略语，大部分缩略语是贸易术语，比如 FOB、CIF、EXW、DAP、DDP 等，译者或外贸从业人员须具备一定的专业知识。FOB 是 free on board 的缩写，指离岸价，意为船上交货；CIF 是 cost insurance and freight 的缩写，指到岸价，在装运港被装上承运人船舶时即完成交货。这样的术语没有对应的中文专业术语，但是我们翻译时使用的词汇仍然是关于国际贸易、国际货物运输和保险等方面的专业用语，需要将其转换为短句。

一些普通词汇构成的简称也经常出现在外贸英语中，如保险单中的 GA，其全称是 general average，两个单词都是普通词汇，但是运用到国际货物运输保险领域就有了专业的意义，应译为"共同海损"。再比如 D/A 的全称是 documents against acceptance，在普通用语中 documents 和 acceptance 分别译为"文件"和"接受"，但在国际结算领域中，documents 译为"单据"，acceptance 译为"承兑"，D/A 译为"承兑交单"，是一种跟单托收的方式。

另外，在不同的单据中出现的相同词汇也可能具有不同的专业意义，比如"remitting bank"在汇付支付方式下译为"汇出行"，在托收支付方式下译为"托收行"。

3.2 外贸英语的语旨

语旨对应人际功能意义，它体现的是语言使用的双方之间希望建立什么样的交际关系。外贸英语的语旨是指两个国家各自的企业进行货物、服务或者技术上的买卖，即进口方和出口方之间的关系。涉及进口方和出口方的交际者包括买卖双方、银行、船公司、保险公司等，他们之间属于契约关系，因此语言的表达是严肃客观的。交际者之间的语气应当是陈述语气和祈使语气，以达到语旨对等。

如外贸合同中经常使用情态动词"shall"来表示其文体的正式和严肃，同时也表明当事人之间的责任和义务，体现出双方之间一种正式的契约关系。因此需要注意其中情态动词的译法，明确其表达的语气。

例 1：The Seller shall notify the Buyer by cable or FAX the contract number, weight, packing size, flights, and talking off date of the plane and port of destination.

译文：卖方应以电报或传真通知买方合同号、重量、装箱尺寸、班次名、起飞日期和目的地。

3.3 外贸英语的语式

语式是语言表达所使用的方式和媒介，就国际贸易实务而言，各类外贸文本和单据是供人阅读的正式的书面协议，其所使用的语言属于书面用语，书面用语的语篇结构严谨规范。

例2：If the buyer delays payment，it shall pay liquidated damages to the seller at the rate of 5% per day of the unpaid amount.

译文：买方逾期付款，应按未付款金额的日万分之五向卖方支付违约金。

为了体现其正式的书面语特征，译者并没有将"if..."翻译为"如果……"，"5% per day"也没有译为"每天百分之五的"。译文简洁明了，更贴近语言使用者当下的情况，达到语式对等。

除此以外，一些古体词的使用使得文本更加正式，信用证中经常出现这类词语。

例3：We hereby issue this documentary credit above.

译文：兹开立上述信用证。

古体词 hereby，意为"以此、借此"，为了体现出语式上的对等，将其进行书面语转换，因此译为"兹"，"above"译为"上述"，不仅衔接自然且语言更加正式。

4　结语

在国际贸易活动中，外贸单据的语言在其词汇、句式和篇章上都有其特征。语域理论中的语场、语旨和语式三个变量可用来分析外贸英语的文本特点，通过实现这三个变量上的对等以实现译语的语域对等。在翻译时，分析其语域即考虑语言使用的环境、语言的话题和语言的表达风格，将源语文本的语域准确地同译语文本的语域实现对等。

参考文献

［1］吴群.合意之外，尚需合宜：在翻译中必须把握语域［J］.中国翻译，2002（2）：43-46.

［2］李执桃.外贸英语语场与翻译［J］.五邑大学学报（社会科学版），2001（1）：80-81.

我国立法文本中禁止性规范词 "不得" 的英译研究 [①]

陈泓至 [②]　刘亚男 [③]

摘　要：英语立法文本中最为典型的禁止性规范词是 shall not 和 may not。"不得"作为我国立法文本中最常见的禁止性规范词，其英译的适切性对于保持原有的法律效力至关重要。本文以《中华人民共和国法律援助法》的英译为研究对象，给出立法文本中禁止性规范词"不得"的翻译建议：译者应先明确"不得"一词在具体法律语境中的内涵，而后选择译为 shall not 或 may not，不能随意选用规范词。

关键词：禁止性规范词；法律翻译；"不得"；立法文本

　　禁止性规范是立法文本中极为重要的组成部分。在英美立法文本中，shall not 是最为典型的用来表示"不得"的禁止性规范词，在部分立法文本

① 本文受 2022 年北京工商大学青年教师科研启动基金"《中华人民共和国法律援助法》翻译与相关问题研究"项目（项目号：19008022210）及"2024 年研究生科研能力提升计划项目"资助。

② 陈泓至，北京工商大学语言与传播学院国际法商英语专业 2023 级硕士研究生。

③ 刘亚男，北京工商大学语言与传播学院讲师，主要研究方向为法律翻译。

中，may not 一词也被用来表示禁止性规范。在我国的立法文本中，"不得"一词是最常见的禁止性规范词，通常用于限制在具体环境下行为人的行为，表示禁止或不允许，以体现法律中带有强制性的限制行为。为了使得我国法律条文的英文译本精确传递法条内容和立法意图，作为中文立法文本中最为常见的禁止性规范词，"不得"在何种情况下应当翻译为 shall not，何种情况下应当翻译为 may not，值得译员深究。

1 禁止性规范与禁止性规范词

何为禁止性规范？从法理学的视角看，根据行为要求的内容和性质不同，法律规范中的行为模式分为三种：勿为模式、应为模式、可为模式。其中勿为模式是指在假定条件下，禁止或不得为这样行为的模式。法律对于勿为行为模式的规范即为禁止性规范。从内容看，禁止性规范分为两类：一类是行为禁止，即禁止法律主体做出某种行为；另一类是对原来明确许可或授权的行为的撤销，或原来许可或授权的例外情况。从语用学的视角来看，禁止性规范是一种言语行为，其最常见的言外之力（illocutionary force）就是"明确禁止个人或官方机构做出某种行为，一旦做出这种行为即会受到制裁"[1]。

禁止性规范词，顾名思义，就是在禁止性法律规范中对禁止性规范的行为模式做出直接限制的标志性语词。因此，禁止性规范词在立法语篇中的使用是一个极为重要的话题。在我国法律中的禁止性规范词体系中，相较于语气强烈的"禁止"和"严禁"，"不得"一词占据了更为重要的地位[2]。"不得"表达否定性的"禁戒"之义，用来对法律主体的行为起限制和指示作用，其后紧跟动词或者动宾短语，表示禁令行为本身。在英语立法语篇中，shall not 是最为典型的禁止性规范词。然而，除了 shall not 之外是否还包括其他词，国内外学术界意见并不一致。一些国外学者只认可 shall not 为英语立法文本中的禁止性规范词。英国著名律师 George Coode 认为 may not 意味着对权利、权力或特权的限制，shall not 则意味着以禁止的方式规定义务，只有后者才真正表达禁令[3]；Bowers 指出用 shall not 表示禁止而限定行为的实施或设定某个义务[4]；李克兴也提到，为了避免与 may 的主要用法（当作许可）产生混淆，建议能用 shall not 的地方尽可能不用 may not[5]。但国内部分学者倾向于将 may not 也包括进去，张法连认为禁止性规范一般通过 shall not、may not 等形式表达立法文本的禁止性内容[6]。

笔者认为 may not 也应属于立法文本中禁止性规范词中的一种，但在具体使用中应当与 shall not 做出区分，不得随意混用。

2 英语立法文本中的禁止性规范词 shall not 和 may not

依据沙切维奇的法律翻译理论，语言背后具有法律层面的内涵，属于深层含义，译者在法律翻译过程中绝不能仅翻译出文本的表面意思。所以，掌握 shall not 和 may not 的具体法律意义对于禁止性规范的翻译极为重要。shall not 和 may not 这两种表达形式背后蕴含着何种区别？首先来了解一下两者的特征。

shall 在法律英语中作为义务性规范词，其否定式 shall not 意为"has the duty not to"，即有义务不做某事，它传达出了一种指示性的禁令意味——法律行为主体应遵守相关法律规定而不去做什么。这也与哈特的"内部观点"不谋而合：人们把遵守法律规范内在地视为自己的义务，"从我负有的义务看，我不能做，或我有义务不做"[7]。对于具体的法律规范，立法者将某种特定的消极义务施于特定法律关系主体之上，预先限制行为的实施、切断发生行为的可能性，防患于未然。

may 在法律英语中更偏重从权利的角度表达，而 may 的否定意思为"not permitted to"，表示否定法律赋予的权利，即法律不予授权、许可，或取消、限制之前的授权和许可。may not 的使用似乎也隐含另一层意思：相关的许可在同类的法律文件中得到了承认。比如，法律准许了某种权利或者行为，而立法者想对此加以禁止，此时若使用 may not，就意味着这一许可在另一条法律中或者就在包含 may not 的这条特定的法规中得到了准许[8]。

由此可知，shall not 和 may not 的内涵在不同的法律语境中存在较大差异。

shall not 倾向于表达对法律主体行使某些行为的禁止，侧重于义务层面；而 may not 则意图取消或限制之前赋予法律主体的某些权利，侧重于权利层面。

3 中文立法文本中的禁止性规范词"不得"的英译策略

"不得"作为禁止性规范语句的标志性规范词，往往是对立法者不希望发生某种行为的立法意向表达，但因其同时也是规范词"应当""必须""允许""有权"等的否定式，其语用含义在不同的法律语境中不尽相同。笔者认为 shall not（通常是基于义务的否定）和 may not（对法律授权的取消）这两种不同的英语表达在一定程度上能够体现其中的差异。

例如，《中华人民共和国法律援助法》中包含四个"不得"，分列如下：

第二十条　法律援助人员应当恪守职业道德和执业纪律，不得向受援人收取任何财物。

第二十七条　人民法院、人民检察院、公安机关通知法律援助机构指派律师担任辩护人时，不得限制或者损害犯罪嫌疑人、被告人委托辩护人的权利。

第四十六条　法律援助人员接受指派后，无正当理由不得拒绝、拖延或者终止提供法律援助服务。法律援助人员应当按照规定向受援人通报法律援助事项办理情况，不得损害受援人合法权益。

经分析，上述四个"不得"都是责令不得为某种行为的法律规范。其中的"不得"一词蕴含着禁止性意味，这种禁止性命令指示着应当提供法律援助服务的机关或个人应当遵守法律规定，不得做出某些特定的行为，否则将承当相应的法律责任。因此，上述三个法律条文中的四个"不得"想表达的意思都是立法者禁止行为人做出某种行为，用来强调法律法规中禁止性要求，其对应的翻译应当是在英文法律条文中同样表达行为禁令的 shall not，而不应是表达对权利进行限制的 may not。

4 结论

对禁止性规范中规范词误译，会令读者对其法律后果的严重程度存在误判，从而影响到法律的权威性、庄重性和效力。因此，在翻译过程中，需要根据条文的言外之力选择恰当的规范词，尽可能地在目的语中保持源语的言语行为功能。译者在翻译"不得"及其所标记的禁止性规范时，应先明确"不得"一词在该法律语境中的真实内涵，然后根据具体情况选择译为 shall not 或 may not，使表达的意思更为准确和谨慎。

如果译者不能准确理解中文法律条文中"不得"在具体语境下的内涵，随机择取 shall not 或者 may not，法律翻译的等效性将无法实现，目的语读者将难以正确理解中文法律条文所传达的具体的法律内容和法治观念，在当下国际社会对我国的法治有诸多不理解甚至偏见的形势下，无益于我们的法治外宣。译者应当更多地掌握相关法律语言的知识与背景，充分把握法律汉语与法律英语的差异，力求用词谨慎，同时要对法律语言内涵进行剖析，抓住关键，从而找到最适切的英文表述。

参考文献

［1］沙切维奇.法律翻译新探［M］.赵军峰，译.北京：高等教育出版社，2017.

［2］徐庆勇.中国法律中的"禁止性规范词"研究［D］.北京：中国政法大学，2011.

［3］COODE G.On legislative expression，or the language of the written［M］.London：William Benning and Co.，1845.

［4］BOWERS F.The linguistic aspects of legislative expression［M］.Vancouver：University of British Columbia，1989.

［5］李克兴，张新红.法律文本与法律翻译［M］.北京：中国对外翻译出版公司，2005.

［6］张法连.法律英语翻译教程［M］.北京：北京大学出版社，2016.

［7］魏治勋.禁止性法律规范的概念［M］.济南：山东人民出版社，2008.

［8］陶博.法律英语：中英双语法律文书制作［M］.上海：复旦大学出版社，2012.

英文立法文本中助词"等"的翻译研究^①

苗天顺^②　管璐璐^③

摘　要：立法用词要求保持准确性的同时也保持一定的张力以适应社会生活和实际的需要。在《中华人民共和国民法典》合同编中，"等"的高频使用无疑体现出立法文本的张力。而"等"在汉语中又有列举未尽和列举后煞笔的释义，在翻译立法文本时，准确地传达出"等"所表达的含义、避免产生歧义尤为重要。本文主要以《中华人民共和国民法典》合同编官方译本为范本，对"等"出现的类型归类并对其翻译形式进行分析。

关键词："等"；法律文本翻译；合同编；范畴词

1　法律文本翻译原则及"等"的概述

合同法律条文不仅是人们在经济交往中必须遵守的基本规则，也是合同当事人权利保护的利器和国家管理社会主义市场经济的有力法宝。其英译的

---

① 本文系 2023 年北京工商大学教育教学改革研究重点项目"ChatGPT背景下大学英语教学创新模式研究"（项目号：jp235228）的阶段性成果。
② 苗天顺，北京工商大学语言与传播学院副教授，主要研究方向为英语翻译。
③ 管璐璐，北京工商大学语言与传播学院 2023 级国际法商英语专业硕士研究生。

准确性对于中外商务合作时双方的理解都有着重要的作用。近年来，学术界对于法律术语的翻译有着许多研究，包括"法律术语翻译策略"[1]、"法律翻译概念移植与对等阐释"[2]及一些中国特色法律术语的英译。对于"等"也有学者做了探讨，包括"××等+数（量）"格式探析"[3]、"行政公益诉讼范围的等外解读"[4]、"地方立法权规定中等字的法律规范解读"[5]等。"等"有列举未尽和列举后煞笔的释义，在翻译立法文本时，判断"等"在语境中的含义是"等内等"还是"等外等"，准确传达出"等"所表达的含义，是法律解释的重要环节。因此，对"等"的用法归类和翻译分析，不仅便于《中华人民共和国民法典》合同编（以下简称《民法典》合同编）的更好适用，还有助于翻译其他立法文本时更好地传达立法者的原意。

对于立法文件的翻译策略，有学者给出了见解，依照对等律、同一律和等效律来统一和规范中国立法文本的对外翻译[6]。"等"最常见的用法是附于单个或多个词、短语甚至小句以表示列举。其黏着性很强且句法位置较为固定，所以在翻译时考虑其上下文的语境以确保翻译的准确性是必不可少的。

2 "等"在《民法典》合同编的分类及翻译

据统计，"等"在《民法典》合同编中共出现89次，去除相等（1次）、同等（6次）和等待（1次）几个不易造成翻译困扰的例子，剩下共有81次，笔者通过大致浏览发现其有规律可循。笔者根据"等"和上下文关系及位置关系，将"等"出现的情况分为三种类型并对各自在文中出现的次数做了汇总（见表1）。

表1　"等"的分类及出现次数

分类	出现次数
列举项+等+范畴词	60
列举项+等	15
列举名词+等+修饰语+范畴词	6

2.1 列举项＋等＋范畴词

在《民法典》合同编中最常见的"等"的位置是列举项和范畴词中间，例如等方式、等手续、等义务条款、等情形、等义务、等内容、等行为、等工作、等违约责任、等价款、等文件、等损失、等危险物品、等费用、等合同、等物业服务。根据《民法典》合同编英译本可以总结出以下几种翻译方式：

（1）列举项 +and the like（30 次）。

（2）or/and other+ 范畴词（9 次）。

（3）范畴词 +such as（8 次）。

（4）such+ 范畴词 +as（7 次）。

（5）用 where/if 引导，作为条件状语从句（4 次）。

（6）范畴词 +relating to（1 次）。

（7）or the like+ 范畴词（1 次）。

从图 1 可以看出"等"在中间位置时，大多翻译为"列举项 +and the like"的形式，部分翻译为"or/and other+ 范畴词"和"范畴词 +such as"，较少用其他翻译方式。

2.2 列举项＋等

第二种类型是"等"出现在列举项的后面，且其后不加任何范畴词。例如：根据合同的相关条款、性质、目的以及诚信原则等予以解释（466条），拍卖公告、招标公告、招股说明书、债券募集办法、基金招募说明书、商业广告和宣传、寄送的价目表等为要约邀请（473 条），有关合同标的、数量、质量、价款或者报酬、履行期限、履行地点和方式、违约责任和解决争议方法等的变更（488 条），订立合同的认购书、订购书、预定书（495 条），等等。根据《民法典》合同编英译本可以总结出以下几种翻译方式：

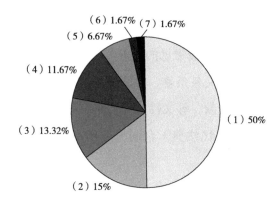

图1　7种翻译方式所占比重

（1）列举项 +and the like（5 次）。

（2）or the like+ 范畴词（1 次）。

（3）范畴词 +such as（1 次）。

（4）范畴词的数量变为复数（2 次）。

（5）or the like（2 次）。

（6）不译（4 次）。

通过观察可以看出，遇到"等"放置于列举项后时，和第一种类型类似，大多翻译为"列举项 +and the like"的形式，但这里出现一种新的译法，即把范畴词的数量变成复数，例如"第六百四十四条 招标投标买卖的当事人的权利和义务以及招标投标程序等"译为"The rights and obligations of the parties to a sale through bidding，as well as the procedures for the bidding."。这点是我们在翻译其他立法文本时可以借鉴的。再仔细审阅其余几种翻译方式，会发现其中存在的问题。

例 1：

原文：第八百三十一条 收货人在约定的期限或者合理期限内对货物的数量、毁损等未提出异议的；

译文：Where the consignee does not raise any objection on the quantity，destruction，Damage，or loss of the goods within the agreed time limit or a reasonable period of time...

问题：这里采取的是第六种方法——不译。没有把"等"翻译出来，只对列举项进行翻译，读者看了英文，会觉得只有对"货物的数量和毁损"有异议才需要在指定期限内提出来，那对于其他有疑问的就不需要在指定期限内提出吗？为避免歧义，这里的"等"建议译出来，可以加个范畴词，如 raise any objection on such items as...。

例2：

原文：第六百二十三条 买受人签收的送货单、确认单等载明标的物数量、型号、规格的；

译文：...and the buyer has signed a delivery note，confirmation slip，or the like document on which the quantity，model，and specifications of the subject matter are stated...

问题：这里采取的是第二种方法——or the like+ 范畴词。问题在于句式杂糅，or the like 本身就有表达延续前文列举项的意思，再加个 document，使"等"的译法看上去非常机械。这里建议翻译为"or other documents"。

所以，在翻译"等"的过程中要注意结合上下文语境，弄清立法者的原意，不能机械地照搬翻译，这对于原本严谨的立法文本来说是不可取的，也会影响其原有的严谨性和权威性。

2.3　列举项＋等＋修饰语＋范畴词

第三种类型出现次数最少，即在"等"与其后的范畴词之间又添加了"修饰语"。例如：婚姻、收养、监护等有关身份关系的协议（464条），书面形式是合同书、信件、电报、电传、传真等可以有形地表现所载内容的形式（469条），具有赈灾、扶贫、助残等公益、道德义务性质的赠与合同（658条），意外损毁、灭失等不可归责于当事人的原因（756条）。根据《民法典》合同编英译本可以将其总结出以下几种翻译方式：

（1）or the like+ 范畴词（1次）。

（2）范畴词 +such as（3 次）。

（3）such as+ 节尾 or/and the like（2 次）。

通过观察可以看出，遇到"等"与其后的范畴词之间又添加了"修饰语"的情形时，大多翻译为"范畴词 +such as"的形式，或者在该小节尾部再添加个"or/and the like"，以此来强调列举未尽的情况。例如"第七百六十一条 保理人提供资金融通、应收账款管理或者催收、应收账款债务人付款担保等服务的合同"译为"...who provides services such as accommodation of funds, management or collection of the accounts receivable, guarantee for the payment of a debtor of the accounts receivable, and the like."。这点是我们在翻译其他立法文本时可以借鉴的。再仔细审阅会发现翻译方式（1）中 or the like 的使用出现了和例 2 一样的问题：

例 3：

原文：婚姻、收养、监护等有关身份关系的协议，适用有关该身份关系的法律规定；

译文：An agreement on establishing a marriage, adoption, guardianship, or the like personal relationships shall be governed by the provisions of laws providing for such personal relationships；

问题：句式杂糅。其实这里可以直接用"or other personal relationships"。

3 结论

笔者在汇总过程中发现，《民法典》合同编中的"等"的类型全是"等内等"，至于其他法律文本内是否有"等外等"的情形，还需再作探讨。对"等"的翻译，首先应结合上下文分清是"等外等"还是"等内等"，是否包含列举事项；其次要根据立法的目的，对"等"分析立法原意；最后进行翻译时要注意避免句式杂糅、漏译等问题，避免歧义。需要说明的是，本文只对"等"的翻译进行了归类，为后续翻译同样类型的句子提供参照，并指出了翻译中需要注意的问题。为了更好地服务于立法的传播，在具体适用时仍应以中文版为最终依据进行司法解释。

参考文献

[1] 胡光全. 英汉法律术语翻译策略：基于《布莱克法律词典》的考察 [J]. 中州大学学报，2023，40（5）：92–96.

[2] 李宗侠. 现代汉语中"XX 等＋数（量）"格式探析 [J]. 唐山师范学院学报，2017，39（3）：41–43.

[3] 刘小冰，张思循. 地方立法权规定中"等"字的法律规范解读 [J]. 江苏行政学院学报，2018（2）：129–136.

[4] 屈文生. 中国立法文本对外翻译的原则体系：以民法英译实践为中心 [J]. 中国外语，2022（1）：10–20.

[5] 王春业，王娟. 行政公益诉讼范围的"等外"解读 [J]. 浙江学刊，2019（6）：97–103.

[6] 赵军峰，薛杰. 法律翻译的概念移植与对等阐释：《中华人民共和国民法典》物权编术语英译探究 [J]. 上海翻译，2022（1）：27–33.

影响英汉法律翻译因素研究

朱可欣 ①　刘亚男 ②

摘　要：影响法律翻译的因素有很多，文化因素尤为关键。本文通过对法律英语语言特点、普通词汇在法律语境中的特殊含义以及影响法律翻译的历史文化传统等文化因素的探讨，提出了直译、意译、解释性翻译等翻译策略，以期对提高法律翻译工作的精准度有所帮助。

关键词：法律英语；法律翻译；影响因素

1　法律英语语言特点对翻译源文本理解的影响

法律英语语言特点对法律翻译的影响是多方面的。首先，对于法律英语语言准确的理解是法律翻译的关键。法律语言往往非常精密、严谨，句句都有其特定的含义。侯维瑞先生认为："法律语言对于普通人来说已不是一种能即席制作的，它是由专家按照固定的方式进行翻译的语言。它在制作时不必考虑大众的理解，却要密切注意符合规范的格式，宁可牺牲其一目了然的清晰性，也要确保其斩钉截铁的确凿性。"[1]在翻译过程中，译员如果

---

① 朱可欣，北京工商大学语言与传播学院商务英语专业 2021 级本科生。

② 刘亚男，北京工商大学语言与传播学院讲师。

对于法律英语语言理解不够准确，翻译结果很有可能对法律文书的效力产生影响。

例如，《欧共体条约》第 189 条规定，"The council and the commission shall make regulations, issue directives, take decisions, make recommendations and deliver opinions.It shall be binding in its entirety and directly applicable to all member states."。该条款可译为"理事会和委员会下达指令，作出决策，提出建议，发表意见，条约具有全面约束力，直接适用于所有成员国"。在该条约中，类似于"entirety""directly""all"等副词充分说明了该条约的一般适用性。翻译人员要想在翻译表达时对该条款的适用范围进行准确的表述，必须对这些副词有充分的理解。由此可见，只有理解到位，才能在目标语中展现严密准确的表达。

此外，法律英语语言句子结构复杂的特点也会对法律翻译的理解产生影响。法律英语中的句子结构往往比较复杂，从各类从句到长难句都有涵盖。要深刻理解法律英语的语法和表达方法，才能准确翻译出这些句子。例如，对特定名词或代词进行修饰，进而阐明其含义的定语从句，在法律英语中颇为常见。在这种情况下，译员进行英汉翻译时要确保定语从句与被修饰的名词或代词在含义上保持一致。

例如，"The contract which was signed by the parties involved shall be binding upon them."，要想将这句话的意思表达准确，首先需要对这句话中的定语从句"which was signed by the parties involved"修饰的是"contract"有准确判断，进而阐明此合同系各方参与者共同签署的，即表明这份由各方签订的合同对于签订方均有约束力。因此，可将句子翻译为"当事人签订的合同对当事人具有约束力"。除此之外，法律英语语言习惯使用被动语态、虚拟语气等各种复杂的语法结构和表达方式，这些复杂的结构也会对英汉法律翻译产生极大影响。

总的来说，在翻译源文本时，译员需时刻谨记法律英语严谨且复杂的语言特点，具有扎实的语言功底和丰富的法律背景知识，在充分理解源文本含义的前提下进行翻译表述。

2 普通词汇在法律语境中的特殊含义对于英汉法律翻译的影响

语言的运用作为一种社会现象和活动，必然伴随着特定的语境，就像植物的生长无法脱离阳光和水分的滋养一样。在法律领域，对于部分具备特殊法律含义的词汇，对其在法律语境下的准确理解显得尤为关键。例如，在一般语境中，"information"有"消息""资料""情报""（储存和使用在大脑中的）资料"等译法，但在法律英语中"information"有三种含义。在美国，它指的是由检察官制定的正式书面文件——向法庭提交控告刑事犯罪的起诉书。在英国，"information"指的是（民事）起诉状或者（刑事）起诉书，是一些民事诉讼程序或刑事诉讼程序的起始步骤。例如在"The tenant may lay an information against his landlord alleging the existence of a statutory nuisance."这句话当中，"lay an information"指的是"民事起诉状"。"information"还可以作为（向治安法院提起）控告或起诉所用的文书。

此外，还有一些词汇在法律英语中有特殊的含义，例如"due diligence"在商务环境中往往与商业并购等操作息息相关。该术语意为对某一事项进行细致严密的核实和审阅[2]。在法律语境中，为了避免对他人或其财产造成损害，"due diligence"所体现的是行事原则。比如"I will exercise extreme care and due diligence while driving"这句话翻译成中文，即"在驾驶过程中，我会异常小心，并保持一种审慎、负责的态度"。由此可见，很多词语在翻译时需要充分注意，因为它们在法律语境中的含义与日常用语是不同的。

总而言之，在法律翻译的过程中，研究并了解普通词汇在法律语境下的特殊含义，是每一位合格的译员都需要掌握的技能，译员应在充分理解的基础上精确表达其应有的含义。

3 历史文化传统对英汉法律翻译的影响

德国法学家萨维尼先生认为"法律同语言一样是民族精神最重要的表

达形式之一，是特定民族历史文化、社会价值和一般意识与观念的集中体现"[3]。使用法律英语和法律汉语的国家，各自拥有深厚的历史文化传统。这些传统不仅塑造了各国的法制观念，还影响了法律制度的形成和发展。因此，当译员在进行法律文件或法律条款的翻译时，他们面临着将源语言中的意思以目标语言的方式准确传达的艰巨挑战。

英国和美国的法律传统深受中世纪英格兰法律的影响，强调个人权利和自由，而中国的法律传统则受到儒家思想等传统文化的影响，注重家庭和社会的和谐。这种差异可能导致在翻译过程中对某些法律条款或法律案例的理解产生偏差。例如，在美国法律体系中，"due process of law"是一个非常重要的法律原则，指法律程序必须公正、公平，保障被告的权益，充分体现其强调个人权利和自由的文化价值观。然而，在中文法律体系中，并没有与之完全对应的法律原则。因此，在翻译时，译员需要找到一个既能表达其法律含义又能体现其历史文化背景的中文词汇。最终，产生了"正当法律程序"这一词汇，既表达了其公正、公平的法律程序含义，又体现了其历史渊源。

在翻译过程中，由于历史传统差异的显著性，在其他文化背景下，很多句子和词汇更难准确理解，也更难翻译出来。尽管在字面上可以实现翻译，但其所蕴含的文化内涵却很可能消失殆尽。例如译员在英汉翻译时，通常会将"bail"译为"取保候审"，但是"bail"在美国法律传统中属于一项公民权利，而在我国"取保候审"是一项刑事强制措施。此外，"bail"与"取保候审"的具体制度内容也不同。在我国，"取保候审"是指侦查机关为确保犯罪嫌疑人不会逃避或妨碍侦查，并保证其随传随到，责令犯罪嫌疑人提供担保人或交纳保证金并出具保证书，这是一种必要且有效的强制措施。而在英国，根据1976年的《保释法》，警察、治安法官、刑事法院法官均有权决定对犯人的保释。保释可以是无条件的，也可以要求提供某种担保或满足其他条件。通常只有在存在充分的根据相信如果将被告人释放，其将不会到庭或者会实施犯罪或干扰证人时，才可以拒绝给予保释[4]。

由此可见，"bail"在翻译实践中常常被翻译为"取保候审"，尽管可以实现翻译，但无法传达该制度背后深层次的历史文化内涵。

因此，在面对英汉法律翻译中的文化差异时，译员需要灵活选择适当的翻译策略。一方面，译员可以通过直译或音译的方式来保留原文的法律术语和文化特色；另一方面，译者也可以采用意译或解释性翻译的方式来确保译文在法律意义上的准确性和可接受性。在实际操作中，译员需要根据具体情况权衡各种因素，选择最合适的翻译策略。

综上所述，译员在翻译法律文件或法律条款时，需要充分考虑到源语言和目标语言之间的差异、各国的法制观念和法律制度的不同以及文化适应性问题。只有这样，他们才能够将源语言中的意思以目标语言的方式准确传达到位，为国际法律交流和合作提供有力的支持。

4　结论

总的来说，要提高英汉法律翻译水平，译员需根据不同的情况采取相应的翻译策略。首先，译员应遵循法律英语语言严谨且复杂的特点，提高对翻译源语言理解的准确性，进而提高翻译质量。其次，译员应了解普通词汇在法律语境中可能有特殊含义这一特点，做到对其在法律语境下有准确的理解。最后，译员必须对源语言的文化背景有充分的认识，对目标语言也必须有跨文化的充分认知[5]。充分了解并尊重不同法律传统之间的差异，确保翻译结果既忠实于原文又能准确传达原文的意思，只有这样才能提高法律翻译的准确性和有效性，避免因为文化差异而产生的误解和偏差。

参考文献

［1］侯维瑞.英语语体［M］.上海：上海外语教育出版社，1988.

［2］杜艳.法律英语的一词多义现象及意义确定［J］.湖北广播电视大学学报，2012，32（2）.

［3］尹延安．英、汉法律语言中法律文化特征对比浅析［J］．安徽农业大学学报（社会科学版），2007，16（5）．

［4］了解法律词汇 bail 的含义及其在中国法律和英美法中的规定［EB/OL］．［2023–04–28］.https：//baijiadao.baidu.com/s?id=1764380719561662830&wfr=spider&for=pc.

［5］王丹丹．旅游景点英语翻译过程中跨文化意识的应用研究［J］．校园英语，2019（46）．

语境顺应论视角下法律文本的翻译
——以《民法典》英译本为例

陈一凡[①]　刘　婧[②]

摘　要：本文从语境顺应论视角，分析《民法典》英译本以及法律文本翻译中的语境适应问题。笔者从词汇和句法层面分析语言语境、交际语境，通过对原文和译文的案例对比分析揭示法律文本翻译中存在的问题，并提出解决方案，为进一步深入研究语境顺应论并将其应用于法律文本翻译提供参考。

关键词：法律文本翻译；语境顺应；《民法典》

1　引言

随着全球化进程的加快，法律文本翻译具有重要的意义。翻译法律文本不仅要保持原文的精确性，还要适应目标读者的语言和文化背景。本文旨在探讨语境顺应论在法律翻译中的应用。法律文本的翻译面临诸多挑战，如法

① 陈一凡，北京工商大学语言与传播学院翻译专业2023级硕士研究生。
② 刘婧，北京工商大学语言与传播学院副教授，主要研究方向为翻译理论与实践、翻译教学、大学英语教学。

律体系及语言表达的差异等。通过分析《中华人民共和国民法典》(以下简称《民法典》)的英译本,笔者探索了如何在翻译中传达法律意图,保留本土法律特色,同时适应目标语言的需求。

2 文献综述

语境顺应论对于翻译法律文本尤为重要。钟伶俐和张法连的文章探讨了多维语境顺应与法律文本翻译的关系。他们强调了译者要考虑法律术语的准确性和等同性,且在翻译过程中适应目标语言和文化的语境。这一观点与张法连的法律翻译的"三原则"理论相呼应,即准确性原则、等同性原则和可读性原则[1]。张绍全和李晋妍的文章从顺应理论的视角探讨了法律文本翻译过程的呈现效度。在翻译法律文本时,译者需要考虑目标读者的需求和法律文本的功能。这些观点为我们提供了理解语境在翻译中的重要性的理论基础。法律文本的翻译强调准确性和等同性,但也需要考虑社会和语用层面的因素。这些参考对于保持准确性和适应目标语言及文化的语境至关重要。

3 案例分析

3.1 语言语境

在语言语境方面的分析中,词汇和句法起着至关重要的作用。在选择词汇时,译者需要考虑目标语的特点,以确保翻译的准确性和一致性。同时,对句法的正确运用也至关重要,包括词序、修辞手法和句子结构等方面。

韩礼德在《英语语法:关联与功能》一书中将情态动词分为三类:高值、中值和低值。这种分类主要基于情态动词在语言使用中的重要性和语义价值[2]。

例1:

第八条:民事主体从事民事活动,不得违反法律,不得违背公序良俗。

译文:Article 8　The parties to civil legal relations shall not conduct civil activities in violation of the law，nor contrary to public order and good morals.

译本中有很多情态动词"shall"的使用。"shall"在法律文本中常用来表示义务和要求，翻译成"应当"或"必须"可准确表达原文的意思，使读者清晰明了地了解相关主体的责任和义务。此外，使用"shall"可保持语言风格的一致性，在法律文本中常用的语态和词汇会提高整个翻译文本的专业性和可读性。

3.2 交际语境

3.2.1 物理世界

物理世界包括时间、空间等方面。法规和协议常常会涉及特定的时间要求。译者应根据原文和目标语言的惯用法来保持信息的一致性和法律效力[3]。

例3：家庭成员应当敬老爱幼，互相帮助，维护平等、和睦、文明的婚姻家庭关系。

译文：Family members shall respect the elderly，take good care of children，help each other，and maintain their martial and family relationship of equity，harmony and civility.

分析：有译者将"文明"翻译为"civilized"，该翻译忽略了"civilized"在目的语语境下的含义。19世纪，在文明等级论的视野里，人类社会被分为野人（savage）、蛮人（barbarian）、半开化（half-civilized）及文明（civilized）。此处若这样翻译，会使目的语读者联想到殖民时期，而不能理解其原本的含义。"civility"解释为"文明的举止行为"，更为恰当。

3.2.2 心理世界

翻译过程中，交际双方的认知和情感因素起着重要作用。译者要深入理解原文作者的心理状态，也要考虑目标语读者的心理特征。

例4：法律规定专属于国家所有的不动产和动产，任何组织或者个人不能取得所有权。

译文：No organization or individual may acquire the ownership of an immovable or movable exclusively owned by the state as provided for by laws.

所有权一般翻译为"title"和"ownership"，但二者在大陆法系和英美法系中的含义不同。"title"强调的是对财产的法律所有权。它通常需要通过正式的法律程序和合同来确立，如产权证书。而"ownership"更加强调对财产的实际拥有和控制。我国所有权分为国家、集体和私人所有权。"国家所有权""集体所有权"等，可以用"title"表示；涉及私人所有权的术语英译，如"动产所有权""土地所有权"，使用"ownership"更加符合目的语读者的心理预期[4]。

4　结论

本文从语境顺应论的视角出发，选取《民法典》的英译本探讨法律文本翻译中的挑战和解决方法。通过对源语言和目标语言的语言和文化背景的了解，译者可准确选择等效表达，进行句法结构的转换，并考虑目标读者的背景和文化习俗。利用语境顺应论进行关于法律文本的翻译实践，可以提高法律文本翻译的质量和可接受性，为国际法律交流和合作做出贡献。

参考文献

［1］钟伶俐，张法连.多维语境顺应与法律文本翻译［J］.北京第二外国语学院学报，2021，43（1）：50–56.

［2］HALLIDAY M A K.Language as social semiotic：the social interpretation of language and meaning［M］.London：Edward Arnold，1978.

［3］张绍全，李晋妍.顺应理论视阈中法律文本翻译过程的呈现效度［J］.外语教学，2016，37（4）：105–109.

［4］张法连.从《民法典》英译看法律翻译质量管控体系建构［J］.中国翻译，2021，42（5）：121–130.

知识翻译学视角下的广告翻译①

王怡心② 牛 童③ 田 莉④

摘 要：在全球化背景下，广告翻译不仅是语言文字的转换，更成为一种跨语言的知识传播活动，深入知识体系层面。本文基于杨枫教授2021年提出的知识翻译学框架，通过分析广告中蕴含的知识，以及"以真求知""以善求义""以美行文"的翻译原则在实际广告案例中的应用，探讨广告翻译如何实现更有效的跨文化传播，获得目标受众更深层次的情感共鸣。未来，探索和深化知识翻译学在广告翻译领域的应用，将是广告翻译研究的一个重要方向。

关键词：知识翻译学；跨文化传播；广告翻译

1 引言

在全球化浪潮推动下，广告作为跨文化交流的重要媒介，其翻译不仅仅是语言文字的转换过程，更是一场涉及深层价值观念与知识体系的跨语

---

① 本文受到北京工商大学2024年研究生科研能力提升计划项目资助，项目名称为"知识翻译学视角下非物质文化遗产外宣翻译研究——以琉璃渠村琉璃博物馆介绍为例"。
② 王怡心，女，北京工商大学语言与传播学院翻译专业2023级研究生。
③ 牛童，女，北京工商大学语言与传播学院翻译专业2023级研究生。
④ 田莉，女，北京工商大学语言与传播学院副教授，研究方向为话语分析、二语习得。

言活动。杨枫教授在 2021 年提出知识翻译学,为翻译提供了一个全新的视角。知识翻译学强调翻译本质上是一种跨语言的知识加工、重构和再传播的文化行为和社会实践[1]。具体而言,知识翻译学洞察到符号意义不仅仅指它本身的内涵意义,更指涉及符号象征的外涵意义[2]。同时,杨枫教授也提出了"以真求知""以善立义""以美行文"相互依存的翻译原则[3],为广告翻译的研究指明了方向。过去的广告翻译研究或沉溺于广告语言转换的技术细节,或对广告中的文化元素进行过度的解读和强调。而广告翻译应当充分认识到知识作为广告文化内涵的核心和本质的重要性。

本文将依据知识翻译学的框架,分析具体的广告案例如何遵循知识翻译学的"以真求知""以善求义""以美行文"的翻译原则。本文期望为广告翻译领域提供新的见解,促进更有效的跨文化广告传播。

2 广告中的知识

广告所传达的知识和信息包括很多方面,触及文化、心理、社会等多个维度。广告通过这些知识的综合运用,构建了一种旨在影响消费者行为的思维方式。其中,广告中的知识最重要的一点是传递产品或服务信息,包括其特点和用途等,这种知识可以帮助消费者做出购买决定。除此之外,广告蕴含和想要传递的知识还包括其品牌形象和价值观。举例来说,现代汽车的广告"Prepare to want one."不仅预告了产品的吸引力,也深刻表达了现代汽车对设计美感、性能创新的重视,以及对未来生活方式的设想。这背后的知识涉及现代汽车在设计和工程技术上的创新努力,以及品牌对提升消费者生活品质的追求。这些都是品牌方想要传递给消费者的知识。在这个全球化的时代,广告中的知识传播不仅局限于本土,也面向全球。因此广告翻译不仅是对译者语言能力的考验,更是对译者理解、分析和传递广告背后深层知识的能力的挑战。

3 广告翻译的真善美

知识翻译学将逻辑学、伦理学和美学有机结合,提出了新的"以真求知、以善立义、以美行文"的翻译原则[4]。以真求知，要求译者忠实于原文的知识内容，保证信息的真实性和准确性；以善立义，强调在翻译过程中考虑道德因素，尊重文化差异，促进知识的和谐传播；以美行文，则要求通过艺术性和创造性的翻译，增强广告信息的吸引力和影响力。

3.1　以真求知

翻译要忠于原文，译出真义，即知识本身[5]。喜茶是国内大火的奶茶品牌，若想进一步发展，走向世界，其广告语的翻译则至关重要。喜茶的广告语为"喜悦发生"，译为"Live in Joy"。这一翻译不仅准确地捕捉了原广告语的核心信息——喜茶带给消费者的喜悦和满足感，而且成功传达了品牌所倡导的积极乐观的生活态度。翻译中的"Live in Joy"强调了喜悦是一种日常生活的体验，这不仅忠实反映了原文的字面意义，更深入地传递了喜茶品牌希望分享快乐生活方式的价值观。通过这种方式，译文成功地将品牌理念和情感价值准确地传递给了目标受众，展现了广告翻译中对原文深层含义的理解与尊重，体现了广告翻译应追求的真实性和深度。

3.2　以善立意

译者在进行广告翻译时，应避免传播负面影响，宣传正面、健康的社会价值观。北京建设银行龙卡广告语为"衣食住行，有龙则灵"，翻译为"Your everyday life is very busy, Our Loong Card can make it easy"，体现了以善立意原则在广告翻译中的精准应用。通过选择"Loong"而非传统的"Dragon"，翻译者巧妙地避开了西方对"龙"可能持有的刻板印象，同时准确传达了中国文化中龙象征的吉祥和力量。这不仅展现了对目标语差异的尊重和对广告信息传递的道德责任，还通过创造性的语言使用促进了中国特色文化的正面传播。

3.3　以美行文

梅赛德斯奔驰 GLK4 的广告语"The New Edge"译作"不敛锋芒，尽显光芒"。这一翻译在体现语言美学的同时，深入地反映了梅赛德斯的创新精神和社会价值，既体现了梅赛德斯奔驰在汽车技术和设计上的创新前沿地位，也传递了品牌鼓励个体展现自我、勇于挑战的积极价值观。通过这种生动而富有诗意的语言，广告不仅展示了 GLK4 的产品特性，更引发了消费者对于品牌所倡导的生活方式的共鸣，展现了"以美行文"原则下对深层知识内容和品牌价值的有效传递。

4　结语

本文从知识翻译学的视角出发，探讨了广告翻译中知识的重要性，以及如何通过"以真求知""以善求义""以美行文"的翻译原则实现更有效的跨文化广告传播。此外，通过实践知识翻译学"以真求知""以善立义""以美行文"的翻译原则，广告翻译可以更有效地促进品牌信息的跨文化传递，引发目标受众的情感共鸣。

综上所述，知识翻译学为理解和实践广告翻译提供了宝贵的理论支持和实践指导，促进了广告翻译研究和实践的深化和发展。随着全球化进程的不断深入，广告作为一种重要的跨文化交流工具，其翻译工作的重要性和复杂性将更加凸显。因此，未来的研究和实践中，继续探索和深化知识翻译学在广告翻译领域的应用将是一个值得关注的方向。

参考文献

[1] 杨枫. 知识翻译学宣言 [J]. 当代外语研究，2021（5）：2，27.

[2] 刘军平. 知识翻译学的理论命题探究 [J]. 中国翻译，2024，45（1）：16-26.

[3] 杨枫. 翻译是文化还是知识？[J]. 当代外语研究，2021（6）：2，36.

[4] 崔凌霄，李淑华. 译者主体性的知识翻译学阐释 [J]. 外语电化教学，2023，
　　（2）：78-81，94，116.

[5] 岳峰，陈泽予. 从知识翻译学的真、善、美标准谈知识翻译学的英语译名 [J].
　　当代外语研究，2022（3）：65-73.

文学、文化、教育、社会类

"一带一路"背景下中国与西班牙
经贸合作的优势与挑战

何　莎①　朱　婕②　张馨予③

　　摘　要：2023 年第三届"一带一路"合作高峰论坛在北京顺利举办，为新冠疫情后的经济复苏注入了强大动力，同时也为中国与世界各国的合作打开了新局面。目前，西班牙是南欧六国中唯一尚未与中国签署一带一路"谅解备忘录"的国家。本文将从"一带一路"的视角出发，概述中国与西班牙目前的经济合作现状，总结分析两国经贸合作的优势与挑战，基于此对两国合作进行展望，以期对两国经贸合作有所启发。

　　关键词："一带一路"；西班牙；经贸合作

1　"一带一路"中西合作现状

　　2018 年中国国家主席习近平在对西班牙进行国事访问之际就提到："早在 2 000 多年前，古老的陆上丝绸之路就将古都长安同西班牙的塔拉戈纳联

---

① 何莎，女，北京工商大学语言与传播学院西班牙语专业 2021 级本科生。

② 朱婕，女，北京工商大学语言与传播学院讲师，主要研究方向为西班牙语翻译。

③ 张馨予，女，北京工商大学语言与传播学院讲师，主要研究方向为对外西班牙语教学。

系在一起。"而西班牙作为世界老牌发达国家、欧盟的重要成员国和拉美曾经的宗主国，与中国的经贸合作既具有深厚的历史渊源，又能满足两国广泛的现实需求。

2014 年，首趟"义新欧"中欧班列（指"义乌—马德里"班列）从中国义乌发车。数据显示，2014 年至 2022 年义乌对西班牙进出口额从 4 亿美元增至 8.7 亿美元，增长 118%[1]。同时，中国与西班牙两国在第三方市场广泛开展"一带一路"框架下国际产能协调发展新型合作，通过联合投资、共同建设以及提供产品等方式在北非、拉美以及中东等第三方市场中建设了诸多合作项目[2]110-111。目前，中国是西班牙在欧盟外的第一大贸易伙伴，西班牙是中国在欧盟的第五大贸易伙伴。据中方统计，2022 年中西双边货物贸易额达到 515 亿美元，历史上首次突破 500 亿美元，同比增长 6.5%[3]。

2　中西经贸合作的优势与挑战

2.1　中西经贸合作的优势

中西两国贸易具有较强互补性。中国在劳动密集型和资源密集型产业方面占优，而西班牙在电子、医疗、化工以及新能源产业等方面占优[2]105。现如今，从贯穿陆上丝绸之路经济带的"义新欧"中欧班列到海上丝绸之路通往欧洲各港口的畅通，"一带一路"使两国贸易渠道多元化，为两国合作提供了良好的物质基础。两国在第三方市场同样大有可为。中国基建能力强、经验丰富，而第三方市场基础设施需求大。西班牙作为拉美大部分地区的前宗主国，在拉美地区影响力大[2]106。两国在第三方市场通力合作，各抒所长，能够促进两国技术交流，共同提高经济效益。

2.2　中西经贸合作的挑战

两国贸易路线地缘政治风险不断上升。2022 年 2 月的俄乌冲突和 2023 年 10 月的巴以冲突使得中亚地区政治出现不稳定因素，给中国通往欧洲的海路通道造成阻碍，增加了中欧贸易成本。欧盟制定了严格审查外国投资机制的法律法规，直接使得西班牙等国政府收紧外商直接投资审查制度，地区间贸易壁垒有所加强，不利于两国贸易的长期发展[4]73。2021 年，欧盟委员会推出"全球门户"计划。有学者认为"全球门户"计划带有较强的政治色彩，并且与"一带一路"倡议内容重合度高，因此会带来资源浪费。

3 中西经贸合作展望

两国经贸合作符合和平与发展的时代主题和经济全球化的历史潮流，未来中国与西班牙应继续深化合作，摒弃地缘政治思想和贸易保护主义，提倡互利共赢，减少双方贸易壁垒，不断提升贸易便利化水平。同时，应进一步挖掘两国经济的互补性，不断优化贸易结构，促进经贸关系良性循环。此外，两国应继续推进民心相通，增进两国政治互信，深化各领域务实合作[4]75。

参考文献

［1］义陆航集运中心."一带一路"的双向奔赴：义乌—马德里对开"中西建交纪念号"班列［EB/OL］.（2023–03–13）［2024–03–29］.https：//zhuanlan.zhihu.com/p/613504060?utm_medium=social&utm_psn=1751193883302172672&utm_source=ZHShareTargetIDMore&utm_id=0.

［2］丁梦.中国与西班牙第三方市场合作研究［J］.国际论坛 2022，24（2）：100–120，158–159.

［3］大国外交丨建交 50 年，中西两国文明如何做到交相辉映？：专访中国驻西班牙大使吴海涛［EB/OL］.（2023–03–19）［2024–03–29］.http：//china.cnr.cn/qqhygbw/20230319/t20230319_526187431.shtml.

［4］张敏.中国与南欧国家共建"一带一路"的合作实践与思考［J］.世界社会主义研究，2023，8（5）：66–75，119.

"一带一路"倡议下，中国与非洲合作的现状、挑战与展望

赵佳晨^①　史岩林^②

摘　要：本文旨在探讨"一带一路"框架下中国与非洲合作的现状，包括双方合作模式的多样性、技术与资源互补性，深入分析两国合作面临的挑战，使读者更好地理解中国与非洲之间合作的特殊性及其未来发展方向。

关键词："一带一路"；中非合作；挑战

1 "一带一路"倡议下中国与非洲合作现状

中非合作模式具有多样性，主要有政府间合作、企业间合作，同时还包括双边合作和多边合作。政府间合作包括政府间政策协调、合作机制建设等方面；企业间合作则主要体现在投资、贸易合作等方面。中国不仅与非洲单个国家之间进行合作，还和多个非洲国家或地区共同组建合作组织，如中非

---

① 赵佳晨，女，北京工商大学语言与传播学院商务英语专业2021级本科生。

② 史岩林，男，北京工商大学语言与传播学院副教授，主要研究方向为西方文学与文化批评、比较文学、翻译等。

合作论坛。"一带一路"倡议使政策沟通、设施联通、贸易畅通、资金融通、民心相通五个方面协同配合，为中非合作增添了许多新的模式[1]。

中非在政治、技术与资源方面具有互补性。中国在铁路建造、工程建设等方面闻名世界，拥有庞大而专业的建筑工程队伍，并且技术和管理水平能够满足非洲国家的需求[2]。不仅如此，中国先进的工业水平与农业技术也为非洲人民提供了生存保障。非洲丰富的矿产资源可满足中国在电子技术开发、军事等领域的矿产需求。同时，在国际政治中，非洲大陆国家也为中国提供了强有力的支持，帮助中国在国际社会中站稳了脚跟。

2 中国与非洲合作的挑战

2.1 经济落后阻碍深入合作

非洲大陆国家的经济发展状况各不相同，其中拥有矿产资源的国家较为富裕但劳动力少，土地面积小的国家众多，因此非洲大陆整体的经济发展速度十分缓慢。如今非洲国家仍有几乎一半人口处于生活成本为每天 1.25 美元的绝对贫困标准线之下[2]。所以，非洲需要为人民提供更多的就业机会以消除经济贫困。

非洲的基础设施建设也十分落后，如交通、电力方面等。甚至非洲工业化程度最高的国家也有每天停电的情况，南非国家电力公司表示，由于该公司对其老化的燃煤电厂进行大修，南非仍将面临至少两年的持续停电[3]。现阶段中非合作还聚焦于项目承包承建，在工业开发与科技研发等高新技术方面涉猎甚微。

2.2 社会治安隐患

非洲大陆是恐怖组织活跃的地点之一，如全球最猖獗的恐怖分子组织——博科圣地，就在非洲横行霸道。从 2010 年至 2022 年，"博科圣地"发动恐怖袭击次数高达 60 多次，占全球恐怖袭击的 15%，最大袭击范围涉及四国区域，超过 2 万非洲人民死亡，迫使 300 万人沦为难民。非洲的恐怖袭击不仅使其本国人民遭受迫害，还使中国派遣的合作人员生命受到威胁。非洲的安全问题严重威胁到了中非的合作进程。

2.3 一些西方国家制造的不良舆论

一些西方国家利用新闻媒体制造不良舆论，宣称中国想利用"一带一路"中与建设相关的项目设置"债务陷阱"，让非洲等落后地区的发展中国家成为中国的附庸。

部分参与国在与中国打交道时受此说法的影响，态度变得十分冷漠。尤其是非洲的一些国家，开始对中国共建项目、资金融通持怀疑态度。甚至有一些非洲南部国家对中国的商品表示拒绝。西方国家"债务陷阱"的说法曲解了"一带一路"倡议，误解了中国构建全人类命运共同体的意图。这不仅抹黑了中国的大国形象，而且阻碍了中非正常合作的开展。

3 中国与非洲合作的展望

建构主义的代表人物亚历山大·温特指出建构主义结构的最根本因素就是共有观念，共有观念影响一个国家的利益和行为动机[4]。19 世纪西方国家进行殖民扩张运动，中国与非洲深受其害，所以两地拥有共同的历史遭遇，具有身份认同感。正是这种共有观念使中非两地相互信任与相互依赖。"一带一路"倡议符合中国与非洲国家的国情，为推进中非合作提供了平台。未来两地必然开展深度合作，促进"中国梦"与"非洲梦"相融合，合力铸就"中非之梦"。

中非人民有信心、有勇气攻克难关。虽然中非合作面临着非洲经济落后、治安威胁以及西方的舆论压力的挑战，但中非必将同舟共济、互利共享，顺应和平合作的时代潮流。如今，中非本着平等互利的原则进行交流合作。"一带一路"的项目建设如火如荼，中国在非洲人民心中的地位不断上升，是中非合作的助推器。展望未来，中非必将合力推动合作迈向新的高度，为两地人民乃至世界带来巨大福祉。

参考文献

［1］王新影 . "一带一路"倡议下中非合作前景探析［J］. 区域与全球发展，2018，
2（2）：66-78，156-157.

［2］法拉 . 中国与非洲经贸关系发展研究［D］. 沈阳：辽宁大学，2014.

［3］非洲观察｜2023 年的非洲经济将在动荡中展现韧性［EB/OL］.（2023-01-28）
［2024-04-03］.http：//news.cnhubei.com/content/2023-01/28/content_15411276.html.

［4］秦亚青 . 权力·制度·文化：国际关系理论与方法研究文集［M］.2 版 . 北京：
北京大学出版社，2016：123.

《一个叫欧维的男人决定去死》的叙事特色

王秀贞 [①]

摘　要：瑞典作家弗雷德里克·巴克曼的小说《一个叫欧维的男人决定去死》看似平淡地叙述了一个五十九岁的男人欧维的一生，但它饱含的真诚和温暖治愈了全世界无数的读者。这在很大程度上要归功于作者在书中巧妙地运用了精致的叙事结构、幽默的语言表达以及生动的人物刻画。正是这些叙事特色，让一个可爱、可敬的暴脾气的瑞典老头儿走进了许多人的心里。

关键词：叙事结构；语言表达；人物刻画

1　精致的叙事结构

《一个叫欧维的男人决定去死》是瑞典作家弗雷德里克·巴克曼的一部畅销小说，小说的题目为 *En Man Som Heter Ove*，英文版译为 *A Man Called Ove*，中文版有的直接译为《一个叫欧维的男人》，有的译为《一个叫欧维的男人决定去死》。不得不说，后面这个题目中的四个字加得非常巧妙，因为

---

① 王秀贞，北京工商大学语言与传播学院讲师，主要研究方向为英美文学、英语教育。

"决定去死"作为线索，撑起了整个故事的架构。

在他唯一的亲人，也就是他的妻子去世后，欧维已无法找到生活的意义，于是他决定自杀。可他精心计划好的多次自杀却由于各种原因而一一失败。而每一次的失败都恰巧触发作者叙述方式的转变，时而倒叙，时而插叙，时而又回到眼前，而且这些叙述方式间的转换衔接都极其自然，不但丝毫不会让读者迷失方向，而且还不动声色地引领读者慢慢走近欧维，了解欧维的家庭背景、工作状况、邻里关系等，也让故事逐渐丰满起来，人物也越来越立体。

2 幽默的叙事语言

在绝大多数人的认知里，"去死"往往会和沉重、灰暗、悲伤相关，但该小说的作者却选择用轻松幽默的笔调讲述欧维"去死"的故事。欧维实施过在家上吊、在车库利用汽车尾气中毒窒息、到火车站卧轨、在家用猎枪自杀，结果不是中途被新搬来的话痨邻居打断，就是因绳子本身不结实断裂而失败，或火车站台有其他人突发疾病掉下铁轨，使得欧维反倒成了救人的那个人……反正无论欧维怎么努力，都求死不成。作者生动而诙谐的讲述让欧维整个"求死"过程充满出其不意的笑料和插曲，常常引得读者泪中带笑、笑中带泪。

值得一提的是，作者这样的安排并非在有意调侃欧维，而是在认真地讲述欧维的人生，字里行间充满细腻的情感和暖洋洋的情谊。

3 生动的人物刻画

作者精心为读者刻画的欧维到底是个什么样的人？

欧维很小的时候就没了妈妈，只剩下沉默寡言的父亲陪着欧维。父亲爱欧维，但他不善表达。父亲工作认真，并告诉欧维：一个人应该永远做正确的事情。就这样，欧维继承了父亲的不善言谈和认真做事的态度。他不喜欢社交，说话耿直。英文版第一章开头就写道："He's the kind of man who points at people he doesn't like the look of, as if they were burglars and his fore-finger a policeman's flashlight."[1] 只要看着不顺眼的，他就对人家毫不客气。比如隔壁新搬来的那家人，丈夫连拖车都不能停放好，还刮蹭了欧维家的信箱，气得欧维暗骂他"白痴！"。他生活在过去，跟不上时代。他还在用最原始的方式精准地煮咖啡，他弄不清 iPad、McBook 和 computer 有什么差别，他不信任 Internet，因为他觉得那就是个 net，尽管他妻子告诉他应该强调 Inter 那个部分。他脾气火暴，点火就着，被有些邻居称为"地狱来的恶邻"[2]。

但同时，他也善良温暖、忠贞如一。只要邻居们请求他帮忙，虽嘴上不饶人，但欧维一定记得去帮他们的忙：为邻居修暖气，教新来的邻居开车，替新来的邻居看孩子，替与他相爱相杀多年的邻居维权，收留妻子从前的学生过夜，救活一只掉了毛的猫……对妻子，他忠诚无比，对萨博汽车，他始终如一……虽不善社交，但他一生都正直、讲原则……

4　结语

一部引人入胜的小说，可以探索宇宙奥秘，可以表现社会问题，也可以和这部《一个叫欧维的男人决定去死》一样，朴实地讲述一个固执老头儿刀子嘴豆腐心的故事。看似絮絮叨叨，实则润物无声；看似在讲欧维怎么"去死"，实则在说他是怎样活的；看似只在讲欧维，实则在讲每一个人，包括你和我。作者通过精致的叙事结构、调度幽默风趣的语言，刻画了立体丰满的人物形象，为各国读者呈现了一个人人可读懂、可想见、可遇见的欧维，他可能就是我们的邻居、亲人，也可能就是我们自己。

参考文献

[1] 巴克曼.一个叫欧维的男人决定去死[M].宁蒙，译.成都：四川文艺出版社，2017.

[2] BACKMAN F.A man called OVE[M].Washington：Washington Square Press，2015.

从就业情况看中国德语专业人才培养方向

摘　要：本文以教育工作者的视角解析目前德语专业毕业生在相关工作领域的就业形势，对德语专业课程设置的合理性进行了研究，并就如何从德语教学体系改革入手提高毕业生在就业市场上的竞争力这一问题提出了建议。

关键词：德语专业就业形势；课程设置；人才培养方向转型；跨学科；英语；跨文化能力

1　中国的德语专业开设及问题

语言交流是中国对外开放的首要前提，外语教学在教育中的地位十分重要。以近期的人才供需状况来看，目前中国开设德语专业的高校有 123 所，德语人才的供给量较大。中国的对外德语教学不仅在课程设置、教材编写和测试方面取得了成果，而且在教学方法和教学手段方面也取得了新的进展，越来越多的新思想、新理论和新的教学方法被引入中国的对外德语教学领域。

---

① 唐亦庄，北京工商大学语言与传播学院讲师。

另一方面，随着经济、科技的全球化，我们仍然面临着许多重要的任务和挑战。以下问题愈发显著：如今，许多德语专业学生在工作环境中（通常是德国公司和合资企业）必须掌握英语并将其作为工作语言，那么德语教学究竟扮演着怎样的角色？部分德语专业学生在本科四年期间并没有被强制学习英语课程。在日益强调培养复合型人才的今天，德语教学在高等教育中应该具有怎样的意义？本文试图从德语专业毕业生就业情况和课程设置现状出发，就如何提高德语专业毕业生在就业市场上的竞争力这一问题提出建议。

2　高校德语专业的课程设置

2000 年 8 月，教育部将"德语基础"确定为"新世纪高等教育体制改革项目"的重点项目。2002 年 6 月，"德语基础"教材入选"十五"国家级规划教材。教学大纲要求课程在教授学生必要的语言技能的同时引导他们广泛阅读，使之利用所学的德语技能和能力参与其他语言交流活动。因此，目前大多数国内高校使用的教材重点在于培养学生在阅读、听力理解、口头和书面表达、翻译以及德中跨文化交际等方面的初级能力，从而在一定程度上使学生具备复合型语言技能[1]。

从课程设置上来看，在一、二年级的基础教学阶段，专业课开设了德语精读、听力、口语、写作、语法、阅读和德语国家历史概况等课程，学生经过两年的学习，具有听、说、读、写的基本能力，并对德语国家的国情有初步的了解。三、四年级安排了德语精读、听说、学术写作、德语国家文学史及德语文学选读，部分院校开设了德语口译笔译、科技德语、德语报刊选读等课程，旨在进一步丰富学生的语言和社会文化知识，提升学生综合运用德语的能力。

值得一提的是，德语专业的学生都需要修一门第二外语，只有部分高校的大学英语是必修课程，还有部分学校不强制小语种专业学生通过大学英语四级考试。

近年来，中国德语界也在努力改革德语教学内容体系和课程结构，由此产生了一些旨在将语言培训和学科培训在很大程度上结合起来的试点项目，尽管这些项目还没有在大部分高校试用。这些试验模式都有一个共同点：德语学习课程分为基础课程和主干课程。基础课程为期两年，旨在为学生打下语言基础。例如，在北京大学，学生有机会学习以前不被承认为正式辅修科目的副修科目，包括法学（民法、民事诉讼法、行政诉讼法、合同法、公司法等）、经济学（线性代数、高等数学、商业数学、概率论、宏观经济学、微观经济学、对外贸易、经济学原理等），学生可以获得第二学士学位。上海外国语大学德语系每年都会邀请德国大学的老师为三年级和四年级的学生讲授经济学课程，采用分段教学的形式。在北京外国语大学德语系，学生将接受为期八个学期的培训，学习德语和英语两种外语，以及传统德语研究（文学和语言理论）、德国外交政策和德国经济学三个学科。在主修课程中，学生每学期在三个学科领域共学习 12 门课程，其中 4 门为必修课（文学、外交政策、经济学和论文写作），8 门为选修课。有些高校的德语系没有能力或财力开设不同院系的课程、辅修科目或辅修专业课程，就根据自己的情况和传统努力组织不同的教学，因此他们通常只选择一个专业或两个专业的组合。上海理工大学德语系于 2019 年在学科基础课板块中增设了体现"新文科"学科融合交叉与理工特色的"中外前沿科技纵览"，并提高了对学生英语应用能力和学术交流能力的要求，增设交互英语、学术英语等二外课程，以培养多语种运用能力，另外与企业合作在全国范围内开设具有示范效应的"中德双语金工实训"实践课程，切实锻炼了学生的综合能力和创新创业能力。

3　德语毕业生就业情况

根据职友集招聘网的统计，德语专业学生的就业率在 79 种文学类专业中排第 18 名，在外国语言文学类 65 个专业中，就业排第 8 名。德语专业的毕业生较为集中地分布于一二线城市的教育行业、进出口贸易、新能源、汽车及零配件、电子商务、机械工业、互联网以及文化传播等领域[2]。

笔者对兰州大学德语专业 2007 级到 2019 级毕业生进行了调研，在接受问卷调研的 180 名毕业生中，只有 11.67% 的人表示在工作中经常使用德语，英语和德语都使用较多的有 13.33%，偶尔会用到德语的占 20%，超过半数的德语专业学生目前从事和所学专业完全不相关的工作。可以发现目前毕业生就业面临的问题有三个：第一，目前纯粹以语言为职业要求的岗位越来越少，学生在没有掌握其他技能的情况下就业出路也少，从毕业生后期辅修数据来看，在工作中需要学习经济商科类知识的占比超过三分之一，这也从侧面印证了这个趋势；第二，德国会讲英语的人非常多，德国人在对外贸易中多数用英语交流，德资企业在我国数量十分有限，使得国内对德语专业毕业生的需求量本来就不大，随着这几年德语专业毕业人数的不断增加，仅掌握德语语言技能的专业人才供大于求的局面已经形成；第三，部分学生表示即便是纯外语类工作如教育行业，如果没有将德语学精学透，那么语言本身不能成为其核心竞争力，这些毕业生很难找到专业对口的工作，即使找到了也不能胜任。

4　培养方向

从就业角度来看德语专业的人才培养，其传统课程设置和就业需求之间存在一定程度的不匹配。根据这些现状，下面提出一些德语专业人才培养方向的建议。

（1）培养研究型外语人才向培养应用型人才转型是高等教育和社会发展的必然趋势。目前，就业市场对德语人才有需求，外事、教育、经贸、文化、科技、军事等部门都需要德语人才，但存在用工缺口大、供需不匹配等问题。针对这个问题，本科高校可以考虑结合自身的学科优势、地域优势和产业优势等与企业开展深度合作，形成校企战略联盟，在培养模式的转型上，要以市场需求为导向，科学规划德语人才培养目标，培养德语复合型人才[3]。语言是一种交流手段，它以具体的历史形式与特定的社会相联系，并迅速适应社会的变化，满足社会的要求和需要。人们的知识由语言知识、一般知识和一个或多个领域的专业知识组成，仅有语言知识并不能形成交际能力。中国不仅经济和社会结构发生了变化，与德国的交流也越来越多地体现出经济语言元素和经济思维。因此，外语院校不能忽视这些变化。上文提到的北京大学、上海外国语大学、北京外国语大学、上海理工大学的试点项目的学生也通过辅修其他专业知识充实自己，以期在激烈的市场竞争中获得一席之地。

需要指出的是，在笔者对兰州大学德语系毕业生的访谈过程中，也有毕业生对这样的课程设置提出疑问："专业性课程更多地体现一种理想，方向和领域太多了，学校和学生选择方向投入精力和资源都很多，不如实习意义大"，"四年尚且不一定可以把德语学扎实，两年基础课更难实现"。这还需要今后对开设了这些课程的院校的毕业生进行进一步的追踪访谈。

（2）德语专业人才培养务必重视英语学习，提高学生英语应用能力。调查中发现，德语毕业生工作中使用英语的频率很高，甚至超过了德语。在调查问卷中，不少毕业生也指出，"大学期间我们不仅要学好德语，更不能忽视英语的学习，但这是后知后觉的事了"，"别说是科研、外贸这些领域了，只要是工业商业，哪怕纯德企，招聘条件里都会写明，英语是通用语言，德语只在某些企业是锦上添花"。现实是很多德语在校生并不重视英语学习。事实上，德英双管齐下一定会在很大程度上提高毕业生的竞争力和就业概率。

（3）语言技能培养向跨文化能力培养转型。中国高等教育的外语教育改革势在必行，新型人才培养的本质是跨文化能力的培养，跨文化能力是每个外语专业人才最需要掌握的能力，是否具备跨文化能力直接决定了国际合作的成功与否。同时跨文化能力的培养也是课程思政的重要组成部分，它为德语专业学生拓宽国际视野、树立民族自信心打下了坚实的基础。跨文化能力不仅指跨文化交际能力，还包括跨文化就业能力等。

总之，面对这些问题，中国的外语教育工作者需要共同努力，在新形势下创新理念和项目。同时，我们也希望通过各种经验交流，进一步加强与德国及周边国家专业同行的国际合作。

参考文献

［1］ZHU J H.Neue Orientierungen f ü r Deutsch als Anwendungsfach in China ［J］.Neue Beiträge zur Germanistik，2007（134）：91–102.

［2］德语专业就业排名［EB/OL］.（2024–04–10）［2024–04–12］.https：//edu.jobui. com/ major/deyu/.

［3］郭亦豪，肖雪莹.用人企业对应用型本科院校德语人才需求的调查与分析：中国制造 2025 与德国工业 4.0 背景下［J］.现代职业教育，2020（5）：30–31.

高校辅导员赋能型沟通对学生干部自我效能感的影响研究

霍汉哲 [①]

摘　要： 本文探讨了高校辅导员通过赋能型沟通方式对学生干部自我效能感的影响。自我效能感作为个体信心的体现，对学生干部的工作表现和领导能力有着直接影响。本文通过对照实验和访谈研究了辅导员的沟通策略如何激发学生干部的内在动力和领导潜能。研究发现，辅导员的支持、鼓励和正向反馈可以有效提升学生干部的自我效能感，从而提高他们的工作效率和团队领导能力。本文为高校辅导员在学生管理和心理指导中采用更有效的沟通技巧提供了理论依据和实践指南。

关键词： 学生管理；辅导员；赋能型沟通

　　高校辅导员是高校学生工作的重要承担者之一，对学生的成长具有深远的影响，而学生干部是辅导员进行学生工作的重要抓手。能力优秀、态度积极的学生干部可以帮助辅导员更好地完成各项工作，也可以显著减轻辅导员的工作负荷。因此，如何激发学生干部的工作热情、提升学生的工作能力，是每一位辅导员不可回避的课题。

---

① 霍汉哲，男，北京工商大学语言与传播学院讲师，主要研究方向为管理学、心理学。

研究表明，自我效能感作为个体对自身能力和信心的预期，是推动学生干部完成各项工作的心理基础。学生干部的自我效能感强弱可以直接影响他们对工作的态度，同时，自我效能感高的学生干部能够主动掌握工作技能，也能够显著提升其工作能力和管理效果。随着教育改革的不断深入，高校辅导员也应转变角色，从传统管理者转变为导师与引导者。本研究以北京某市属高校为例，通过对照实验和半结构式访谈的方法，考察了辅导员赋能型沟通对学生干部自我效能感的影响，旨在为辅导员提供行之有效的沟通策略，以便更有效地支持学生干部的工作和发展。

1 文献回顾

1.1 自我效能感

自我效能感概念最初由心理学家阿尔伯特·班杜拉提出，指个体对自己在特定情境中能够完成任务的信心与能力的预期[1]。自我效能感对个体行为、思维和情绪反应都存在直接的影响，是个人面对挑战时坚持不懈克服困难的重要心理因素。对于学生的自我效能感研究也硕果累累，大量研究表明，自我效能感与学生的学业表现成正相关[2-3]，而学生干部不仅要面对学业压力，还要面对辅导员布置的各项工作任务的挑战，因此对自我效能感的要求更高。而自我效能感不但受个人特质影响，而且受到外部环境的显著影响[4]，因此作为学生干部的主要辅导者，辅导员对学生干部的自我效能感提升具有重要影响。

1.2 赋能型沟通

赋能型沟通的本质是一种通过"赋能"对谈话对象进行影响的沟通方式。这个概念最初来自管理学，国外学者从领导力的角度提出，有效领导者可以利用团队成员的强项来实现团队目标，并指出鼓励自主性和个人责任感是有效沟通中常用的技术[5]。班杜拉也提出，支持和提供必要资源可以显著增强个体的自信与控制感。因此，赋能型沟通是可以直接作用于学生干部的自我效能感的重要工具。

2 研究设计与结果分析

本研究主要将对照试验和半结构式访谈作为研究方法，比较了赋能型沟通相较于传统沟通在提升学生干部自我效能感方面的差异和有效性。笔者选取 10 名学生干部作为研究对象，将其分为 2 组，每组 5 人。一组采用赋能型沟通（赋能组），另一组采用传统沟通（传统组）。所有参与者均被分配了难度相似的工作任务。对于赋能组，辅导员介绍任务内容后，不提供具体执行方法，而是鼓励学生干部自主寻找解决方案，并在整个过程中提供必要的资源支持和引导。对于传统组，辅导员在介绍任务的同时给出了详细的执行指导，并强调避免错误。

结果显示，赋能组学生干部全部独立完成了任务，并在过程中表现出高度的主动性和责任感。而传统组学生虽然大多数按时完成了任务，但存在缺乏积极性的问题，遇到问题时往往需要辅导员的直接干预才能解决。

从与学生干部的访谈中可知，赋能组的学生干部在执行任务时感受到显著的自我成长和信心的提升。几位学生均谈到了由于辅导员给予其自主性和必要的资源，他们更加相信自己的能力。而传统组的学生干部表达了较低的自驱力和效能感。他们普遍认为自己在完成分内工作而已，并没有乐在其中或感到自己有较强的参与感。

3 结论与反思

结果表明，赋能型沟通显著提升了学生干部的自我效能感，增强了他们的自主性和责任感。这种沟通方式促进了学生干部的个人成长，使他们在未来面对挑战时更加自信。这为辅导员在实际工作中的沟通策略选择提供了重要的实证支持，说明赋能型沟通能够有效激发学生干部的潜能。同时本研究尚存一些不足，如尚未排除学生干部个人特质的影响以及辅导员使用赋能型沟通方法的能力不同的影响。对于以上不足需要在未来进行更深入的探讨。

参考文献

［1］BANDURA A.Self-efficacy: toward a unifying theory of behavioral change［J］. Psychological review, 1977, 84（2）: 191.

［2］ZIMMERMAN B J.Self-efficacy: an essential motive to learn［J］.Contemporary educational psychology, 2000, 25（1）: 82-91.

［3］MULTON K D, BROWN S D, LENT R W.Relation of self-efficacy beliefs to academic outcomes: a meta-analytic investigation［J］.Journal of counseling psychology, 1991, 38（1）: 30.

［4］PAJARES F.Self-efficacy beliefs in academic settings［J］.Review of educational research, 1996, 66（4）: 543-578.

［5］RATH T, CONCHIE B.Strengths based leadership: great leaders, teams, and why people follow［M］.New York: Simon and Schuster, 2008.

故乡的信物：二十世纪欧洲
流亡诗歌中的母语

赵嘉竑 [①]

摘　要：流亡诗歌在欧洲剧变的时代背景下成为二十世纪的重要文学景观。母语既是流亡诗人抒发乡愁的语言载体，也是流亡诗歌中的重要意象，它取代现实中的地理国度成为诗人的流动故乡，维系其身份认同。但在背景更为复杂的诗人的作品中，母语成为爱与恨、记忆与创伤的冲突场域。

关键词：流亡诗歌；母语；乡愁

二十世纪上半叶，零散的个人去国离乡已被大规模、群体性的流亡所替代：十月革命后俄罗斯的大批文人离境前往法国、德国等地，第二次世界大战的爆发又使德国纳粹控制区域的文人纷纷逃亡国外或在国境以内饱受辗转之苦。家园失落、故土难寻是流亡者的共同境遇，由此而来的乡愁诗歌的感召力超越了以往寒鸟孤鸣式的思乡之作，构筑了重要的流亡文学景观。

布罗茨基曾说，"一位流亡作家就像被装进密封舱扔向外层空间的一条

---

① 赵嘉竑，女，北京工商大学语言与传播学院讲师，主要研究方向为英语文学、世界文学。

狗或一个人"，而这"密封舱"便是流亡者的语言[1]51。流亡意味着地理空间上的阻隔与分离，而母语却是一根连接着流亡者与故园的剪不断的线，是流淌在纸页上的暗藏遗传密码的血液。每一套语言系统的发展都受到其流传区域的地理环境、社会历史的影响，在运用这套语言进行创作时，诗人总会潜在地回顾他的故乡与他的经历，其中最明显的一个例证便是俄罗斯诗人唐·阿米纳多写到的《娘儿们的夏天》："在厚重的异国辞典中／甚至找不到这样的单词。／八月。衰败。凋蔽。／亲爱的、唯一的尘埃。"[2]116 "娘儿们的夏天"是俄语中形容天气状况的一种特定说法，但操持另一种语言的人无法仅从字面上理解它真正的含义。诗人在提及这样的说法时，便将自己与身边说着异国语言的人划分开来，他获得了一种母语持有人的身份，但同时也将自己抛入无法为旁人理解的境地。而格·伊万诺夫却从另一个角度假想了一场与故国来客的相遇，正是母语促成了他们的相认："我不知道国境线，不知道海洋，不知道河流。／但我知道，那里还生活着俄罗斯人。／／他拥有俄罗斯的心灵，俄罗斯的智慧，／倘若我与他相遇，一定能心领神会。／／只要半个单词就……然后呀，透过迷雾，／我就能辨认出他的家乡。"（《俄罗斯甚至没有珍贵的墓地》）[2]228 诗人对国境线、海洋、河流的否认是有意对地理阻隔的忽视，他所看重的"俄罗斯的心灵""俄罗斯的智慧"则存留于俄罗斯的语言之中，原本令流亡者自我孤立的话语此时成了激动人心的相认的接头暗语。女诗人茨维塔耶娃对母语之于流亡者的重要性体察得更为深切，她将语言、故土与生命视为一体，在《啊，语言多么地桀骜不驯》中写道："你呀！哪怕失去一只手，／哪怕失去双手！我也要用嘴唇／在断头台上书写：内乱频仍的土地——／我的骄傲，我的祖国！"[2]174

流亡诗人总倾向于将自己作为语言传统的捍卫者，即便对当权者有何等不满，也对母语怀着忠诚的热爱。但保罗·策兰是一位曾遭受德国纳粹迫害的犹太诗人，他对母语的情感则充满了矛盾。策兰属于难以划归国籍的诗人，其出生地泽诺维兹城在二战前后几经易主，他本人一生也在多地漂泊，最终定居巴黎。策兰的母亲酷爱德国文学，全家更以德语为日常交流的语言。虽然掌握罗马尼亚语、希伯来语、意第绪语、法语等多门语言，但他最终选择以德语进行写作，这是对童年、母亲的纪念。然而父母惨死于纳粹集中营的记忆却成为他诗歌中挥之不去的黑暗："昨天／他们来了一个人／又一次／害死了你，在／我的诗里。／／妈妈。／妈妈，谁的／手，我曾握过，／当我携你的／言语去往／德国？"（《狼豆》）[3] 496 以德语为母语本身包含着一层因犹太民族流亡历史而来的他者化隔膜，而二战中的民族清洗运动叠加其上，使母语同时成为刽子手的语言。在策兰的诗歌中，母语正是依恋、恐惧、憎恶多种情感的交汇点。

母语在二十世纪流亡诗歌中扮演着重要角色，它既是诗人抒发怀乡之情的语言载体，更是流亡诗歌中的关键意象。在多数流亡诗歌中，母语比现实地理空间上的国度更接近怀乡病中所遐思的故土，它是流动的故乡，诗人借此保有稳定的身份认同。而对于背景更为复杂的诗人与作品，母语同时关联着美好的与创伤性的个人记忆与民族历史，告白与控诉是以母语写诗这一行动的一体两面。

参考文献

[1] 布罗茨基.我们称为"流亡"的状态，或浮起的橡实［M］//文明的孩子：布罗茨基论诗和诗人.刘文飞，唐烈英，译.北京：中央编译出版社，2007：41-53.

[2] 伊万诺夫，等.二十世纪俄罗斯流亡诗选［M］.汪剑钊，译.石家庄：河北教育出版社，2003.

[3] 策兰.保罗·策兰诗选［M］.孟明，译.上海：华东师范大学出版社，2010.

科教兴国战略背景下
大学英语课程思政教学探究

李　洁①

摘　要：在科教兴国战略的大背景下，高等教育作为国家发展的重要支柱，肩负着培养高素质、全面发展的社会主义建设者和接班人的重任。大学英语教学作为高等教育的重要组成部分，不仅关乎学生的语言能力提升，更与课程思政的深度融合密不可分。本文旨在探讨科教兴国战略背景下课程思政与大学英语教学如何有效融合，以促进学生全面发展，实现教育强国目标。

关键词：科教兴国；课程思政；大学英语教学

1　研究背景

科教兴国战略是我国为实现现代化强国目标而提出的重要战略，它强调科技创新和教育发展在国家发展中的核心地位。在这一战略背景下，高等教育作为培养创新人才的关键环节，其教学质量和效果直接关系到国家未来的人才储备和竞争力。大学英语教学作为高等教育的基础学科之一，其教学质

---

① 李洁，北京工商大学语言与传播学院讲师，主要研究方向为外语教学。

量和思政教育的融合程度直接影响到学生综合素质的培养。

《大学英语教学指南（2020 版）》提出大学英语教学的目标是"使学生在学习、生活和未来工作中能够恰当有效地使用英语，满足国家、社会、学校和个人发展的需要"，"树立正确的世界观、人生观、价值观"。语言是文化的载体，不仅传播知识也传递意识形态。大学英语教学必须将价值塑造、知识传授和能力培养三者融为一体。

2 科教兴国战略背景下大学英语教学和课程思政融合的必要性

在科教兴国战略背景下，大学英语教学与课程思政融合非常重要。首先，融合有利于提升大学生的综合素养，大学生的拓宽国际视野。大学英语课程不仅包含语言知识的学习，还可以涉及世界科技前沿方面的知识和信息。通过与思政课程的融合，英语教育可以使学生更加深入地了解国内外先进科学技术的发展，拓宽他们的国际视野，提高他们的跨文化交流能力。其次，这种融合也是推进高等教育内涵式发展的必然要求。近年来，我国高等教育逐渐从规模扩张向质量提升转变，强调以学生为中心，注重培养学生的创新精神和实践能力。

3 科教兴国战略背景下大学英语教学和课程思政融合的探究

大学英语教学应该实现"潜移默化、润物无声"的效果。教学应该拓宽视野，创新教学思维，探究如何运用不同的教学方法在科教兴国的战略背景下将课程思政资源和理念融入课程教学目标和教学内容中，促进学生语言表达能力、思辨能力和创新能力的提高。

3.1 教学目标体现课程思政理念

在设定教学目标时，应遵循价值塑造与能力提升相融通的原则，注重英语知识与技能的提高，带领学生学习英文的听、说、读、写和译的基础知识，帮助其掌握英语听、说、读、写和译的技巧。同时还要融入课程思政教育，发掘社会主义核心价值观等课程思政资源，合理设计和运用教材和其他教学资源，以润物无声的方式促使学生树立国际意识，培育强烈的家国情怀，提高人文素养，培养创新意识。

3.2　大学英语教学内容融入课程思政资源

在科教兴国战略背景下，大学英语课程思政的内容旨在将思想政治教育与英语语言教学有机结合，通过英语这一国际交流工具，培养学生的全球视野、跨文化交际能力，同时引导他们坚定理想信念，树立正确的世界观、人生观和价值观。具体来说，大学英语课程思政的内容可以包括以下几个方面：首先，挖掘英语教材中的思政元素。教材内容应体现人类文明的多样性，展现不同文化背景下的思想观念和价值取向。同时，注重选择具有时代特征、反映国家发展和社会进步的文章，让学生在语言学习的同时了解国家的历史文化、社会制度和发展成就。其次，加强理想信念教育。通过介绍英语国家的优秀文化成果和先进科技成就，结合我国的国情和发展实际，引导学生认识到科教兴国战略的重要性，增强他们为实现国家繁荣富强而努力奋斗的使命感和责任感。最后，注重培养学生的思辨能力和创新精神。引导学生进行批判性思维训练，培养他们的独立思考能力和判断能力。同时，鼓励学生在语言学习中发挥创新精神，勇于探索新的学习方法和途径，提高他们的自主学习能力和终身学习能力。

3.3　大学英语教学方法彰显课程思政

教学过程中，笔者积极采取多种教学方法和手段，以培养学生的思辨能力和创新意识为导向，使课程思政教学目标得以实现。

激发好奇心和提问能力：教师应鼓励学生主动提问，使学生对事物保持好奇心，通过提问引导他们深入思考、探索答案。提问是思辨的起点，能够激发学生的思考欲望。

引导批判性思维：在教学过程中，教师应引导学生对信息进行批判性分析，不盲目接受，而是学会质疑、评估和反思。这可以通过组织讨论、案例分析等方式实现。

鼓励辩论和讨论：辩论和讨论是锻炼思辨能力的有效途径。教师应为学生创造开放、包容的讨论环境，让他们在交流中碰撞思想，提升思辨水平。

本文结合教学实践，从教学目标、教学内容、教学方法等三方面探讨在科教兴国战略背景下大学英语可利用的课程思政资源，挖掘其思政价值内涵，发挥大学英语对大学生价值塑造的引导作用。

参考文献

［1］黄国文．思政视角下的英语教材分析 ［J］．中国外语，2020（5）：21-29.

［2］教育部高等学校大学外语教学指导委员会．大学英语教学指南［M］．北京：高等教育出版社，2022.

跨文化交流与文化自信：
《新版现代西班牙语 I》中的思政元素探析

索　雅①

摘　要：本文聚焦于《新版现代西班牙语 I》教材中第13单元课文中的思政元素，探讨其如何促进跨文化交流和文化自信的构建；通过对教材内容的深入分析，探讨如何在西班牙语教学中整合思政教育元素，并利用这些元素强化学生的文化认同感和国家认同感。结合"三进"原则——思政教育进课堂、进头脑、进心灵，分析如何在西语专业精读课程中融入思政元素，并通过具体实例展示如何使学生从不同学科和课程的角度深入理解习近平新时代中国特色社会主义思想。

关键词：西班牙语教学；思政教育；文化自信；"三进"原则；习近平新时代中国特色社会主义思想

1　引言

在全球化的大背景下，语言不仅是沟通的重要桥梁，更是文化传递的核

---

① 索雅，女，北京工商大学语言与传播学院讲师，主要研究方向为西班牙语语音学、西班牙语语言学。

心媒介。随着中国在国际舞台上地位的逐渐提升，强化外语教育的同时融入中国特色社会主义文化变得尤为关键。这样不仅能增强国家的文化软实力，还能培育具有全球视野的优秀人才。作为联合国官方语言之一，西班牙语在国际交流中扮演着不可忽视的角色。因此，探索如何将思政元素融入西班牙语教学，对促进语言教育和文化自信的发展具有深远的理论和实践意义。在高等教育领域，立德树人是其核心使命，而高校课程思政的构建是提高人才品质的关键。习近平总书记曾在全国高校思想政治工作会议上指出，思想政治工作是高等教育的根本问题，关系到培养什么人、如何培养人和为谁培养人。在这一大背景下，将立德树人的任务融入西班牙语教育，对于该语言课程和高等教育整体而言都具有重要的实践意义。

本文通过对西班牙语教学场景的细致分析，旨在探索如何在西班牙语教育中有效地融合思政教育元素，并研究这种融合如何促进学生的文化自信和价值观塑造。这一过程不仅有助于优化教学策略、提升教学质量，还能促进学生的全面发展，使学生加深对中国特色社会主义的理解，从而培养具备文化自信和国际竞争力的新时代人才。

2 课程思政的概述及外语课堂思政融入的必要性

蔡基刚（2021）指出，高等教育的主要任务之一是立德树人，这是高校所有课程的共同责任。教师需认真挖掘课程中的思政元素，将这些内容融入教学，实现隐性教育，以达到全程育人、全方位育人的目标。近年来，教育界对课程思政的融入进行了深入探究。2020 年 6 月，教育部印发《高等学校课程思政建设指导纲要》，强调了高校课程思政建设的重要性，要求课堂教学、内容设计、资源建设等各方面都要融入思政元素。外语教学作为一个特殊领域，课程思政的融入具有其独特的意义。外语教育不仅涉及语言学习，还包括文化学习，涵盖了不同国家的价值观和文化比较，这对学生的世界观、人生观和价值观具有深远的影响。在全球化的今天，随着中国在全球治理中的角色日益增强，"一带一路"倡议和习近平总书记提出的"全球文明倡议"等全新的全球发展观念，都要求中国的外语教育站在更高的位置，拥有更大的视野。在这样的背景下，中国外语教育的使命是培养能够参与书写"全新的世界史"的时代人才。对外语学习者而言，他们不仅需要掌握语言技能，更应深入学习和理解中华优秀传统文化，提高对本国文化的认识和认同。通过这种教育，学生不仅能够成为具有深厚文化底蕴和国际视野的人才，也能成为中国故事的"讲述者"、中国声音的"传播者"和中国文化的"传承者"，在全球舞台上展现中国的文化魅力和软实力。

3　课程基本情况与思政教学改革方案

本文选取《新版现代西班牙语 I》中的一篇课文作为案例，结合国内外热点话题，从《习近平谈治国理政》（2017）多语种版本中挖掘素材，重新设计教学大纲和教案，引导教师将课程思政内容贯穿于教育教学全过程。

课程名称：西班牙语精读（一）。

授课对象：西班牙语专业学生。

教学章节：Lección 13——Discurso de bienvenida 欢迎词。

使用教材：《新版现代西班牙语 I》。

教学课时：2。

本部分将分析这篇文章的三个核心句，并探讨它如何与"三进"（即思政教育进课堂、进头脑、进心灵）的基本原则相结合，以及如何在专业课程中融入思政元素，增强文化自信。

例 1：Recién llegada a Beijing, ella solo conoce algunos aspectos de la ciudad；sin embargo, le ha sorprendido su modernidad urbana.（她刚到北京，对这座城市只了解一些基本情况；然而，她对其现代化程度感到惊讶。）

这句话揭示了西班牙教授对北京现代化的初步印象。我们可以将教学内容与中国的社会主义现代化建设成就及文化自信的培养紧密相连。将这段描述作为课堂讨论的引入点，能够帮助学生更深入地了解中国在城市建设、科技创新、环境改善等领域所取得的显著成就。教师利用这个讨论点激发学生对文化自信的讨论，使他们探索中国传统文化与现代文明的融合，以及中国文化在全球文化体系中的独特价值与地位。这种讨论不仅加深了学生对中国文化的理解，也助于培养他们对本国文化的自豪感和自信心。教师可以进一步引导学生思考中国的现代化成就如何与文化传统相结合，如何在保护传统的同时实现现代化，这有助于学生形成正确的世界观和价值观，深入理解中国特色社会主义文化自信的深层含义。

例2：Ella domina，además，el francés y sabe algo de chino.Por eso，tiene el propósito de salir los fines de semana a la calle para oír a la gente y，si es posible，hablar un poco.（她还精通法语，并且懂一些中文。因此，她打算周末出门，在街上听听人们的谈话，如果可能的话，也试着交流几句。）

这段内容深刻阐述了一位教授通过学习新语言和文化来展现终身学习的重要性及对文化多样性的尊重。该教授学习汉语并积极尝试与中国人交流，为学生树立了积极的榜样，显示出学习并应用新语言进行交流的重要性。这种做法不仅促进了学生的语言学习，还增强了他们对自己文化的自信。学生从中认识到，他们的文化背景和语言技能是他们走向世界、与世界沟通的桥梁，是他们自豪和自信的资产。教授的行为强调了跨文化交流的价值。他通过亲身体验和不同文化的理解，使学生打破刻板印象并增进对异文化的尊重。这不仅拓宽了学生的视野，还培养了他们的全球意识。同时，教授的例子也激励学生在生活中主动寻找并参与跨文化交流，并将其作为增强文化理解和适应的有效途径。

例3：Como ella conoce bastante historia de América Latina，nos podrá hablar en clase sobre las importantes culturas precolombinas de Hispanoamérica como la inca，la maya y la azteca.（由于她对拉丁美洲的历史颇有研究，她将能在课上为我们讲解西班牙语美洲地区重要的前哥伦布时期文化，如印加、玛雅和阿兹特克文化。）

这段内容强调了中华文明与拉美文明之间的文化交流与互鉴的重要性，并指出这种对话在全球化背景下尤为重要，因为它促进了不同文化之间的相互学习和尊重。这种交流不仅推动了全球文明的共同发展，还培养了学生的全球视野和国际合作意识。引入拉丁美洲文化的讨论，尤其是其前哥伦布文化——印加、玛雅和阿兹特克文明——不仅展示了世界文化多样性的珍贵遗产，而且揭示了新大陆文明的辉煌，提供了一个理解和欣赏全球文化多样性的宝贵机会。

通过比较拉美古文明与中华文明，学生能够认识到，尽管地理环境和历史路径有所不同，这些文明均展现了人类智慧和创造力的成果，彰显了不同文化特色和人类共通的创新精神。这种比较不仅拓宽了学生的知识视野，还加深了他们对文化多样性和共同价值的理解。同时，教师可以利用这一机会，引导学生深入探讨中华文明的独特性和连续性，以及中华文明在世界文化体系中的独特地位。通过这些深入的探讨，学生对中国历史和文化的理解将更加深入，同时也有助于培养他们对本土文化的自信和自豪感。

4 分析与讨论

在上述内容中，我们可以看到多个切入点，以融入"讲好中国故事，传播好中国声音"的主题。

（1）对北京现代化的印象：教授对北京现代化的惊讶反应提供了一个展示中国发展成就的机会。这不仅可以引导学生了解中国城市化的进程，还可以扩展到中国在科技、经济、文化等领域的现代化成就。通过讨论这些话题，学生可以了解中国如何在保持文化传统的同时实现现代化，这有助于学生形成全面的认识，并能够在国际舞台上讲述中国的故事，传播中国的声音。

（2）教授的专业背景与经验：虽然这部分内容看似与"讲好中国故事"关联不大，但其实可以用来强调国际交流的重要性，以及中国如何通过教育和文化交流在全球舞台上展现开放和包容的姿态。通过了解外国专家在中国的经历，学生可以从中获得在国际交流中有效传播中国文化和价值观的启示。

（3）拉美历史与文化的介绍：教授对拉美历史和文化的了解为学生提供了一个学习和比较不同文化的机会。在讨论拉美古文明时，可以引入对中国文明的讨论，鼓励学生探索中华文化的深度和广度。这种文化对比不仅可以增强学生对中国文化的自信，也能够帮助他们理解文化多样性的价值，并学习如何在跨文化交流中有效地介绍和传播中国文化。

5　结论

在本文中，我们探讨了如何通过具体的教学内容和场景，将思政教育元素融入外语教学中，以培养学生的文化自信和全球视野。外语教学应成为一个多维度的教育平台，不仅传授语言知识，还培养学生的社会主义核心价值观、文化自信和国际视野。这种教学方式为学生提供了一个全面理解和体验多元文化的机会，同时也为他们成为具有全球竞争力的新时代人才奠定了基础，激发他们对终身学习、跨文化理解和国际合作的热情，也为他们的个人成长和专业发展奠定坚实的基础。

参考文献

［1］周晶.跨文化视域下中国与西班牙语国家语言文化交流：评《西班牙－拉美文化概况》［J］.热带作物学报，2021（7）.

［2］蔡基刚.课程思政与立德树人内涵探索：以大学英语课程为例［J］.外语研究，2021，38（3）：7.

［3］文秋芳.大学外语课程思政的内涵和实施框架［J］.中国外语，2021（2）：47－52.

［4］习近平.习近平谈治国理政：2卷［M］.北京：外文出版社，2017.

［5］徐锦芬.高校英语课程教学素材的思政内容建设研究［J］.外语界，2021（2）：18－24.

［6］胡杰辉.外语课程思政视角下的教学设计研究［J］.中国外语，2021（2）：53－59.

［7］马克思.德意志意识形态［M］.中共中央马克思恩格斯列宁斯大林著作编译局，译.北京：人民出版社，1961.

［8］WIDODO H P, CANH L V, PERFECTO M R G, et al.Situating moral and cultural values in ELT materials：the Southeast Asian context［M］.Cham：Springer，2018.

［9］黄国文．思政视角下的英语教材分析［J］.中国外语，2020（5）：21－29.

［10］STIBBE A.Ecolinguistics：language，ecologyand the stories we live by［M］.London：Routledge，2015.

［11］杨金才.外语教育"课程思政"之我见［J］.外语教学理论与实践，2020（4）：48－51.

［12］曾艳钰.《英语专业本科教学指南》解读［J］.外语界，2019（6）：2－8.

来华留学生跨文化交际能力培养的
路径思考

摘　要：随着我国国际地位的提升和经济实力的增强，国际交流日益频繁，我国已成为世界第三大留学目的地国家。来华留学生作为跨文化交际的重要群体之一，其跨文化交际能力不仅关系到个人的学习和生活，对高校"双一流"建设和国际化发展也有着重要意义。由于语言、文化、社交等方面的差异，来华留学生在跨文化交际中往往面临诸多挑战和困扰。基于此，本文就来华留学生跨文化交际能力培养路径展开深入思考，旨在为来华留学生营造良好的跨文化交流氛围。

关键词：留学生；跨文化交际；能力培养

1　引言

本文主要从两个方面就来华留学生跨文化交际能力培养路径展开思考：第一个方面阐述了当前来华留学生在跨文化交际中所面临的难题，

---

① 胡舒捷，女，北京工商大学语言与传播学院研究实习员，主要研究方向为来华留学生管理和教学。

包括语言、文化差异、社交习惯等；第二个方面针对上述问题提出相应的解决策略，旨在为来华留学生营造良好的跨文化交流氛围，促进各国的文化交流。

2 来华留学生在跨文化交际过程中存在的困难

当前阶段来华留学生在跨文化交际过程中所面临的困难是多方面的，涉及语言、文化、社交习惯等。语言障碍是来华留学生在跨文化交际最常遇到的困难，许多留学生在来中国之前只参与了短期的汉语培训课程，学习内容也多为简单的日常交流用语，当面临特殊情况时，其词汇量以及汉语水平无法应对，在专业课学习过程中面对一些晦涩难懂的词汇更加难以理解。因此，在培养来华留学生跨文化交流能力时应当着重培养其汉语能力。文化差异是留学生日常交流中所面临的又一个难题。中国与其他国家之间存在较大的文化差异，包括价值观、礼仪习惯、社交规则等方面。来华留学生可能因为对中国文化不了解而在日常学习与生活中产生交流障碍，甚至引发冲突。为了解决这个问题，留学生应该积极学习和了解中国文化，尊重中国传统习俗。社交习惯之间的差异也会对留学生的跨文化交际产生影响。中国人的社交方式可能与留学生的社交方式有所不同，具体体现在问候方式、谈话话题、礼仪规范等方面。在来华之前，留学生应当对中国的社交习惯以及相关礼仪进行了解，在日常交流中持包容开放的态度，积极融入当地社区，与中国同学建立良好的关系。跨文化交流是语言与思想的双重交流，来华留学生应该着重对这两方面进行培养。针对来华留学生在跨文化交际过程中遇到的困难，应该从多个方面入手，包括提高汉语言水平、加深对中国文化的了解、适应与尊重当地的社交礼仪、积极融入当地社区等。通过不断的了解、学习与实践，留学生可以逐步提高自己的跨文化交际能力，更好地融入中国的学习和生活环境。

3 来华留学生跨文化交际能力培养的路径思考

3.1 对留学生进行中文教学，减少沟通障碍

来华留学生学习中文是其适应和融入中国学习和生活环境的基础。汉语博大精深，文化元素较为复杂，在参加中文学习的过程中应当采取多种方法，才能系统且高效地提高汉语水平。首先，来华留学生应当参加中文语言课程，从基础的汉字读写开始学起。例如，高校内部通常根据留学生的汉语基础提供不同层次的汉语教学课程，从初级到高级，以满足不同留学生的需求。这些课程一般涵盖了汉语的听、说、读、写各个方面，授课教师精通中文与英文，可以与留学生无障碍地进行交流。参加中文语言课程有助于留学生建立起扎实的汉语言基础。其次，沉浸在中文环境中也是一种有效的学习方式。例如，留学生可以通过校园墙平台或社交媒体寻找一位本校学生或者其他人员，进行语言交流和学习。通过与中国同学或当地居民进行交流，留学生不仅可以提高自己的中文水平，还可以了解中国的文化。来华留学生也可以通过在线网站或者语言学习软件提高自身的汉语水平。例如，留学生可以通过汉典网、中文天下等在线网站学习中文，这些网站还有面对面练习功能，留学生可以在该平台上与其他学员进行对话练习，共同交流学习中的经验与困扰。除此之外，参与中文语言交流活动也是提高语言水平的有效途径。学校与周边社区会举办语言交流活动或者其他社交活动，留学生可以报名参加上述活动，与中国同学进行交流和互动，提高口语表达能力和人际交往能力[1]。

3.2 积极了解中华文化，避免因文化冲击带来困扰

文化差异是来华留学生在日常交流与学习中无法避免的难题，为解决此类难题，来华留学生应当深入了解中华文化，了解各国文化之间的差异，培养自身包容与开放的心态。第一，来华留学生可以通过参加文化课程和文化讲座的方式了解中华文化。例如，来华留学生可以参与高校内部组织的中

华文化课程和文化讲座，这些课程涵盖了中国的历史、文学、哲学、艺术等方面的内容，通过系统的学习与交流，留学生可以大致了解中国文化的发展过程以及中华优秀文化。第二，来华留学生可以走访中国名胜古迹来了解中华文化。例如，留学生可以在课余时间参观学校周边的博物馆、历史馆、文化纪念馆等，这些展馆内部一般有解说人员对展示内容进行讲解，留学生可以在参观过程中了解中华文化的博大精深，在和解说交流沟通的过程中也可以锻炼汉语。第三，高校可以组织来华留学生参加中国的传统节日活动，如春节、端午节、中秋节等，通过实践活动来帮助留学生了解中国传统节日独特的文化内涵和传统习俗。例如，在端午节时，高校可以在食堂组织包粽子活动，留学生可以学习如何包粽子，了解端午节的背景故事。来华留学生应当积极了解中华文化，理解不同地域、不同国家之间存在的文化差异，做到入乡随俗。来华留学生通过积极参与中华文化活动，可以了解我们的生活方式、价值观念和社会习惯，进一步了解中国文化的多样性和丰富性[2]。

3.3　组织社群活动，营造良好的跨文化交流氛围

文化交际过程中，人与人面对面沟通交流的方式是最为高效的人际交往方式，因此，高校应当积极组织社群活动，为留学生营造良好的文化交流氛围。社群活动应当包括中华文化展示以及文化体验，包括中国传统舞蹈表演、传统手工艺制作等，留学生可以穿戴中国传统舞蹈衣饰，体验彩塑、泥塑、陶瓷等工艺品的制作。活动也可以以现代文化为主题，例如，高校可以组织美食节、运动会等活动，将美食与体育运动作为文化交流的纽带，提高留学生与当地学生交流的兴趣。其次，高校可以通过创建交流平台，如社交媒体群组、在线论坛等，为留学生和当地学生提供一个自由、开放的沟通交流渠道。例如，学生可以在校园墙、校园网等平台分享自己国家的文化、日常生活与学习近况等内容，通过互相了解增进彼此之间的友谊。通过多类型的社群活动，学生们可以更深入地了解彼此的文化，增进对彼此的了解与理解[3]。

4　结语

通过对来华留学生跨文化交际能力的培养路径展开思考，本文提出了一系列的建议。语言学习是跨文化交际能力培养的基础，留学生应该积极参与汉语学习并不断提升自己的语言水平，并且积极了解与学习中华文化，减少文化差异带来的冲击。除此之外，高校应当组织社群活动，动员来华留学生与本地学生积极参与。

参考文献

［1］刘丽杰.绍兴地域文化融入来华留学生跨文化交际能力培养研究［J］.语言与文化论坛，2023（1）：172-179.

［2］田晓晶，张婧.来华留学生跨文化交际能力现状调查研究［J］.汉字文化，2023（11）：161-163.

［3］郄洪欣.来华留学生跨文化交际能力培养策略研究［J］.南昌师范学院学报，2023（1）：92-97.

浅析古巴小国外交模式的成因及挑战

朱　婕[①]

摘　要：小国是国际社会中与大国相对应的一种概念，一般认为其国家实力相对较弱，在外交场合不具备与大国平等的地位。古巴作为第三世界国家，由于不同的内外原因，打破了传统小国外交模式，形成了以对非外交和医疗外交为特点的古巴小国外交模式，得到了国际社会的关注。但古巴在其发展过程中仍面临外交内容和外交方向单一以及受大国影响较大等问题，因此在未来的发展道路上应继续深入探索古巴特色的小国外交模式。

关键词：古巴；小国外交；外交模式

1　古巴小国外交模式

在国际关系中，一般认为传统大国是国际秩序的主导力量，小国在国际社会中难以获得与大国平等的地位[1]。然而近年来，随着国际局势的变化发展，一些传统意义上的小国逐渐在国际社会中获得更大的影响力，其外交模式打破了以往对于小国外交一般模式（即平衡外交、集团外交、联盟外交和

---

① 朱婕，女，北京工商大学语言与传播学院讲师，主要研究方向为西班牙语翻译。

中立外交）的认知[2]。其中，古巴凭借其对非外交和医疗外交形成了一条独特的发展道路。

古巴自革命胜利以来，将对非关系作为其外交政策的侧重点，支持对方的反殖民斗争和独立进程，甚至以军事手段直接参与非洲国家争取民族独立的斗争。而随着世界局势变化，古巴也适时调整了自己的外交政策，凭借其先进的医疗水平对非洲及世界其他国家和地区开展医疗援助，形成以医疗外交为特点的特色外交模式。总的来说，古巴在其发展过程中形成的小国外交模式既体现了其所处的时代特点，又体现了古巴外交政策制定者勇于破局的智慧。

2 古巴小国外交模式形成原因

2.1 "对非外交"的形成原因

古巴"对非外交"的形成原因主要有三个。首先是身份原因。历史上，古巴曾受到西班牙的殖民统治，与非洲人民有相似的经历，与非洲人民有共情之处。而大量的非裔人民受到殖民和移民政策的影响来到古巴，改变了古巴的人口结构，也让双方在身份上更加贴近。其次是冷战背景。二战后世界上形成美苏两大对立阵营，古巴加入了社会主义阵营，但其又位于美国的"后院"，深受美国制裁和对拉美政策的影响。为寻求外交上的突破和经济上的改善，古巴不得不放眼于广大的第三世界非洲国家。最后是非洲因素。二战后第三世界国家掀起了反霸权反殖民争取民族独立的斗争，并纷纷取得成效。而非洲许多国家和地区却仍难以摆脱欧美国家的殖民统治，这为古巴支持非洲国家革命提供了窗口。此外，南南合作的兴起也为古巴在非洲的行动提供了平台。

2.2 医疗外交的形成原因

古巴医疗外交的形成原因主要有两个。首先是内部原因。古巴一贯重视国内的医疗发展，受政策支持，古巴形成了全民免费的医疗体系，医患比在全球属于领先地位，医疗水平也备受好评。优质的医疗条件为古巴在国际上推行"人道主义医疗"提供了坚实基础[3]。其次是外部原因。美苏冷战进入缓和期后，争夺非洲的热度也逐渐下降，古巴因此进行了第一次政策调整，不再以支持第三世界非洲国家革命为主要目标，而是强调医疗权利是一种人权[3]，开始在革命前线对非开展医疗援助。冷战结束后，面对新的国际形势和国内经济压力，古巴进行了第二次政策调整，通过向世界各国派出医生来促进国内经济发展，并通过建立医疗学校培训各国医学生[3]。至此，古巴医疗外交不仅是古巴外交特色，也成为古巴的经济命脉之一。

3 古巴小国外交模式面临的挑战

古巴小国外交模式虽具特色，但仍面临一些挑战。首先是外交内容单一化的问题。目前古巴仍以人力和物力援助为主要的外交内容，这对国内实力和受援国政策有极强的依赖性，体现出一定的不稳定性。其次是外交方向单元化的问题。古巴以其医疗优势为着眼点无可厚非，但仅朝单一方向发展容易造成对这一方向的过度依赖，从而带来一定的脆弱性。最后是受大国的影响较大。古巴自始至终寻求发展独立自主的外交路线，但由于地理面积较小且国家实力相对较弱，其仍无法完全摆脱美国等超级大国的影响。未来，古巴应在国内发展经济建设的基础上拓展其外交路线的可能性，进一步探索教育、卫生、制度等方面的外交方向，灵活应对内外形势所带来的不利影响，继续走古巴特色的小国外交道路。

参考文献

[1] 韩晗 . 古巴对非洲地区的外交政策选择与成效：基于小国外交的分析视角 [J] . 拉丁美洲研究，2022，44（6）：117–130，157–158.

[2] 李兴，耿捷 . "不对称关注"视域下的小国外交：理论建构与中国方略 [J] . 社会科学，2022（1）：38–50.

[3] 章婕妤 . 医疗外交：古巴的一张闪亮名片 [J] . 世界知识，2021（19）：67–69.

日本动漫的传播对中国动漫的影响

李晓晴 [1]　　李香春 [2]

摘　要：动漫（包含动画和漫画）是深受全球青少年以及部分成年人喜爱的艺术形式，很多国家都发展出了具有特色的动漫体系。在当今动漫行业比较发达的国家中，中国动漫可以说受到了日本动漫很大的影响。本文从中日动漫的区别、日本动漫在中国的传播以及日本动漫对中国动漫产生的影响这三个方面进行论述分析。

关键词：日本动漫；中国动漫；传播；影响

近日，知名漫画《龙珠》的作者鸟山明因病去世，他创作的《龙珠》系列作品在日本有极高的人气，在中国也拥有大量的受众，有许多动漫爱好者甚至从业人员就是通过《龙珠》系列动画或漫画爱上动漫的。从这个角度看，国外传入的作品对中国现在已经相当成熟的一个产业产生如此深远的影响，是相当罕见的。

---

[1] 李晓晴，女，北京工商大学法学院2019级学生。

[2] 李香春，女，北京工商大学语言与传播学院讲师，主要研究方向为日语语言文化、教学法。

1　中日动漫的区别

在中国动漫发展的早期，动画和漫画的联系并不高，中国的经典动画有《西游记》《宝莲灯》《舒克与贝塔》等，这些作品主要脱胎于经典名著或童话故事；而漫画方面，早期中国的漫画都是连环画，故事也同样主要来自名著，动画和漫画之间并没有直接关联。同时，这些作品的定位主要是儿童启蒙作品，其题材并不受绝大部分青壮年人群喜欢，这更加剧了中国动漫走向低龄化的趋势。

而在日本，"漫画之神"手冢治虫创作的漫画《铁臂阿童木》自1952年开始连载，特别是于1961年被改编为动画后，这部颠覆性的作品就通过其跌宕起伏的情节、极富想象力的创意以及对于反战的思考为后世的日本动漫作品立起一座标杆。在20世纪末期，《龙珠》《灌篮高手》《圣斗士星矢》等漫画作品和其改编动画的问世，以及《EVA》等原创动画作品的播出，都为日本动漫吸引了大量受众，而且由于这些作品普遍拥有引人入胜的剧情、复杂的作品设定，受众涵盖了各年龄段的人，并使其在之后保持着观看动漫作品的习惯。

2　日本动漫在中国的传播

日本的动画大部分由漫画作品改编而成，但是在传入中国的顺序上，却是动画先传入的，漫画的传入寥寥无几。在20世纪末期，国内开始通过中文重新配音的形式引入日本动画，并在电视台播放。其中，《圣斗士星矢》在国内产生了巨大的反响，对于中国的青少年来说，这是他们第一次接触到此类题材的动画。群众的反响加大了日本动画的引入力度，后来，《龙珠》《灌篮高手》《EVA》等作品的引入进一步促成了日本动漫在中国的流行。

当日本动画在中国成为一股风潮时，日本漫画却没有被正式引入，许多动画爱好者想要了解动画的后续发展，却没有门路。在这个时期，许多出版商开始制作、出售盗版日本漫画，这种行为虽不合法，但是获得了巨大的成功。直到以《动漫时代》《漫友》为代表的一系列引入正版日本漫画的杂志问世，日本漫画的引进才步入正轨。

后来视频网站开始兴起，从土豆网购买《火影忍者》的播放权开始，优酷、乐视等网站大量购买日本动画版权并在站内播放，视频网站成为观看日本动画的主流形式。同时，腾讯动漫、有妖气等漫画网站的建立也为日本漫画的引进创造了环境。中国的观众可以很方便地观看最新的日本动漫作品，日本动漫也从亚文化的一支变成了在主流社会比较常见的文化内容。

3 日本动漫对中国动漫的影响

在日本动漫在中国得到了广泛的传播后，相较于早年间偏向低龄化的中国动漫，中国的青少年更愿意选择观看画面、剧情方面都更加复杂的日本动漫。为了迎合日本动漫的引入带来的观众喜好的转变，很多中国的动画制作人和漫画家也在尝试创作更贴近日本动漫风格的作品，其中就不乏观看日本动漫长大的创作者。这使得自从 21 世纪以来很多热门的国漫作品或多或少都有日本动漫的影子。

漫画方面，早期的中国漫画主要采用和日本漫画相同的杂志连载模式，在 2010 年左右，《知音漫客》《飒漫画》等杂志都以周刊的形式进行连载，其上刊载的作品部分质量颇高，甚至有接近日本最火热的《周刊少年 jump》中连载漫画的水平。同时，网络漫画也在悄然兴起，在有妖气、快看漫画、腾讯动漫等国产漫画平台上涌现出大量的个人漫画家，依靠网络平台进行漫画连载。其中《十万个冷笑话》《尸兄》等作品获得了很多观众的认可，甚至被改编成了动画。这些新时代的中国漫画大量参考了日本漫画的分镜画法和剧情表达手法，拥有更加多元化的受众，并且能够牢牢抓住观众的心，使其持续关注漫画连载。

在动画方面，中国动画在日本动画引入后分化出了两种风格，分别是：以《喜羊羊》《熊出没》等作品为代表，继续走低龄化路线、面向幼儿的动画；学习日本动画精髓，通过丰富背景设定、加强剧情冲突与角色描写的方式，更符合青少年审美的动画。虽然这类动画效仿了日本动画的制作方式，但是其中出彩的作品往往融合了中国传统元素：《十万个冷笑话》借用了大量古典神话背景；《刺客伍六七》的配音使用了大量广东方言，并表现了中国传统的侠骨柔情。近年来优秀的中国动画作品还在不断涌现，这些动画同时具有日本动画的架构特点和中国的文化内核。

日本动漫在中国的传播大大改变了中国很多人对动漫的印象，也让更多人喜欢上了动漫，大大刺激了中国动漫的发展，让观众能够欣赏到更多优秀作品的同时，还能使中国有更多的"文化名片"，通过动漫的形式向世界展示中国文化。

参考文献

［1］陈强，腾莺莺.日本动漫在中国大陆传播分析［J］.现代传播：中国传媒大学学报，2006（4）：4.

［2］游利.日本动漫对中国动漫的影响［J］.青年文学家，2011（17）：1.

探究当代大学生对欧美音乐剧偏好之原因
——以《摇滚莫扎特》为例

黄静怡①　颜　昆②

摘　要：在审美多元化的今天，欧美音乐剧消费市场越来越大，当代大学生群体也成为其中主要的一类消费者。越来越多的大学生愿意花费金钱和时间走进剧场。笔者将结合对法语音乐剧《摇滚莫扎特》的浅析，探究这一现象产生的原因。

关键词：欧美音乐剧；摇滚莫扎特；戏剧

1　引言

自 2017 年以来，我国音乐剧产业展现出稳步发展的趋势。从 2017 年至 2019 年，国内音乐剧市场规模由 2.56 亿元上涨至 7.21 亿元，该数据表明我国音乐剧市场在短短三年间取得了巨大的突破。随着后疫情时代开启，演出行业逐渐回暖，海外音乐剧的引入为本土音乐剧市场注入了活力，也吸引了更多观众买票走进剧场。根据中国演出行业协会发

---

① 黄静怡，女，首都师范大学2023级法语专业本科生。
② 颜昆，女，北京工商大学语言与传播学院英语讲师。

布的《2021 全国演出市场数据分析》，18~24 岁消费群体达到总人数的 29%，成为第一大消费群体。由此可见，中国大学生群体对音乐剧市场的贡献不容小觑。

2　音乐风格

欧美音乐剧以其独特的音乐风格满足了大学生对新鲜感和个性化的追求。随着科技的发展，随时随地聆听音乐已不再是奢侈行为，音乐的可获得性得到了跨越性提升，人们随时随地可以获取不同类型的音乐。在选择更广的情况下，人们已经不拘于选择其中某一类型的音乐，社会倡导多元化，个人亦渴望多元化。正是在这种前提下，《摇滚莫扎特》的多样音乐风格满足了大多数人的需求。古典乐曲、流行乐、摇滚乐、轻歌剧……《摇滚莫扎特》融合多种音乐，风格极具创意，打破了传统音乐剧的框架，为观众带来全新的视听体验。

3　表现手法

相较于传统戏剧，音乐剧在表演形式上更加丰富，是传统舞台剧的集大成者。《摇滚莫扎特》以天才音乐家莫扎特的一生为线索，展现了特定时代下个人理想的追求与社会之间的矛盾。在莫扎特漂泊的一生中，有纠结，有欲望，有绝望也有希望。在表现形式上，它传承了法剧一贯的宏大叙事与华丽编曲的风格，在主角落魄无助之际，将他的窘迫无限放大。例如第一幕结尾的《眠于玫瑰》，莫扎特站在半明半暗中，孤立无援。现场通过对灯光、幕布的控制，将演员的内心活动化作实体，使观众拥有解读角色心理的机会。在操纵舞台机械时，创作者试图建立与观众的联系，让观众由戏剧的"旁观者"变为"亲历者"。这种经历是立体的，它在一个高维度上不仅让观众看到、听到，也使之感受到、体会到。舞台追光没达到的地方都是它的"留白"，为观众深入理解戏剧提供有效线索。

4　精神追求

几乎所有戏剧都有自己的精神内核，对戏剧的喜爱同样也是对其内在精神的向往。《摇滚莫扎特》的最后一幕中，在莫扎特重病弥留之际，一曲《纵情人生》凄切却高亢，他与挚爱的艺术告别，向世人高歌"愿我们的欢声笑语，嘲讽了死亡，愚弄了时光"。他的死亡不是在悲哀中沉寂，而是在黑暗中爆发出光，是他向社会不公发出的最后一声反抗。在全剧中，莫扎特无时无刻不在为自己的理想而斗争，这种不屈的反抗精神不似堂吉诃德般荒唐，却与之有着高度相似性。他们都不满于现实状况，渴望内心世界的富饶与满足，他们在追求理想的道路上充满了骑士精神，一路披荆斩棘，即使有失意与落魄，也永不后退。

在竞争如此激烈的今天，无数大学生有意或无意被卷入"内卷"风潮，与现实的对抗也成为越来越多年轻人的理想。但毕竟大多数人无法做到奋起反抗，于是选择暂时逃避现实，走进剧场去与角色共情，去体会角色身上自己所缺乏的勇气与坚持。《摇滚莫扎特》巡演版的导演兼舞台总监弗朗瓦索曾表示："我们造了一个梦，让年轻人进来，也为他们打开了古典音乐世界之门的一个小小缝隙。"相较于单纯观看一个故事、聆听一首歌曲，在舞台上所呈现的异国文化与灵魂共鸣更能打动人心。

5　结语

综上所述，我们可以得出结论，当代大学生对欧美音乐剧的偏好得益于音乐剧本身的独特性与包容性，同时也体现出一种跨越时空的文化交流与情感共鸣。他们走进剧场去观看的不只是一部戏剧，更是一场文化的盛宴、一次思想与情感的碰撞、一份理想的追寻。诚然，人是被约束的，但戏剧是自由的。未来我国音乐剧行业应考虑引进更多优秀的海外作品，加强文化交流互鉴，促进本土音乐剧作品早日走向海外。

文化维度视角下跨境电商语言与文化本土化关系探究 [1]

陈　艺 [2]　蒋思妤 [3]　朱可欣 [4]　江涵静 [5]　孔海龙 [6]

摘　要：本文以霍夫斯泰德的文化维度理论为理论框架，从权力距离、个人/集体主义两个维度探究了跨境电商语言与文化本土化的双向关系，揭示了上述维度对跨境电商本土化策略的影响。本文对跨境电商企业理解和适应目标市场的文化环境、制定有效的本土化策略具有一定的借鉴意义。

关键词：跨境电商；文化维度理论；互动关系

随着全球化的加速推进，跨境电商作为一种新兴的商业模式，正逐渐改

① 本文为2024年北京工商大学"大学生科学研究与创业行动计划"的阶段性成果；本文受基金项目"跨境电商语境下语言与文化本土化关系研究"（项目号：S202410011037）资助。

② 陈艺，北京工商大学语言与传播学院商务英语专业2021级本科生。

③ 蒋思妤，北京工商大学语言与传播学院商务英语专业2021级本科生。

④ 朱可欣，北京工商大学语言与传播学院商务英语专业2021级本科生。

⑤ 江涵静，北京工商大学语言与传播学院英语专业2021级本科生。

⑥ 孔海龙，北京工商大学语言与传播学院副教授，硕士研究生导师，研究方向为英美文学、叙事理论、商务英语。

变着传统的国际贸易格局。本文以荷兰心理学家霍夫斯泰德的文化维度理论为指导，旨在探究跨境电商语言与文化本土化关系，为跨境电商的可持续发展提供有力支撑。

1 文化维度理论概述

文化维度理论由荷兰心理学家霍夫斯泰德提出，该理论最早提出于1980年[1]，并于2010年完善成现在的版本，将文化差异归纳为六个维度。权力距离是指社会或文化公开接受或拒绝职场不同等级之间差异的程度；个人主义与集体主义是指企业行为在何种程度上受到约束；不确定性规避是指不确定性和含混性的容忍程度；男性气质与女性气质是指社会在成就、行为以及对待性别平等的态度方面的偏好；长期旨向与短期旨向指员工期待即时满足还是延迟满足；放纵与节制是指社会压制还是允许需求的满足。限于篇幅，本文关注权力距离和个人主义与集体主义这两个维度与跨境电商语境下语言和文化本土化的关系。

2 权力距离

在跨境电商实践中，当企业进入不同国家或地区的市场时，需适应和尊重当地文化，以获得当地消费者的认同，其中对于权力距离的适应和理解至关重要。由于中国有较高的权力距离，中国电商平台的客服和消费者沟通时通常使用尊敬语，如"亲""您"，注重礼貌，以提供良好的消费体验。相比之下，美国的电商平台倾向于直接解答问题，对礼貌用语的重视程度较低，且常用缩略语如 RSVP（敬请赐复）、ASAP（尽快）等。在中国，客服使用缩略语与顾客沟通被视为不礼貌的行为。因此，当企业进入高权力距离市场时，适当地运用敬语和尊称能够赢得当地人的尊重和信任，帮助企业融入当地文化；而在低权力距离的市场，直接而开放的交流方式更符合当地人的价值观。

中国的电商平台具有权威性和中心化特点，主要体现在商品详情页上展示的高质量产品图片和描述。以亚马逊中国网站的 One-A-Day 保健品为例[2]，其商品详情页呈现了商品外包装、原料表、主要维生素表以及益处等图片信息。尽管信息是用英文呈现的，但在商品特点与基本信息栏中，这些图片中的信息被翻译成易于中国消费者理解的中文，以帮助消费者直观清晰地了解产品。例如：成人每日一粒、随餐服用；每日一粒女性完整复合维生素含有维生素 A、B 族维生素、维生素 C、维生素 D 等 14 种维生素；明确产品中不含鱼类、甲壳类、贝类过敏原。

综上所述，亚马逊针对中国市场的本土化举措与中国高权力距离的文化特点相契合，是其在中国市场成功的关键。因此，在跨境电商实践中，企业应根据目标国家的权力距离调整其经营策略，以获得目标国消费者的认可。

3 个人主义与集体主义

根据霍夫斯泰德文化理论，中国文化属于集体主义的国家文化，而美国则是个人主义文化的代表。国内消费者出于"买的人越多，商品越好"的从众心理，偏爱高销量商品。国内电商平台为了迎合这种心理，通常会优先展示和推荐销量较高的商品，并利用"爆款""网红"等标签来吸引消费者。然而，这种策略在以个人主义文化为主的美国市场可能遭遇理解上的障碍，从而构成了文化本土化过程中的一个壁垒。

相比之下，处于个人主义文化中的美国消费者更加注重个人选择和价值观独立，不易受他人影响。因此，亚马逊在美国的市场营销策略倾向于强调商品的定制化，其平台上存在大量品名含"独特"（unique）的商品，例如"1 磅 999 纯铜金条带元素设计—独特的金属"（1 Pound .999 Pure Copper Bar Bullion with Element Design – Unique Metals）等[3]，以体现商品的个性化设计，借此吸引美国消费者。

为了适应中国市场的集体主义文化，亚马逊等电商平台在中美两国市场应采取差异化策略。以著名奢侈品牌香奈儿为例，在亚马逊平台上，其商品名称翻译一般由品牌名、商品用途和商品规格组成，例如"香奈儿 5 号女士香水喷雾，3.4 盎司"（No.5 by Chanel for Women，Eau De Parfum Spray，3.4 Ounce），缺少关于商品人气的信息。针对中国市场，亚马逊可在商品名称翻译中添加"高级""精品"等符合集体主义文化倾向的关键词[4]，以满足中国消费者对于奢侈品和高销量商品的需求。而在美国市场，亚马逊可继续强调商品的独特性和个性化特征，以维持其市场吸引力。如此看来，文化本土化的推进不仅需要考虑商品策略的调整，同时也需要对语言使用和表达方式进行深入的反思和策略性调整，以成功实现跨文化营销。

4 结论

鉴于语言与文化本土化对跨境电商企业成功进入海外市场的重要性，本文以霍夫斯泰德的文化维度理论为框架，通过对亚马逊跨境电商平台的商业案例分析，发现中美文化权利距离的差异会影响品牌与消费者之间的沟通方式；集体主义与个人主义的文化差异会影响产品描述、广告和营销策略的制定。在语言与文化本土化过程中，企业须深入了解目标市场的文化特征，确保其信息传递和价值观与目标市场的文化倾向相契合，并据此调整其语言和文化策略，以有效地吸引和维护跨文化消费者。

参考文献

［1］HOFSTEDE G.Culture's consequences：international differences in work-related values［M］.Beverly Hills，CA：Sage Publications，1980.

［2］卢师林，陈侃 ."一带一路"背景下亚欧品牌在华本土化策略研究［J］.太原城市职业技术学院学报，2021（3）：24–27.

［3］陈璇 .基于用户体验的购物网站本地化策略研究：以跨境电商平台网页本地化翻译为例［J］.商场现代化，2021（9）：4–6.

［4］ALHORR H S，SINGH N，KIM S H.E-commerce on the global platform：strategic insights on the localization-standardization perspective［J］. Journal of electronic commerce research，2010，11（1）：6–13.

我国思辨能力理论研究综述

李英杰 [①]

摘　要：本文综述我国学界思辨能力主流理论，为大英教学实践奠定理论基础。

关键词：思政；思辨；大英教学

1　思辨能力译介

思辨能力即 critical thinking。critical 源于希腊语的两个词根：一个是 kriticos，意为有眼力的判断；另一个是 kriterion，意为标准，其含义是运用恰当的评价标准进行有意识的思考，最终做出有理据的判断（Paul and Elder，2006：20）。

我国学者对 critical thinking 有不同的翻译，如批判性思维、评判性思维、批判性思考、思辨能力、高层次思维等，最常见的是批判性思维和思辨能力。思辨是指应用逻辑推理思考辨析（《现代汉语词典》）；批判除了指对错误的思想、言论或者行为做系统的分析，加以否定外，还指分析判别，评论好坏。所以无论是批判性思维还是思辨能力，都含有辨别、分析、判断与

[①] 李英杰，女，北京工商大学语言与传播学院讲师，主要研究方向为应用语言学。

评论的意思。为了行文方便，本文统一将其译为思辨能力。

2 思辨能力的定义

我国学界影响力较大的对思辨能力的定义有：

2.1 林崇德的三棱结构模型

林崇德（2006）认为，思辨能力是指思维活动中善于严格估计思维材料和精细地检查思维过程的智力品质，是思维活动独立进行分析和批判的能力。他的三棱结构模型（见图1）中包括6种因素：思维的目的、思维的过程、思维的材料、思维的监控、思维的品质、思维活动中的非智力因素。

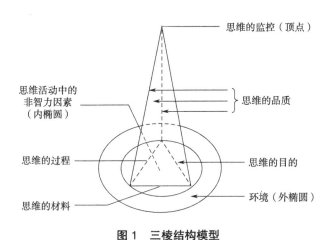

图1 三棱结构模型

2.2 文秋芳的思辨能力层级模型

文秋芳（2009）提出了思辨能力层级理论模型（见表1）。该模型将思辨能力分为两个层次：第一层次为元思辨能力，即学习者对自己的思辨进行计划、检查、调整与评估的能力；第二层次为思辨能力，包括技能和标准以及情感特质。元思辨能力监控、统领思辨能力。

表 1　思辨能力层级理论模型

元思辨能力（自我调控能力）——第一层次		
思辨能力——第二层次		
认知		情感特质
技能	标准	好奇（好疑、好问、好学）
分析（归类、识别、比较、澄清、区分、阐释等） 推理（质疑、假设、推论、阐述、论证等） 评价（评判预设、假定、论点、论据、结论等）	精晰性（清晰、精确） 相关性（切题、详略得当、三次分明） 逻辑性（条理清楚、说理有根据） 深刻性（有广度与深度） 灵活性（快速变化角度、娴熟自如地交替使用不同思辨技能）	开放（容忍、尊重不同意见，乐于修正自己的不当观点） 自信（相信自己的判断能力、敢于挑战权威） 正直（追求真理、主张正义） 坚毅（有决心、毅力，不轻易放弃）

　　文秋芳的层级理论模型把元思辨能力和思辨能力分属上下两层，并把元思辨能力置于思辨能力之上，很好地突出了学生在思辨过程中的主观能动性，这与强调学生主体地位的教育理论不谋而合。此外，该理论以具体的思辨技能、标准和人格特质为塔基，以这些具体标准抽象出来的上义词为塔身，以凌驾于这些能力之上的元思辨能力为塔顶，这种从低到高金字塔式的分布模式也很好地体现了循序渐进的认知规律。最后，该理论模型契合了教育的总体目标，完整体现了教育从"为学"上升到"为人"的理念，思辨的认知技能多反映在"为学"中，人格特质则从好奇、开放和自信的"为学"品质上升到坚毅、正直的"为人"品质，从方法论上升到世界观。

　　该理论模型对教学实践具有指导意义，它告诉我们，思辨者应该习惯性地保持好奇心，保证信息渠道畅通，相信理性，头脑开放，思维灵活，做出公正的评价，诚实地面对个人偏见，谨慎地做出判断，愿意再三考虑，清楚问题是什么，把复杂的事情安排得有条不紊，勤于寻求相关信息，合理地选择标准，集中精力质询疑点，并坚持不懈地寻求精确的结果。

3 结语

梳理一下我国学者对思辨能力的定义，不难发现，思辨能力基本是从思辨技能和思辨气质两个维度定义的：一是技能维度，包括分析、推理、评价等；二是气质维度，包括积极、有目的、有理性等。思辨气质是在学习知识、获取技能的过程中逐步养成的，而技能则是可以有意识培养的，换句话说，思辨气质是不可教的，是思辨技能培养过程中的副产品，是随着技能的训练自然形成的。这对我们在教学中进行思辨技能培养有着非常重要的指导意义。

参考文献

［1］构建我国外语类大学生思辨能力量具的理论框架［J］.外语界，2009（1）：37–43.

［2］PAUL R，ELDER L.Critical thinking：tools for taking charge of your learning and your life［M］.London：Pearson，2006

［3］教育为的是学生发展（心理学家文库）［M］.北京：北京师范大学出版社，2006.

新形势下关于来华留学生管理干部队伍建设的思考

胡舒捷 [①]

摘　要：来华留学生的教育工作是我国高等教育事业的重要组成部分，是高校国际化发展和"双一流"建设的核心内容。当前国际局势严峻复杂，加上疫情时期的影响，后疫情时代对来华留学生管理工作提出了更高的要求，也面临更多的挑战。高校来华留学生管理干部对来华留学生管理工作发挥着决定性的作用，是学校和来华留学生之间架起的一座桥梁，是完善来华留学生管理工作的保证。

关键词：来华留学生；管理干部；新形势

1　建设来华留学生管理干部队伍的意义

随着我国国际地位的提升和经济实力的增强，国际交流日益频繁，世界各国越来越多的学生选择来华留学，我国已成为世界第三大留学目的地国家。2023 年习近平总书记多次回复来华留学生的来信，表明了党和国家对来

---

① 胡舒捷，女，北京工商大学语言与传播学院研究实习员，主要研究方向为来华留学生管理和教学。

华留学的高度重视。

来华留学经历了疫情时期的震荡，目前处于逐渐恢复阶段，同时当前的国际局势严峻复杂。来华留学生群体来自世界不同的地区和国家，生源国以亚洲为主，有着语言、宗教信仰、文化习俗、生活习惯等诸多方面的差异，且生源质量参差不齐，因此这一特殊且庞大的群体急需一支具有高水平专业素养的来华留学生管理干部（以下简称"留管干部"）队伍来管理。

2 来华留学生管理干部队伍现状

2017 年教育部、外交部、公安部联合公布了 42 号令《学校招收和培养国际学生管理办法》，明确高校对国际学生管理职能的工作机构和国际学生辅导员建设的要求，已逐步建设起来的留管干部队伍得到了制度方面的支持，但由于留学生管理工作内容的复杂性，实际工作中仍存在以下问题：

2.1 留管干部身份

留管干部既是管理者，也是服务者，同时还是优秀中华文化的传播者。因岗位设置的差异，很多高校对留管干部仅设置一到三个岗位且人员身兼数职，与此同时，很多留管干部不仅是学校的行政人员，同时还具有国际学生辅导员、国际学生教秘、国际学生导师等多重身份。这极易导致分工不明确、归属不清晰、主责受影响，也使留管干部的发展目标和职业定位模糊。

2.2 留管工作内容

留管工作内容繁杂且要求较高，内容涉及招生管理、教学管理、生活管理、签证及出入境管理、安全管理、奖学金管理、宿舍管理、实习就业管理、社团管理、心理咨询与支持、校友管理等留学生学习和生活的方方面面。同时，留管干部除了需要对接校内各部门和单位，还需要接洽上级部门、出入境、公安机关（分局、派出所）、保险公司、体检中心等校外的诸多单位。其中每一个环节都需要留管干部考虑细致并严谨认真地完成。通常留管干部能够完成事务性的工作，但缺乏宏观的思考和全局意识的分析。

2.3 缺乏完善的培训体系

留管干部多重身份和复杂的工作内容决定了他们必须具备相应的专业知识和业务水平，但现有的培训内容较为单一，不能涵盖全部留管工作的内容，培训不全面且不成体系，影响了留管干部专业化水平的提高。

2.4 学校重视程度不高，留管干部发展空间受限

多数留管干部被单纯地按照行政级别岗位或辅导员对待，特别是新入职的干部，身份地位、工资待遇与工作付出不成正比，影响了留管干部队伍的稳定性和工作效果，严重制约了留管干部的工作积极性。

2.5 新形势下的挑战

新冠疫情期间，留学生文化的差异、对政策的不理解以及对服务的较高要求，使留管干部的工作成倍增加。同时，对政策的解释工作往往更困难和复杂，且多数时候需要用英语或其他外语来一对一地联络和沟通，因此留管干部需要付出更多时间来完成工作。

此外，需要留管干部额外付出精力来时刻关注个别学生的思想动态和行为动态。

3 对留管干部队伍建设的思考

3.1 高校要重视留管干部的培养和留管干部队伍的建设

3.1.1 落实管理办法

高校应将《学校招收和培养国际学生管理办法》中关于国际学生管理职能的工作机构和国际学生辅导员建设的要求落实到位，补足管理细则，保证充足的留管干部编制和清晰的岗位序列，按照留管的工作内容明确职责、科学分工，明确主责，划清归属。同时要保证留管干部的待遇，优先给予晋升和发展机会，确保留管干部工作的稳定性，出台指导方案以促使留管工作体

系系统化、专业化。

3.1.2 定期组织培训

留管工作内容的专业性和政策性较强，对于形式政策的分析要求也较高，高校应定期组织业务培训，使其学习相关理论知识、外事政策和形势政策，提高留管干部的业务水平，使留管干部对新形势有所判断和预估，做到预防在先，及时发现问题。

英语是留管干部重要的沟通工具，高校应对留管干部加强英语等语言的培训。

此外，教育主管部门和高校要积极为留管干部提供海外学习的机会，使其深入先进的国外大学管理机构学习，使留管工作更加国际化。

3.1.3 加快"趋同化"管理模式

《来华留学生高等教育质量规范（试行）》明确提出要推进中外学生教学、管理和服务的趋同化，高校应在教育教学、校园生活、文化活动等方面推进中外融合，增进中外学生的交流共进。以"趋同管理、融合教育"为导向，构建以学生为主体的教学方式和学习环境，实现中外学生同堂授课、同室科研、同班活动，达成"异国同窗、互学互助、共同提高"的最佳学习效果，有效缓和东西方文化冲突，帮助来华留学生增强归属感和认同感，提高留学生的整体素质。还可以将分散的经验化的工作集中化、系统化，避免留学生"超国民待遇"和"保姆式"服务，也有利于留管干部对留学生进行有效的管理。

3.1.4 加强网络信息化平台建设

积极推动具有招生、管理、教学一体化的网络信息化平台建设，特别是教务、住宿管理等多功能的综合系统，实现资源数据共享，避免系统过多、数据混乱，减少重复输入，提高工作效率，为留管人员提供便利。

3.2 留管干部要积极进行自我提升

习近平总书记在中共中央政治局第五次集体学习时提出，强教必先强师，留管干部作为留学生管理的第一线人员，对留学生教育起着至关重要的作用。

留管干部要坚定政治立场，提高自身的思想道德修养。新形势下，境外敌对势力恶意抹黑和造谣，造成国际上一些人对中国的偏见，留管干部更要增强民族自豪感，坚定文化自信，积极地传播正面的思想和优秀的传统文化，讲好中国故事。周恩来总理曾提出"外事无小事"，留管干部作为外事人员要遵守外事纪律，自觉维护国家和高校的利益、声誉和尊严。

留管干部要热爱教育事业，充分理解来华教育的意义和影响，主动关心学生，尊重学生的宗教习俗和文化差异，同时要为人正直，对待学生公平公正，坚持原则。

留管干部要提高个人的专业素养，认真学习业务知识，提高自己的工作能力和创新意识，积极参与专业培训和学习，按国家政策和规章制度办事，优化业务流程，方便留学生办理各项手续。特殊时期应关注学生的心理需求，及时发现不同背景留学生发生冲突和纠纷的可能性，有效避免舆情。

4 结语

高校留管干部是来华留学生管理工作的主力军，高校要高度重视留管干部队伍建设，留管干部也要重视自身素质的提高，扎实做好来华留学各项工作，在教育、管理等方面不断进行探索和创新，积极克服新形势下的问题，以更好地服务于高校"双一流"建设和国际化发展。

参考文献

［1］教育部关于印发《来华留学生高等教育质量规范（试行）》的通知［J］.中华人民共和国教育部公报，2018（9）.

［2］习近平复信中国石油大学（北京）的中亚留学生［EB/OL］.［2023-05-15］. http：//www.news.cn/politics/leaders/2023-05/15/c_1129615929.htm.

［3］2023年习近平主持中央政治局第五次集体学习并发表重要讲话［EB/OL］.

［2023-05-29］.https：//www.gov.cn/yaowen/liebiao/202305/content_6883632.htm?eqi
d=fda858f90002b66a000000056479b825.

［4］习近平给南京审计大学审计专业硕士国际班的留学生回信［EB/OL］.［2023-07-
04］.https：//www.gov.cn/yaowen/liebiao/202307/content_6890026.htm.

［5］贾兆义.新时代来华留学教育事业的路径指向［J］.中国高等教育，2021（7）：
22-24.

［6］李波，苏扬婧.来华留学生辅导员队伍建设研究：基于高等教育国际化背景
［J］.太原城市职业技术学院学报，2023（8）：114-116.

中国龙和西方龙的文化差异

刘江红 [①]

摘　要：在东西方文化中都有龙的传说和文化内涵，但近期对于"龙"的翻译，大家有了不同的看法。本文将从龙的起源、形象、文化内涵和神话体系四个方面，论述中国龙和西方龙的差异，旨在更深入地理解各种文化的独特魅力和价值。

关键词：中国龙；西方龙；文化差异

中国龙与西方龙虽然都被称作"龙"，但在各自的文化传统中展现出截然不同的起源和外貌特征，它们各自蕴含着深厚的历史渊源和文化底蕴。随着全球化进程中不同文化的融合和碰撞，尤其是近代以来东西方文化的冲突和流变，中国龙在跨文明视域下发生了严重的文化误读。西方基督教传教士将之翻译为"dragon"，使中国龙的形象戴上了西方龙的文化标签[1]。龙族文化的起源到底在哪里，中国龙和西方龙又有什么区别？本文将从下面几个方面浅析东西方龙的差异。

---

① 刘江红，女，北京工商大学语言与传播学院讲师，主要研究方向为英语教育。

1 龙的起源的差异

在中国文化中，龙或中国龙有着非常重要的地位和影响。距今 7 000 多年的新石器时代，先民们开始对原始龙有了图腾崇拜。龙在中国古代神话中是鳞虫之长，象征着皇权和威严。相传龙能够飞行、变化形态，并具有呼风唤雨的能力。在古代中国文化中，龙与凤凰、麒麟等一起被视为祥瑞之物。中国龙的形象通常被描述成头似驼，角似鹿，眼似兔，耳似牛，项似蛇，腹似蜃，鳞似鲤，爪似鹰，掌似虎。

西方龙的起源主要有四处，分别是古埃及神话、美索不达米亚神话、古希腊神话、巴比伦神话。比如希腊神话中卡德摩斯刺杀毒龙、赫拉克勒斯与金苹果、伊阿宋盗取金羊毛等都出现了龙。西方龙通常是邪恶和魔鬼的化身，有类似美洲狮的身体、两只巨大的蝙蝠翅膀或者羽翼、四条腿和一个有些像马的头。

2 龙的形象的差异

在中国文化中，古人对大多自然现象无法做出合理解释，于是便希望自己民族的图腾具备风雨雷电那样的力量，比如希望有群山那样的雄姿，能像鱼一样能在水中游弋，也可以像鸟一样在天空飞翔。因此许多动物的特点都集中在龙身上，龙渐渐成了长有骆头、蛇脖、鹿角、龟眼、鱼鳞、虎掌、鹰爪、牛耳的样子。这种复合结构意味着龙是万兽之兽、万能之兽、万能之神。

西方龙全身覆盖着坚硬的鳞甲，拥有强壮的身躯、又长又粗的颈、有角或褶边的头、尖锐的牙齿和一条长长的尾。它用四只强而有力的脚步行，用一对像蝙蝠翼的巨翼飞行。它们拥有魔法，会喷火和吞吐雷电。

3 龙的文化内涵的差异

在中国，龙基本上被认为是一种祥瑞之兽。中国人心中的龙常常是神或者神人的坐骑。东方的龙通常显得仁慈友善，会带来祥瑞和好运。龙是一种神兽，会带给人们雨水、丰收和生命。多数人对于龙这一形象有一种非常积极的感受。龙在中国传统文化中是权势、高贵、尊荣的象征，又是幸运与成功的标志[2]。中国古代的皇帝称自己为"真龙天子"，而中国人被称为"龙的传人"。

在西方文化中，龙通常是邪恶和恶魔的代名词。在教会的想象中，龙被描述为弱小的爬虫，常常被压在圣徒脚下，就像信仰战胜邪恶那样。龙的喷火能力象征着它们与地狱的联系。龙在西方文化中还代表着神秘与魔法。龙作为神话和传说中的生物，是掌握魔法或神秘力量的生物，能够施展强大的魔法或预言未来。

4　龙的神话体系的差异

中国神话体系中，龙是天地沟通的工具，掌控龙的政治阶层能够主导王权。此后，龙的神格地位逐渐上升，由此成为至高无上的皇权的象征。封建皇帝称自己为真龙天子，代天行使权力。

西方神话体系中，龙是作为神灵出现的，可以与众神斗争，曾经还能击败众神。此后，龙的神格地位开始下降。不仅众神能够斩杀龙，半神半人的英雄也加入屠龙者的行列，中世纪的屠龙者基本都是世俗英雄和圣徒。龙的神格地位的变化是东西方神话体系差异的一个重要特征。

综上所述，西方基督教传教士将"中国龙"翻译为"Chinese dragon"是不合适的，因为中国的"龙"并不具备西方文化"dragon"的文化属性和内涵。"Loong"是"龙"的音译，它更好地保留了汉字的形状和发音特点。通过了解不同文化中的龙形象，我们更深入地理解了各种文化的独特魅力和价值。同时，我们也应该珍惜和保护这些传统文化，让它们在现代社会中继续传承和发扬光大。

参考文献

[1] 熊春锦. 龙文化的文明与教育 [M]. 北京：团结出版社，2010.
[2] 庞进. 中国龙文化 [M]. 西安：陕西师范大学出版社，2023.